编委会

高等院校旅游管理类应用型人才培养"十三五"规划教材

主 编

马 勇　教育部高等学校旅游管理类专业教学指导委员会副主任
　　　　中国旅游协会教育分会副会长
　　　　中组部国家"万人计划"教学名师
　　　　湖北大学旅游发展研究院院长，教授、博士生导师

编 委（排名不分先后）

田 里　教育部高等学校旅游管理类专业教学指导委员会主任
　　　　云南大学工商管理与旅游管理学院原院长，教授、博士生导师
高 峻　教育部高等学校旅游管理类专业教学指导委员会副主任
　　　　上海师范大学旅游学院副院长，教授、博士生导师
邓爱民　中南财经政法大学旅游管理系主任，教授、博士生导师
潘秋玲　西安外国语大学旅游学院院长，教授
薛兵旺　武汉商学院旅游与酒店管理学院院长，教授
田芙蓉　昆明学院旅游学院院长，教授
罗兹柏　中国旅游未来研究会副会长，重庆旅游发展研究中心主任，教授
朱承强　上海师范大学旅游学院/上海旅游高等专科学校酒店研究院院长，教授
王春雷　上海对外经贸大学会展经济与管理系主任，副教授
毕斗斗　华南理工大学经济与贸易学院旅游与酒店管理系主任，副教授
李会琴　中国地质大学（武汉）旅游系副系主任，副教授
程丛喜　武汉轻工大学经济与管理学院，教授
吴忠军　桂林理工大学旅游学院院长，教授
韩 军　贵州商学院旅游学院院长，教授
黄其新　江汉大学商学院副院长，教授
张 青　山东青年政治学院旅游学院院长，教授
何天祥　湖南商学院旅游管理学院院长，教授
李 玺　澳门城市大学国际旅游与管理学院客座教授、博士生导师
何 彪　海南大学旅游学院会展经济与管理系主任，副教授
陈建斌　广东财经大学地理与旅游学院副院长，副教授
孙洪波　辽东学院旅游学院院长，教授
李永文　海口经济学院旅游与民航管理学院院长，教授
李喜燕　重庆文理学院旅游学院副院长，教授
朱运海　湖北文理学院休闲与旅游服务管理研究所所长，副教授

高等院校旅游管理类应用型人才培养"十三五"规划教材

总主编 ◎ 马 勇

旅游法规

Tourism Laws and Regulations

主　编 ◎ 李喜燕　王立升
副主编 ◎ 张云耀　刘红霞　孟庆吉　王瑞君
参　编 ◎ 葛晓茜　申　磊　王　琼　郭媛媛　徐海兰

华中科技大学出版社
http://www.hustp.com
中国·武汉

内容提要

本教材共 9 章，分别为旅游法概述、旅游企业及其从业主体管理法律制度、旅游合同法律制度、旅游侵权责任法律制度、旅游消费者权益保护法律制度、旅游食宿行娱及安全管理法律制度、旅游出入境管理法律制度、旅游规划与资源管理法律制度、旅游纠纷解决法律制度。其中第三章至第五章、第九章是本书的重点内容，主要涉及旅游从业主体与旅游者平等主体之间的法律关系及其纠纷解决法律制度。第二章、第六章至第九章的部分内容主要是有关旅游行政管理方面的法律制度。

本教材主要用于旅游类专业本专科学生、研究生、旅游从业人员的实务指导或者其他有兴趣的人士学习参考。

图书在版编目(CIP)数据

旅游法规/李喜燕,王立升主编.—武汉:华中科技大学出版社,2020.4(2023.8重印)
全国高等院校旅游管理类应用型人才培养"十三五"规划教材
ISBN 978-7-5680-6025-7

Ⅰ.①旅… Ⅱ.①李… ②王… Ⅲ.①旅游业-法规-中国-高等学校-教材 Ⅳ.①D922.294

中国版本图书馆 CIP 数据核字(2020)第 048302 号

旅游法规
Lvyou Fagui

李喜燕 王立升 主编

策划编辑：	李家乐
责任编辑：	李家乐
封面设计：	原色设计
责任校对：	王亚钦
责任监印：	周治超
出版发行：	华中科技大学出版社(中国·武汉)　　电话:(027)81321913
	武汉市东湖新技术开发区华工科技园　　邮编:430223
录　　排：	华中科技大学惠友文印中心
印　　刷：	武汉开心印印刷有限公司
开　　本：	787mm×1092mm　1/16
印　　张：	16.25
字　　数：	413 千字
版　　次：	2023 年 8 月第 1 版第 4 次印刷
定　　价：	59.80 元

本书若有印装质量问题，请向出版社营销中心调换
全国免费服务热线：400-6679-118　　竭诚为您服务
版权所有　侵权必究

总　序

伴随着旅游业上升为国民经济战略性支柱产业和人民群众满意的现代服务业,我国实现了从旅游短缺型国家到旅游大国的历史性跨越。2016年12月26日,国务院印发的《"十三五"旅游业发展规划》中提出要将旅游业培育成经济转型升级重要推动力、生态文明建设重要引领产业、展示国家综合国力的重要载体和打赢扶贫攻坚战的重要生力军,这标志着我国旅游业迎来了新一轮的黄金发展期。在推进旅游业提质增效与转型升级的过程中,应用型人才的培养、使用与储备已成为决定当今旅游业实现可持续发展的关键要素。

为了解决人才供需不平衡难题,优化高等教育结构,提高应用型人才素质、能力与技能,2015年10月21日教育部、国家发改委、财政部颁发了《关于引导部分地方普通本科高校向应用型转变的指导意见》,为应用型院校的转型指明了新方向。对于旅游管理类专业而言,培养旅游管理应用型人才是旅游高等教育由1.0时代向2.0时代转变的必由之路,是整合旅游教育资源、推进供给侧改革的历史机遇,是旅游管理应用型院校谋求话语权、扩大影响力的重要转折点。

为深入贯彻教育部引导部分地方普通高校向应用型转变的决策部署,推动全国旅游管理本科教育的转型发展与综合改革,在教育部高等学校旅游管理类专业教学指导委员会和全国高校旅游应用型本科院校联盟的大力支持和指导下,华中科技大学出版社率先组织编撰出版"全国高等院校旅游管理类应用型人才培养'十三五'规划教材"。该套教材特邀教育部高等学校旅游管理类专业教学指导委员会副主任、中国旅游协会教育分会副会长、中组部国家"万人计划"教学名师、湖北大学旅游发展研究院院长马勇教授担任总主编。

在立足旅游管理应用型人才培养特征、打破重理论轻实践的教学传统的基础上,该套教材在以下三方面作出了积极的尝试与探索。

一是紧扣旅游学科特色,创新教材编写理念。该套教材基于高等教育发展新形势,结合新版旅游管理专业人才培养方案,遵循应用型人才培养的内在逻辑,在编写团队、编写内容与编写体例上充分彰显旅游管理作为应用型专业的学科优势,全面提升旅游管理专业学生的实践能力与创新能力。

二是遵循理实并重原则,构建多元化知识结构。在产教融合思想的指导下,坚持以案例为引领,同步案例与知识链接贯穿全书,增设学习目标、实训项目、本章小结、关键概念、案例解析、实训操练和相关链接等个性化模块。为了更好地适应当代大学生的移动学习习惯,本套教材突破性地在书中插入二维码,通过手机扫描即可直接链接华中出版资源服务平台。

三是依托资源服务平台,打造立体化互动教材。华中科技大学出版社紧抓"互联网+"发展机遇,自主研发并上线了华中出版资源服务平台,实现了快速、便捷调配教学资源的核心功能。在横向资源配套上,提供了教学计划书、PPT、参考答案、教学视频、案例库、习题集等系列配套教学资

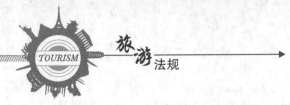

源;在纵向资源开发上,构建了覆盖课程开发、习题管理、学生评论等集开发、使用、管理、评价于一体的教学生态链,真正打造了线上线下、课堂课外的立体化互动教材。

　　基于为我国旅游业发展提供人才支持与智力保障的目标,该套教材在全国范围内邀请了近百所应用型院校旅游管理专业学科带头人、一线骨干"双师双能型"教师,以及旅游行业界精英共同编写,力求出版一套兼具理论与实践、传承与创新、基础与前沿的精品教材。该套教材难免存在疏忽与缺失之处,恳请广大读者批评指正,以使该套教材日臻完善。希望在"十三五"期间,全国旅游教育界以培养应用型、复合型、创新型人才为己任,以精品教材建设为突破口,为建设一流旅游管理学科而奋斗!

2017.1

Preface 前 言

旅游管理学科已经成为管理学科体系中一个重要的学科门类,迄今为止,全国有1000余所本专科院校开设旅游管理或者旅游管理与服务教育专业。几乎所有此类专业的院校均开设有"旅游法规与实务""旅游政策与法规"或者"旅游法"等类似的专业课程。然而,旅游法课程因属于法律的范畴而不同于旅游管理专业其他专业课程,属于旅游管理的法律课程区别于一般的法律课程,所以,旅游法属于一门具有交叉学科性质的边缘性课程。正因为此,旅游法课程往往既得不到法学界教师的重视,也不是旅游界的重点关注对象,关于此类课程的教学改革相对欠缺。

然而,随着旅游业的发展,有关旅游的纠纷日益增多。2019年10月22日,从中国裁判文书网民事案件类中输入"旅游合同纠纷"便有12455篇裁判文书,行政案由中有关"旅游"法律文书有19658篇。这说明旅游法作为旅游管理类专业的的法律课程价值尤为突出。因此,如何开展旅游法课程教学,改革旅游法教学,让旅游专业学生学有所获,学有所用,显得尤为重要。通过对我国旅游法现有教材及其裁判文书网等的查阅,本教材在借鉴吸收其他教材优势的基础上,努力体现以下特点。

第一,全面整合增补教材内容,兼顾导游考试需要。编者根据相关内容所涉及的法律问题对应的法律部门,从概述、旅游主体及资质管理、合同签订、侵权责任、消费者权益、出入境管理、资源管理、纠纷解决等方面分为九大模块,各个模块之间相互独立又彼此联系,形成一个有机的体系。根据2019年导游考试大纲要求,增加了"侵权责任法"一章,兼顾导游考试和普法宣传,不仅适合课程学习,也兼顾学生导游资格考试的需要。

第二,充分突出教材实用价值,兼顾实务操作需要。本教材在节前、节中、章末设置了相应的旅游法律实务案例,不同的模块分别对应不同的案例内容,从不同的角度对旅游活动相关立法进行教学,使学生通过大量的法律案例分析,锻炼和提高其运用法律手段防范和化解法律风险的能力,突出课程教学的实用性。

第三,全程配套案例答案和教学课件,兼顾教师教学便利。考虑到不少任教此课程的教师并非法学专业出身,本教材在提供较多的教学配套案例的同时,还为教师提供了配套电子版的参考答案和PPT,一方面通过案例激发学生学习兴趣,另一方面又能够使非法学专业的旅游法教师在教学和使用案例时更加轻松、方便,充分体现教学的便利性。

第四,全面配套二维码案例和知识链接,体现课堂知识延伸。为适应网络化、少纸化需求,基本的知识内容在纸质教材中显示,延伸出的案例引导、章末案例、同步案例以及相应的知识点均在教材的相应部分扫码可见。二维码部分一方面给学生提供实务案例练习,另一方面将

有限的课堂知识延伸到了纸质教材之外。

本教材的编写人员来自重庆、河北、海南、广东、山西、山东 6 省(市),包括重庆文理学院、廊坊师范学院、重庆师范大学、海口经济学院、岭南师范学院、晋中学院、济南职业学院 7 所院校,这些编写人员全部为旅游法课程教师。其中本教材第一章为晋中学院郭媛媛老师编写,第二章为重庆文理学院王琼老师编写,第三章为重庆文理学院葛晓茜老师和李喜燕教授编写,第四章为岭南师范学院法政学院法学系副主任、法学博士孟庆吉老师编写,第五章为晋中学院会展管理教研室主任申磊老师编写,第六章为海口经济学院会展经济与管理系主任刘红霞副教授、济南职业学院博士生王瑞君副教授编写,第七章为重庆师范大学旅游管理系主任、博士张云耀副教授编写,第八章为廊坊师范学院王立升副教授和徐海兰博士编写,第九章为重庆文理学院李喜燕教授和葛晓茜老师编写。

本书在编写过程中得到了重庆文理学院及相关领导的大力支持和关心,得到了廊坊师范学院、重庆师范大学、海口经济学院、岭南师范学院、晋中学院、济南职业学院、重庆工商大学法学院的有力支持,在此特别予以感谢! 同时,也感谢本书编写过程中表达使用需求的各位同仁的大力支持和鼓励,感谢所有对本教材的编写提供帮助的各个高校的同仁和重庆文理学院旅游学院相关老师的支持和帮助。

编者
2019 年 11 月

目 录

Contents

第一章　旅游法概述 …… 1
第一节　旅游法的概念及其调整对象 …… /1
第二节　旅游法的形成及法律渊源 …… /3
第三节　旅游法律关系 …… /9
第四节　旅游法律责任 …… /14

第二章　旅游企业及其从业主体管理法律制度 …… 22
第一节　旅游企业法律制度 …… /22
第二节　旅行社管理法律制度 …… /28
第三节　导游人员管理法律法规 …… /39

第三章　旅游合同法律制度 …… 49
第一节　旅游合同概述 …… /49
第二节　旅游合同的订立与效力 …… /54
第三节　旅游合同的履行、变更、转让和终止 …… /67
第四节　违反旅游合同的责任 …… /73

第四章　旅游侵权责任法律制度 …… 80
第一节　侵权责任概述 …… /80
第二节　侵权责任的构成及责任承担 …… /85

第五章　旅游消费者权益保护法律制度 …… 102
第一节　旅游消费者权益保护法律概述 …… /102
第二节　旅游消费者的权利和义务 …… /106
第三节　旅游经营者的义务 …… /113
第四节　旅游消费者权益的保护 …… /119

第六章　旅游食宿行娱及安全管理制度　126

第一节　旅游交通管理制度　/126
第二节　旅游饭店管理制度　/138
第三节　娱乐场所管理法律制度　/147
第四节　旅游安全管理制度　/154

第七章　旅游出入境管理法律制度　164

第一节　中国公民出国旅游管理制度　/164
第二节　中国旅游者出入境管理　/169
第三节　外国旅游者入出境管理　/174
第四节　出入境检查、检疫法律制度　/180

第八章　旅游规划与资源管理法律制度　188

第一节　旅游规划及资源管理法律制度　/188
第二节　自然旅游资源管理法律制度　/196
第三节　人文旅游资源管理法律制度　/201
第四节　相关旅游资源管理法律制度　/208

第九章　旅游纠纷解决法律制度　216

第一节　旅游纠纷概述　/216
第二节　旅游纠纷的和解、调解与投诉　/221
第三节　旅游纠纷仲裁　/226
第四节　旅游纠纷的诉讼　/232
第五节　旅游纠纷证据规定　/239

参考文献　245

第一章

旅游法概述

学习目标

通过本章的学习,要求学生能够掌握旅游法的概念与调整对象、旅游法律关系的构成要素及其产生、变更和终止,熟悉旅游法律责任的内涵及表现形式,了解旅游法的形成及法律渊源,从而提高其法律素质和职业道德素养,促进旅游业持续健康发展。

第一节 旅游法的概念及其调整对象

案例引导 1-1:旅游法的调整范围有哪些?

一、旅游法的概念

第二次世界大战结束以后,国际关系渐趋缓和,各国纷纷致力于本国经济的恢复与发展,旅游业也蓬勃发展起来,逐渐成为世界性潮流,在世界经济中占据越来越重要的位置。然而,旅游业的快速发展也滋生了一系列矛盾、纠纷和冲突。一些旅游业发展较快、法治比较健全的国家,开始认识到旅游立法的必要性和迫切性,并试图通过法律手段来规范旅游活动中的各种社会关系,促进旅游业的持续健康发展。"旅游法"这一概念应运而生。那么,什么是旅游

法呢？

一般意义上，旅游法的概念有广义和狭义之分。广义上的旅游法是指国家制定或认可的调整旅游活动领域中各种社会关系的法律规范的总称，即以旅游法律关系为调整对象的各种法律规范的总称。它既包括综合调整旅游业各领域的基本法律规范，例如我国于2013年颁布的《中华人民共和国旅游法》，也包括涉及旅游活动各领域的单行旅游法律、法规、规章，例如我国于2009年颁布的《旅行社条例》（2017年修订），还包括散见于其他法律、法规及规章之中有关旅游法律关系调整的相关规定，例如《中华人民共和国合同法》中适用于旅游合同的相关规定。狭义上的旅游法仅指综合调整旅游业各领域社会关系的旅游基本法律规范。在我国，狭义上的旅游法特指《中华人民共和国旅游法》。狭义上的旅游法不仅是一个国家旅游法律体系的基础和核心，也是衡量一个国家法治完善和旅游业发展程度的重要标志。本书中所出现旅游法除明确标明外，均为广义上的旅游法。

二、旅游法的调整对象

旅游法的调整对象是指在旅游活动过程中或在旅游业的发展过程中形成的由旅游法所确认和调整的各种社会关系，这些关系概括起来主要包括以下几类。

（一）旅游经营者与旅游者之间的关系

旅游经营者是指旅行社、景区以及为旅游者提供交通、住宿、餐饮、购物、娱乐等服务的经营者。旅游经营者与旅游者之间的法律地位是平等的，他们之间的关系通常以合同的形式予以确定，各主体在享受权利的同时承担相应的义务。例如，旅游者在旅游活动过程中与旅行社、饭店、景区、旅游交通运输企业之间产生的权利、义务关系。

（二）旅游经营者之间的关系

传统的旅游六要素包括食、住、行、游、购、娱。在旅游活动过程中，食、住、行、游、购、娱等活动不可能靠一家旅游企业单独完成。通常它需要各个旅游经营者之间相互协作、相互配合，形成一个旅游服务整体，才能使得各项旅游活动顺利进行。旅游活动的这一特点决定了旅游经营者之间的关系也必然成为旅游法的调整对象。

（三）旅游经营者与旅游行政管理部门及相关行政管理部门之间的关系

旅游经营者作为旅游市场的主体，其经营活动直接关系到旅游者的合法权益及旅游市场的健康发展。因此，国家通常通过直接干预或宏观调控来规范旅游经营者的活动。与前两种关系不同，旅游经营者与旅游行政管理部门及相关行政管理部门之间的关系是一种纵向的法律关系。这种关系具体表现为领导与被领导、管理与被管理、监督与被监督，即双方的主体地位是不平等的。

（四）旅游者与旅游行政管理部门及相关行政管理部门之间的关系

旅游者是旅游活动的主体，旅游者的合法权益如果得不到保障，不仅会影响旅游者出游的积极性，而且会制约我国旅游业的持续健康发展。我国《旅游法》不仅在总则中确立了保护旅游者合法权益的原则性规定，而且专设"旅游者"一章进一步规定旅游者的各项权利，一旦旅游者合法权益受到侵害，可以向相关旅游行政管理部门进行投诉，由此形成一定关系。此外，旅游者在游览风景名胜和历史古迹时也可能会存在对名胜古迹和历史文物的破坏等不文明旅游行为。旅游者的这些行为也会导致与相关行政管理部门产生一定的关系。例如，根据《风景名胜区条例》的规定,在景物、设施上刻画、涂污或者在风景名胜区内乱扔垃圾的,由风景名胜区管理机构责令恢复原状或者采取其他补救措施,处 50 元的罚款。

(五)旅游行政管理部门之间的关系

在我国,旅游行政管理部门作为政府的组成部门,已经形成了从中央到地方各级旅游行政管理部门。各级旅游行政管理部门按照不同层次、不同区域、不同业务部门进行横向、纵向划分,并设立相应的旅游组织机构,配备相应的旅游工作人员,形成一个纵横交织、首尾相接、上下贯通、左右互联的具有隶属和制约关系的权责分配体系。各级旅游行政管理部门之间必然形成领导与被领导、指导与被指导的关系。

(六)具有涉外因素的社会关系

具有涉外因素的社会关系通常是指外国旅游者与我国旅行社之间的法律关系以及中国旅游经营者与外国旅游经营者在业务交往中所产生的中外合营、中外合作、中外合资关系。这些关系一般由我国旅游法律法规进行调整,但涉及我国参加的国际公约、条约以及国际惯例的除外。

第二节 旅游法的形成及法律渊源

案例引导 1-2:"12 点退房"行业惯例被挑战,是否合法?

张某于 2018 年 7 月 1 日下午 8 时入住某宾馆,次日下午 2 时退房时,该宾馆认为张某没有按规定在中午 12 点前退房,要求张某多支付半日房费 100 元。张某认为无论前一天几点入住,第二天都在 12 点前结账,明显违反了等价交换的原理,因此宾馆侵犯了自己的公平交易权。张某诉至法院要求宾馆退回多收的半日房费 100 元,书面赔礼道歉并赔偿因起诉导致的经济损失共计六千余元。法院审理后认为,"12 点退房,延时加收半日房费"属于饭店行业惯例,某宾馆并不存在违法行为,遂驳回了张某的诉讼请求。

(资料来源:http://hnrb.zjol.com.cn/hnrb/html/2008-03/27/content_83121.htm。)

【问题】从法的渊源角度分析,法院的审判依据是否恰当?

一、旅游法的形成

随着旅游业在世界范围内的高速发展,旅游作为一种日益频繁的社会经济和文化活动,其

规模和范围不断扩大,内容和形式也逐渐丰富、多元化。这使得旅游活动领域的社会关系日趋复杂,各种矛盾、冲突、纠纷也纷至沓来。如何处理好旅游者与旅游经营者之间、旅游经营者之间、旅游活动与生态环境保护之间、旅游业与其他产业之间等一系列错综复杂的关系?一些旅游业发达、法治比较完善的国家逐步认识到通过法律手段来规范和调整上述社会关系的迫切性与重要性,旅游立法成为旅游业进一步发展的迫切要求。因此,旅游法是旅游业发展到一定历史阶段的产物,随着旅游业的发展而产生,随着旅游业的不断发展而健全完善。

(一)国外旅游立法概况

从世界旅游立法情况来看,旅游法的形成经历了一个漫长的过程,最初是不成文的习惯法,后来才出现成文法,且率先诞生于一些旅游业发达国家。二十世纪六七十年代,日本、巴西、韩国、英国、美国、墨西哥等国家相继制定了一系列旅游政策、法律、法规和规章。旅游立法逐渐从世界范围扩展到各个国家,成为旅游业持续健康发展的重要保障。纵观世界各国旅游立法情况,概括起来大致有三种立法体例:一是针对旅游业发展过程中出现的具体问题制定单行的旅游法律法规,例如,法国在1959年制定的《旅行社法令》,英国在1979年通过的《旅游保证金法案》;二是在通用性法律、法规中规定有关旅游业的法律条文,例如,《德国民法典》中就有关于旅游契约的条文用于规范和调整旅游企业与旅游者之间的关系,这些国家的立法者认为,旅游活动用通用性的法律法规就足以调整,不必针对旅游活动进行单独、系统立法;三是制定一国发展旅游业的基本法律——旅游基本法,在一些旅游业比较发达、法治比较完善的国家,如日本、美国、英国、韩国、新加坡、巴西、墨西哥等国家都已相继颁布了旅游基本法。

1. 美国旅游立法

美国政府十分重视旅游业的发展。为保证旅游业的健康发展,协调处理旅游业发展过程中的各种社会关系,美国政府在不同时期基于对旅游业的认识制定了一系列旅游法律、法规和法案。其中既有关于旅游的各种单行法规、法案,也有作为美国旅游基本法的《全美旅游政策法》。

1979年5月8日,美国政府颁布了旅游基本法——《全美旅游政策法》。该法共设三编,从国家发展旅游业的作用、设立全国旅游政策委员会、旅游资源的保护、旅行游览公司政策、旅游者政策五个方面作出了规定。该法可以看作美国旅游政策总原则的法律化,其目的是在联邦政府、州和地方政府以及其他有关公众和私人组织之间建立一种合作,采取一切切实可行的办法,包括财政和技术援助,来执行全国旅游政策。

在《全美旅游政策法》基础上,美国联邦政府也制定了各种关于旅游的单行法规、法案,尤其是在对国家公园管理和保护方面形成了完善的立法屏障。例如《荒野与河流风景法》《全国游道系统法》《公园志愿者法》《国家公园局通权法》等。此外,美国联邦政府也通过了一些旅游相关行业单行法规,从不同侧面促进美国旅游业的健康发展。

2. 日本旅游立法

第二次世界大战以后,和平与发展成为时代主题。为振兴本国经济,日本率先提出了"观光立国"的口号。日本注意结合本国国情并积极吸收外国经验,逐步形成了一套以旅游基本法为基础、以多项旅游单行法规为主体、以大量相关法规为补充的相对完善的旅游法体系。

1963年,为推动旅游业的发展,加强外汇收入,日本通过了《观光基本法》。然而《观光基本法》在制定之初就存在先天不足，忽视了对出境旅游发展的规范。随着日本政府自1964年起部分放开外汇管制，允许日本国民出境旅游，日本国际旅游业发展陷入了严重失衡的窘境，即入境旅游严重落后，而出境旅游发达。日本国内一直存在修改《观光旅游法》中关于发展国际旅游方面条款的呼声。为改变日本国际旅游业严重失衡的状态，2003年，时任首相提出了"观光立国"战略，提出了2010年实现入境旅游者人数翻番、入境旅游人数达到1000万的战略目标。日本政府在2003年6月10日发表的《观光白皮书》中把2003年称为观光元年，并制订观光立国行动计划，加强培养旅游人才，大力发展生态旅游，加强与世界各国之间的旅游合作，日本的入境旅游得到了快速发展。面对全新的旅游发展态势，《观光基本法》已经不适应日本旅游发展的需要，必须进行彻底变革。2007年1月1日《观光立国推进法》正式实施，明确了观光立国政策长期稳定不动摇，并特别增加"观光立国推进基本计划"部分内容指明未来日本旅游业发展方向。

除旅游基本法外，日本早前也相继通过了一系列旅游单行法规和相关法规。如《禁止私人垄断及保证公平交易法》(1947年)、《国际旅游事业资助法》(1949年)、《旅行联络法》(1952年)、《国际旅游振兴会法》(1959年)、《博物馆法》(1951年)、《自然公园法》(1957年)、《保护古都历史风情特别措施法》(1966年)、《防止水质污染法》(1970年)、《自然保护法》(1972年)等。

3. 国际旅游立法

第二次世界大战以来，随着世界经济的恢复和发展，旅游活动逐渐突破一国界限扩展到世界范围且其规模迅速扩大。日益频繁的国际旅游活动带来了新的法律问题，即由于世界上每个国家有自己独立的法律体系和法律规范，对同一问题可能做出截然不同的规定。这就导致一旦在国际旅游活动过程中发生纠纷无法确定适用何国法律。为解决国际旅游活动中法律适用问题，一些与国际旅游活动密切相关的法律规范应运而生。例如1944年在芝加哥签订的《国际航空运输协定》、1970年在布鲁塞尔签订的《关于旅行契约的国际公约》、1972年在巴黎签署的《保护世界文化和自然遗产公约》、1995年在乌拉圭通过的《服务贸易总协定》等。这些国际法协议、公约在规范国际旅游活动，进一步促进国际旅游业发展方面发挥了重要作用。

(二)我国旅游立法概况

改革开放以来，伴随着我国旅游业的快速发展，旅游立法也经历了从无到有、逐步强化、系统完善的过程，并取得了长足的进步。2013年《中华人民共和国旅游法》的颁布实施标志着我国已经构建起具有中国特色的两级多层次旅游法律体系。这些法律、法规、规章在保护旅游者合法权益、调整旅游业结构、规范旅游市场秩序、解决旅游纠纷、调整旅游法律关系中的权利、义务等方面发挥了重要的作用。

1. 通用性法律法规

党的十一届三中全会以来，我国逐步由计划经济向市场经济转变。特别是党的十四大提出建立社会主义市场经济体制以来，我国制定了一系列调整市场经济的法律法规，如《民法通则》《合同法》《消费者权益保护法》《食品安全法》《反不正当竞争法》《反垄断法》《公司法》《劳动法》《商标法》《专利法》等，这些经济法律对于保障社会主义市场经济健康发展起到了重要作用。旅游业作为一个综合性的经济产业，必然要受到上述市场经济法律法规的调整。

2. 《旅游法》

二十世纪八十年代初，在改革开放和旅游业发展初期，为规范旅游市场秩序，促进旅游业进一步发展,国家旅游局(现为文化和旅游部)成立了《旅游法》起草工作小组,开始着手起草《旅游法》。然而,由于制定《旅游法》的基本条件尚不具备,故起草工作暂时中断。1989年3月,国家旅游局再次把起草《旅游法》的工作提到议事日程,经过多次调研、论证、讨论、修改,形成送审稿。实行社会主义市场经济体制后,《旅游法》草稿涉及的相关内容需要重新调整,且各个方面对于旅游立法涉及的一些重要问题认识不尽一致,起草工作再次中断。2009年4月6日,全国人大财经委赴安徽开展旅游立法前期调研。同年12月18日,全国人大财经委牵头组织国家发改委、国家旅游局等23个部门和有关专家成立旅游法起草组,并召开了起草组第一次全体会议。2012年3月14日,全国人大财经委第64次全体会议审议并通过了《旅游法》草案。此后,经过全国人大常委会三次审议,2013年4月25日,十二届全国人大常委会第二次会议表决通过了《旅游法》,酝酿三十多年的旅游法终于尘埃落定。《中华人民共和国旅游法》是一部综合性的旅游法律,分别对旅游者、旅游规划和促进、旅游经营、旅游服务合同、旅游安全、旅游监督管理、旅游纠纷处理、法律责任八方面作出了明确规定。《中华人民共和国旅游法》的出台使我国有了完整意义上的旅游基本法,填补了法律空白,是我国旅游法制建设发展史上重要的里程碑。2016年11月,为顺应出境旅游市场的发展,《旅游法》首次进行修改。

3. 旅游专项法规规章

旅游法出台之前,我国的旅游立法主要集中在对旅游活动的某个方面进行规范。例如,在旅行社管理方面,我国先后颁布了《旅行社管理暂行条例》《旅行社管理条例》《旅行社条例》《旅行社质量保证金存取管理办法》等。在旅游饭店管理方面,先后颁布了《旅馆业治安管理办法》《旅游饭店星级的划分与评定》等。在导游人员管理方面,先后颁布了《导游人员管理暂行规定》《导游人员管理条例》《导游人员管理实施办法》《导游证管理办法》等。在出境旅游管理方面,先后颁布了《中国公民自费出国旅游管理暂行办法》《中国公民出国旅游管理办法》《出国旅游领队人员管理办法》《旅行社出境旅游服务质量》等。在旅游安全管理方面,先后颁布了《旅游安全管理暂行办法》《旅游安全管理暂行办法实施细则》《重大旅游安全事故报告制度试行办法》《重大旅游安全事故处理程序试行办法》《旅游安全管理办法》等。在旅游投诉与纠纷处理方面,主要是国家旅游局在2010年颁布的《旅游投诉处理办法》。这些旅游法规规章在旅游基础法缺失的很长一段时间,对于规范旅游市场秩序、促进旅游业发展起到了重要作用。《旅游法》出台以后,在明确旅游业的发展方向、发展宗旨和政策原则的基础上,国家旅游局制订了旅游法配套制度建设工作计划,加快推进旅游专项立法工作。旅游专项法规规章得以不断调整和完善,构成了我国旅游法体系重要的组成部分。

4. 地方旅游管理条例

在中央大力发展旅游业的政策指导下,我国各地政府也开始积极发展旅游业。在有的地方,旅游业已经成为当地的龙头产业,极大地带动了地方经济发展。与此同时,我国地方旅游立法取得了突破性进展。1996年10月,海南省人大率先通过了我国第一部地方旅游法规——《海南省旅游管理条例》。这是我国第一个以省人大地方立法的形式确立的地方性旅游法规,开创了我国地方旅游立法的先河。截至目前,全国已有多个省市出台了旅游业管理条例。这些地方旅游条例一般都对本地旅游资源的开发和保护、旅游者合法权益保护、旅游经营和管理、旅游主管部门的职能等作出明确规定,对于规范地方旅游市场秩序,促进地方旅游业发展发挥了重要的作用。

5. 其他相关法律、法规

旅游业是一个综合性产业,涉及国民经济发展的方方面面。因此,旅游业的发展必然离不开相关行业的协调与配合,反映到法律层面即部门相关法律、法规对旅游业的调整。例如,在旅游资源保护方面有《环境保护法》《文物保护法》《自然保护区条例》《森林法》《水法》《野生动物保护法》等。在出入境管理方面有《中华人民共和国出入境管理法》《中华人民共和国海关法》等。在旅游交通运输管理方面有《民用航空法》《铁路法》等。它们都对旅游业的法律调整起到了补充作用,构成我国旅游法体系中不可忽视的一部分。

当前,我国已经形成了具有中国特色相对完整的旅游法体系,随着我国旅游业的持续高速发展,必将不断完善发展。

二、旅游法的渊源

(一)法的渊源

法的渊源,简称"法源"。作为法学的专门术语,始于古罗马法的 Fontes juris,意为"源泉"。严格意义上来讲,法的渊源包括理论渊源、历史渊源、文献渊源、文化渊源、本质渊源以及效力渊源。我国法学上通常所说的法的渊源是指法的效力渊源,也称为法的形式渊源或直接渊源,专指具有法律效力的表现形式。

根据法的渊源是与法的效力相联系的法的形式,可以将法的渊源分为成文法和不成文法。成文法,也称为制定法,即国家机关根据法定程序制定发布的具有法律约束力的法律文件的总称。不成文法,是与成文法相对而言的,指未经国家制定,但经国家认可并赋予法律效力的行为规则。包括习惯、判例、惯例、政策等。通常,大陆法系国家具有制定法传统,制定法为其主要法律渊源,判例一般不被作为正式法律渊源。而英美法系国家具有判例传统,判例为其正式法律渊源。当代中国法的渊源是以宪法为核心的制定法形式。

(二)旅游法的渊源

旅游法的渊源,是指旅游法律规范的制定和表现形式。我国旅游法的渊源主要表现在以下几方面。

1. 宪法

《中华人民共和国宪法》是我国的根本大法,由全国人民代表大会制定和修改,是制定其他法律法规的依据。它不仅是中国革命和建设经验的科学总结和胜利成果,而且是建设中国特色社会主义的伟大纲领。《中华人民共和国宪法》自1954年颁布以来,历经三次大修改和五个宪法修正案,形成现行宪法文本。现行宪法(又称1982年宪法)规定了我国的根本制度,确立了我国的国体、政体和国家结构形式,确认了公民的基本权利和基本义务,规定了国家机关的组织与活动原则、职权,确立了国旗、国歌、国徽和首都。其中第四十三条明确规定:"中华人民共和国劳动者有休息的权利。国家发展劳动者休息和修养的设施,规定职工的工作时间和休假制度。"休息休假权的确立为公民参与旅游活动提供了所需的闲暇时间,同时国家发展劳动者休息和修养的设施可以看作完善旅游基础设施的宪法依据。因此,《中华人民共和国宪法》的这一规定可以看作涉及旅游的条款,是我国旅游法的重要渊源,也是具有最高法律效力的旅游法渊源。

2. 法律

法律是指由全国人民代表大会及其常务委员会制定的规范性法律文件。根据我国宪法的规定,法律又分为基本法律和一般法律。

基本法律是由全国人民代表大会制定和修改的规范性法律文件。

在全国人大闭会期间,全国人大常委会也有权对其进行部分补充和修改,但不得同其基本原则相抵触。基本法律通常规定国家、社会和公民生活中具有重大意义的基本问题,如《民法总则》《刑法》。在法的渊源体系中,其效力仅次于宪法。在我国,旅游方面的基本法律包括《民法通则》《民法总则》《合同法》等通用性法律。

一般法律是指由全国人大常委会制定和修改的规范性法律文件,通常规定由基本法律调整以外的国家、社会和公民生活中某一方面的重要问题,其调整面相对较窄,内容较具体,例如《中华人民共和国旅游法》。此外,旅游方面的一般法律还包括《消费者权益保护法》《食品安全法》《环境保护法》《文物保护法》《中华人民共和国公民出境入境管理法》《外国人入境出境管理法》《劳动合同法》《公司法》《商标法》《专利法》等通用性法律。

3. 行政法规

行政法规是指由我国最高行政机关即国务院依照宪法规定的权限和法定程序制定和修改的规范性法律文件的总称。行政法规一般以条例、办法、实施细则等形式作成。在我国,行政法规的效力仅次于宪法和法律。当前,我国旅游方面的行政法规主要有《旅行社条例》《旅游服务质量保证金存取管理办法》《中国公民出国旅游管理办法》《导游人员管理条例》《风景名胜区条例》《自然保护区条例》《旅馆业治安管理办法》《娱乐场所管理条例》等。

4. 地方性法规

省、自治区、直辖市的人民代表大会及其常务委员会根据本行政区域的具体情况和实际需要,在不同宪法、法律、行政法规相抵触的前提下,可以制定地方性法规。设区的市的人民代表大会及其常务委员会根据本市的具体情况和实际需要,在不同宪法、法律、行政法规和本省、自治区的地方性法规相抵触的前提下,可以对城乡建设与管理、环境保护、历史文化保护等方面的事项制定地方性法规。1996年10月,海南省人大率先通过了我国第一部地方性旅游法规——《海南省旅游管理条例》。此后,我国许多省市都制定了本地区旅游条例。

5. 部门规章

部门规章是国务院所属的各部、委员会、中国人民银行、审计署和具有行政管理职能的直属机构,根据法律和国务院的行政法规、决定、命令,在本部门的权限范围内制定的规范性法律文件。部门规章规定的事项应当属于执行法律或者国务院的行政法规、决定、命令的事项。没有法律或者国务院的行政法规、决定、命令的依据,部门规章不得设定减损公民、法人和其他组织权利或者增加其义务的规范,不得增加本部门的权利或者减少本部门的法定职责。涉及两个以上国务院部门职权范围的事项,应当提请国务院制定行政法规或者由国务院有关部门联合制定规章。旅游部门规章主要是由文化和旅游部及其与其他部门联合制定的法律文件。例如,《旅游投诉处理办法》《导游管理办法》《旅游安全管理办法》《营业性演出管理条例实施细则》《娱乐场所管理办法》《旅行社服务质量赔偿标准》《旅游行政许可办法》《国家级文化生态保护区管理办法》《旅游市场黑名单管理办法》《关于旅游不文明行为记录管理暂行办法》等。

6. 地方政府规章

省、自治区、直辖市和设区的市、自治州的人民政府,可以根据法律、行政法规和本省、自治区、直辖市的地方性法规制定规章。地方政府规章可以就下列事项作出规定:①为执行法律、行政法规、地方性法规的规定需要制定规章的事项;②属于本行政区域的具体行政管理事项。设区的市、自治州的人民政府根据本条第一款、第二款制定地方政府规章,限于城乡建设与管理、环境保护、历史文化保护等方面的事项。有关地方旅游政府规章如《海南省旅游景区管理规定》《海南省旅游安全管理规定》《海南省旅游度假区等级管理办法》《海南省游艇管理办法》等。

7. 国际条约与协定

国际条约与协定特指我国缔结或参加的国际条约与协定。我国未缔结或参与的国际条约与协定在我国不具有法律约束力。我国缔结或参与的国际旅游条约与协定包括《保护世界文化和自然遗产公约》《国际饭店协会和世界旅行社协会联合会公约》等。

第三节 旅游法律关系

案例引导 1-3:未成年人报团出游引争议

2018年暑假期间,刚满12周岁的天津某中学初一学生黄某和他的同学李某、刘某三人商量一起报团去张家界游玩。三人达成一致意见后背着父母从家里拿钱来到某旅行社门市部咨询。旅行社职员田某接待了他们。在得知来意后,田某热情地推荐了张家界五日游。黄某、李某和刘某考虑一番后随即每人交纳了2000元的团费并签订了旅游合同。黄某的父亲得知此事后,考虑到孩子的安全问题坚决不让黄某等人外出旅游。随后,黄某的父亲亲自到该旅行社门市部主张该旅游合同无效,并退还团费。

(资料来源:自编。)

【问题】请从旅游法律关系的角度分析黄某的父亲是否有权主张该旅游合同无效,并要求退还团费?

一、旅游法律关系的概念

(一)法律关系的概念

法律关系是指基于法律事实由法律规范所确认和调整的人与人之间的特殊的社会关系,即法律上的权利和义务关系。毫无疑问,法律关系属于社会关系的范畴,表现为人与人之间的关系。但是法律关系不同于一般的社会关系。作为一类特殊的社会关系,法律关系具有如下特征。

1. 法律关系是以现存的法律规范为基础形成的社会关系

法律规范的存在是法律关系形成的前提。如果不存在相应的法律规范,就不会出现相应

的法律关系。没有相应的法律规定，当事人之间发生的只能是一般的社会关系，如恋爱关系、友谊关系，属于伦理道德规范调整的范畴，并不是法律关系。此外，不同的法律规范所导致的法律关系也不同，例如基于民事法律规范所形成的法律关系为民事法律关系，基于刑事法律规范则形成刑事法律关系。

2．法律关系是基于一定的法律事实而形成的社会关系

法律规范是法律关系的前提，没有法律规范的存在，也不可能形成与之相应的法律关系。然而，法律规范公布以后，仅抽象地规定人们的行为规范和相应的法律后果。它所针对的对象为一类人，具有普遍适用性。只有当人们按照法律规范行事或其行为符合一定的法律事实时，特定主体之间才形成法律上的权利和义务关系。

3．法律关系是以权利和义务为内容的社会关系

法律规范与其他社会关系的重要区别就在于它是法律化的权利、义务关系，是一种明确的、具体的权利和义务关系。这种权利、义务关系可以由法律明确规定，也可以由法律授权当事人在法律范围内自由约定。通常，权利和义务是对立统一、不可分割的，一方权利的实现有赖于对方义务的履行。

4．法律关系由国家强制力作保障，是具有强制性的社会关系

法律关系是法律规范在实际生活中的具体化。法律规范是由国家制定和公布的，必然体现国家意志性。当法律规范所授予的权利受到侵犯或设定的义务被拒绝履行时，权利受侵害一方有权请求国家机关运用国家强制力保障权利的实现和义务的履行。

（二）旅游法律关系的概念

旅游法律关系是法律关系的一种，是指由旅游法律规范所确认和调整的，在旅游活动中所形成的各方当事人之间的权利和义务关系。旅游法律关系除具有以上法律关系的特征外，与其他法律关系相比较还具有以下特征。

1．旅游法律关系以现存的旅游法律规范为前提

旅游法律关系之所以产生，是由于有规定和调整这种关系的旅游法律规范存在。没有相应的旅游法律规范，旅游法律关系便无从产生，只能是一般的法律关系。当前我国的旅游法律规范既包括综合调整旅游业的《旅游法》，也包括一些通用性法律、旅游专项法律法规以及其他部门相关法律、法规。

2．旅游法律关系是在旅游活动中形成的

在现实生活中，公民之间、法人之间、公民与法人之间随时都会发生各种各样的社会关系。这些社会关系在不同的法律规范调整下形成特定的法律关系，这些法律关系可以广泛地发生在社会生活的各领域中。旅游法律关系则是围绕旅游活动产生的，伴随着旅游活动的产生而产生，随着旅游活动的结束而结束。

3．旅游法律关系具有广泛性

由于旅游业依托性、关联性、综合性的特点，旅游活动主体的参与范围广，包罗了食、住、行、游、购、娱等旅游要素的相关部门，因此旅游法律关系的范畴也比较广泛。其中既有横向的平等主体之间的关系，例如旅游者与旅游经营者之间的关系；又有纵向的管理与被管理者之间的关系，例如旅游行政管理部门基于《旅行社条例》对旅行社行使管理权而形成的法律关系。

二、旅游法律关系的构成要素

法律关系的构成要素是指构成法律关系不可缺少的组成部分,包括主体、客体和内容三个要素,缺少任何一个要素,都不能构成法律关系。旅游法律关系也不例外,也是由主体、客体、内容三大要素构成的。

(一)旅游法律关系的主体

旅游法律关系的主体,是指在旅游法律关系中享有权利和履行义务的人或组织,包括旅游者、旅游经营者、旅游组织以及各级旅游行政管理部门等。通常,旅游法律关系的主体是旅游法律关系的主导性因素,没有旅游法律关系主体,旅游法律关系就无从谈起。那么什么样的人能够成为旅游法律关系的主体?依照我国法律规定,法律关系主体必须具备相应的权利能力和行为能力。

1. 权利能力

权利能力,又称权利义务能力,是指法律关系主体依法享有一定权利和承担一定义务的法律资格。它是法律关系主体实际取得权利和承担义务的前提条件。如果当事人没有权利能力,即使他能够独立地实施某些行为,这些行为也是无效的。法人的权利能力与公民的权利能力不同。例如,根据《民法总则》的规定,法人的民事权利能力自法人成立时产生,至法人终止时消失。而自然人的民事权利能力始于出生,终于死亡。

2. 行为能力

行为能力是指法律关系主体能够通过自己的行为实际行使权利和履行义务的能力。行为能力不同于权利能力,具有行为能力必须首先具有权利能力,但具有权利能力并不必然具有行为能力。法人的权利能力和行为能力同时产生,同时消失,即法人一经成立,就同时具有权利能力和行为能力;一经依法撤销,其权利能力和行为能力就同时消失。自然人的行为能力则与权利能力起止时间差异较大。例如,根据我国《民法总则》规定,十八岁以上的成年人及十六岁以上以自己劳动收入为主要生活来源的未成年人为完全民事行为能力人;八周岁以上的未成年人以及不能完全辨认自己行为的成年人为限制民事行为能力人;不满八周岁的未成年人以及不能辨认自己行为的八周岁以上未成年人、不能辨认自己行为的成年人为无民事行为能力人。

在我国,由于旅游法尚未形成独立的法律部门,所以旅游权利能力、旅游行为能力也无从谈起。在旅游活动过程中,应结合具体调整旅游法律关系的法律规范来明确旅游法律关系主体的权利能力和行为能力。例如旅游者和旅行社之间的旅游合同关系属于平等民事主体之间的法律关系,旅游者和旅行社都应具备相应的民事权利能力和民事行为能力。

(二)旅游法律关系的客体

旅游法律关系客体,是指旅游法律关系主体之间权利和义务所共同指向、影响和作用的对象。缺少旅游法律关系的客体,旅游法律关系主体的权利和义务就变得毫无意义。旅游法律关系的客体主要包括以下几个方面。

1. 物

这里所说的物,是指在旅游法律关系中可以作为财产权利对象的物品或其他物质财富。作为旅游法律关系客体的物,其范围非常广泛,包括各类旅游资源、各种旅游设施及旅游消费品、旅游商品等。

2. 行为

行为是指旅游法律关系主体有意识、有目的的活动，意在旅游法律关系主体之间产生一定的权利和义务。在旅游法律关系中，最常见的行为即旅游服务行为和旅游管理行为。旅游服务行为指旅游服务提供者利用资源或设施做好旅游者在旅游期间食、住、行、游、购、娱等各个环节的服务工作。例如，旅行社为旅游者所提供的翻译、导游、组织游览、代订票务、代订客房等服务行为。旅游管理行为是指各级旅游行政管理部门、旅游经营单位内部行使与担负的与旅游职能相适应的管理活动。例如，旅游行政管理部门对旅游企业的管理行为。

3. 智力成果

智力成果是指旅游法律关系主体通过智力劳动所创造出来的精神产品。例如，某旅游企业的注册商标、专利、科学发明、技术秘密、企业名称标志、VI系统等。智力成果通常以一定的物（如纸张、胶片、磁盘）为载体，但其价值并不在于物质载体本身，而在于物质载体中所包含的信息、知识、技术、标识（符号）和其他精神因素。它不同于人的主观精神活动本身，它是人的主观精神活动的物化、固体化。

4. 信息

信息是指反映旅游活动发生、变化和特点的各种消息、数据、情报和资料等。随着信息时代的到来，特别是互联网的扩展和大数据时代的到来，信息在法律关系客体中的地位越加重要。政府部门和旅游企业都必须加强对信息资源的管理、收集、整理、汇总、分析、传递、储存和输出。

在旅游活动过程中，旅游法律关系的客体既可能是单一客体也可能是复合客体。单一客体即主体间权利义务共同指向的对象是单一的，例如旅游者在旅游商店购买纪念品，由此形成的旅游者与旅游经营者之间的法律关系指向的客体是旅游纪念品本身。复合客体则表现为旅游法律关系主体间指向的对象不是单一的。例如旅行社与旅游者之间的旅游合同法律关系所指向的客体既包括相应的旅游服务，也包括相应的旅游设施等物。

（三）旅游法律关系的内容

旅游法律关系的内容，是指旅游法律关系主体依法享有的权利和依法承担的义务，反映着旅游法律关系主体的具体要求，决定了旅游法律关系的实质。在旅游法律关系中，旅游权利和义务是对立统一的。旅游法律关系主体享有权利的同时也必须承担相应的义务，并且旅游法律关系主体一方权利的实现有赖于另一方义务的履行。当旅游法律关系主体一方的旅游权利因另一方主体的行为而不能实现时，有权请求国家机关予以保护。

1. 旅游权利

旅游权利，即旅游法律关系主体在旅游法律关系中，依照法律规定或者合同约定享有的某种权能或利益。它表现为：①权利享有者在法律规定或者合同约定范围内，按照自己的意愿做出一定行为或不做出一定行为。例如，在包价旅游活动过程中，旅游者有权接受另付费景点也有权拒绝。②有权要求义务主体做出或者抑制一定行为。例如，在旅游活动过程中，旅游者有权要求旅行社按照约定的期限、路线、航班、车次和标准提供交通工具、住宿、接送、导游讲解等服务。③当权利享有者的权利受到不法侵害，自身利益无法实现时，有权请求国家予以保护。例如，旅游者在旅游活动过程中由于旅行社的原因致使人身财产权益受损得不到赔偿，有权向旅游投诉机关投诉或者向人民法院提出诉讼保护自己的合法权益。

在旅游活动过程中，旅游权利是一个广泛的概念，根据不同标准可作不同的分类。例如，依据权利主体的不同，可分为旅游者享有的权利、旅游经营者享有的权利和旅游行政管理部门享有的权利；依据权利的内容不同，可以分为人身权利、财产权利、政治权利、诉讼权利等。在旅游活动过程中，最常见的旅游权利有人身权、财产权及诉讼权。

人身权，是与财产权相对而言的，指与人不可分离而又没有直接经济内容的权利。包括人格权和身份权。人格权是法律所确认的与作为民事主体必要条件的身体、人格相联系的权利，它随着权利主体的存在而存在，并随权利主体的消亡而消亡，如公民的姓名权、生命健康权、名誉权、肖像权等。身份权是指权利主体因一定的地位和资格而产生的权利，它随着当事人之间存在的某种身份关系而存在，也随着这种身份关系的消失而消失，主要包括亲权、监护权、继承权、著作权等。在旅游活动中，权利主体的人身权主要是指旅游者的生命健康权、姓名权、名誉权、荣誉权、肖像权等，旅游企业及旅游行政管理部门的名称权、名誉权、荣誉权等。

财产权，是指以财产利益为内容，直接体现财产利益的民事权利。财产权包括物权、债权及知识产权中的财产权利。在旅游活动中，权利主体的财产权主要是指旅游者及旅游经营者的所有权、合同债权、侵权债权及知识产权中的财产权利。

诉讼权，即权利主体享有的请求国家维护自己合法权益的权利。在旅游活动过程中，旅游者对于侵害自己合法权益的不法行为有权向国家司法机关提起诉讼。

2. 旅游义务

旅游义务，即旅游法律关系主体所承担的某种必须履行的责任。具体而言包括三个方面的内容：①旅游法律关系主体按照权利享有人的要求作出一定行为。例如，旅游经营者在旅游者购买使用商品或接受服务时应如实告知商品的真实情况。②旅游法律关系主体按照权利享有人的要求，停止一定的行为。例如，旅客在游览名胜古迹时不得乱刻乱画。③旅游法律关系主体不履行或者不适当履行义务，将受到国家法律的制裁。例如，旅行社未征得旅游者书面同意，委托其他旅行社履行包价旅游合同将由旅游行政主管部门责令改正，视情节给予相应的行政处罚。

三、旅游法律关系的产生、变更和终止

(一)旅游法律关系产生、变更和终止的概念

旅游法律关系的产生，是指因某种法律事实使旅游法律关系主体之间形成权利、义务关系。

旅游法律关系的变更，是指因某种法律事实的存在，使已经形成的旅游法律关系主体、客体或权利、义务发生改变。

旅游法律关系的终止，是指因某种法律事实的存在，使旅游法律关系主体之间的权利、义务关系消失。

由此可见，法律事实是旅游法律关系产生、变更和终止的直接、关键因素，那么什么是法律事实？

(二)法律事实

所谓法律事实，就是法律规范所规定的、能够引起法律关系产生、变更、终止的客观情况或

现象,即法律事实是一种客观存在的外在现象,而不是人们的一种心理现象或心理活动。根据法律事实是否以法律关系主体意志为转移,法律事实可分为事件和行为两类。

1. 事件

事件是法律规范规定的,不以当事人的意志为转移而引起法律关系产生、变更或终止的客观事实。事件又分为社会事件和自然事件两个类别。社会事件如战争、革命、工人罢工等突发事件。自然事件如人的生老病死、自然灾害等。这两类事件对于旅游法律关系主体而言,都是不以其意志为转移的,且都会引起旅游法律关系的产生、变更或终止。例如战争的发生、政府的禁令、自然灾害的爆发都可能会引起旅游者与旅行社之间的旅游合同变更或终止。

2. 行为

行为是指旅游法律关系主体有意识的某种实际活动。在旅游活动中,事件固然是引起民事法律关系产生、变更和终止的一方面因素,但是更为常见的是人的行为。行为根据不同的标准可以分为不同的类别。

根据行为的内容与形式是否符合旅游法律法规可分为合法行为和违法行为。合法行为,是指旅游法律关系主体实施的符合旅游法律法规的行为。违法行为,是指旅游法律关系主体实施的违反旅游法律法规的行为。违法行为从性质上又可分为民事违法、行政违法和刑事违法三种情况,由此导致相应的民事责任、行政责任和刑事责任。

根据行为的性质不同,可分为民事行为、行政行为和司法行为。根据是否以意思表示为构成要素,民事行为又可以分为民事法律行为和事实行为。民事法律行为是自然人、法人设立、变更、终止民事权利和义务的行为。事实行为是指行为人不具有设立、变更、终止民事法律关系的意图,但依据法律的规定能够引起民事法律后果的行为。如侵权行为、不当得利、无因管理等。行政行为,即国家旅游行政管理机构依法实施行政管理而发生法律后果的行为。如国家旅游行政主管部门依据《旅行社条例》对旅行社实施行政处罚的行为。司法行为,即法院或仲裁机构的调解、仲裁和判决行为。如法院对旅游经营者与旅游者之间的民事纠纷作出相应的判决。

根据行为的活动方式不同,可分为积极行为和消极行为。例如,旅游者报名参加旅游活动即为积极行为,而旅游者不向旅行社交纳团费则为消极行为。

第四节　旅游法律责任

案例引导　1-4:游客遭遇导游无情"抛弃"怎么办?

一、旅游法律责任的内涵

法律责任是法理学的基本问题之一,是法律义务履行的保障机制和法律义务违反的矫正机制,在整个法律体系中占有十分重要的地位。从字面上看,法律责任是"法律"与"责任"的合成概念。为界定法律责任,有必要首先对"责任"进行分析。在现代汉语中,"责任"一词有三个互相联系的基本词义:①分内应做的事。如"岗位责任""尽职尽责"等。这种责任实际上是一种角色义务。每个人在社会中都扮演着一定角色并承担与其角色相应的义务。②特定人对特定事项的发生、发展、变化及其成果负有积极的助长义务。如"举证责任"。③因没有做好分内的事情或没有履行助长义务而应承担的不利后果或强制性义务。如"违约责任""侵权责任"等。由于"责任"一词在不同语境中具有不同的含义,这使得对法律责任的界定显得尤其困难,迄今为止并未形成统一说法。中国法理学者们通常把法律责任分为广义法律责任和狭义法律责任两类。按照这种区分,广义的法律责任就是一般意义上的法律义务的同义词,狭义的法律责任则是由违法行为所引起的不利法律后果。本书认为,法律责任是一种特殊意义上的义务。一般意义上的义务又称第一性义务,即人们通常所说的法律义务,包括法定作为或不作为的义务以及合法约定的作为或不作为义务。特殊意义上的义务通常是指由于违反了第一性义务而引起的新的特定义务,故称为第二性义务。法律责任即由于违反法定或约定义务而引起的特殊义务,即由于违反第一性义务而引起的第二性义务。

旅游法律责任,是指由于违反旅游法定义务或约定义务而引起的新的特定义务。

二、旅游法律责任的构成

旅游法律责任的构成是指认定旅游法律责任时所必须考虑的条件和因素。由于旅游法律责任会给责任主体带来法定的不利后果,表明了社会对责任主体的道德非难和法律处罚,因此,必须科学、合理地确定旅游法律责任的构成,以实现法律功能,促进旅游业的健康发展。一般而言,旅游法律责任由责任主体、违法行为或违约行为、损害结果、主观过错四个方面构成。

(一)责任主体

责任主体是指因违反旅游法律法规、约定事由而承担法律责任的人,包括自然人、法人和其他社会组织。责任主体是旅游法律责任的必备条件。因此,责任主体与法律责任的有无、种类、大小有着密切的关系。在旅游活动过程中,旅游者、旅行经营者、旅游行政主管机关等都可以成为责任主体。

(二)违法行为或违约行为

违法行为或违约行为的存在是法律责任的核心构成要素。违法行为或违约行为包括作为和不作为两类。作为是指人的积极的身体活动,即直接做了法律所禁止或合同所不允许的事。例如,旅行社在旅游活动过程中强迫旅游者购物。不作为是指人的消极的身体活动,行为人在能够履行自己应尽义务的情况下不履行该义务。例如,旅行社未按法律规定投保旅行社责任险。

(三)损害结果

一般情况下,损害结果是指违法行为或违约行为侵犯他人或社会的权利和权益所造成的损失和伤害,包括实际损害、丧失所得利益及预期可得利益。损害结果可以是对人身的损害、财产的损害、精神的损害,也可以是其他方面的损害。同时,损害结果具有确定性,它是违法行为或违约行为已经实际造成的或必将造成的侵害事实,而不是推测的、臆想的、虚构的、尚未发生的情况。损害结果是归责的基础和前提,是认定法律责任的基本依据。

(四)主观过错

主观过错是指行为人实施违法行为或违约行为时的主观心理状态。主观过错包括故意和过失两类。故意是指明知自己的行为会发生危害社会的结果,希望或放任这种结果发生的心理状态。例如,某旅游纪念品商店欺骗旅游者的心理状态即为故意。过失是指应当预见自己的行为可能发生损害他人、危害社会的结果,因为疏忽大意而没有预见或已经预见但轻信能够避免,以致发生损害结果的心理状态。例如,泰国普吉岛沉船事件中,旅行社应当预料到恶劣天气出海可能发生危险但轻信能够避免的心理状态即为过失。

需要注意的是,并非所有旅游法律责任的构成都需要全面具备这四个方面的要素。归责原则不同,其所要求的旅游法律责任的构成要素也不同。某些旅游法律责任的构成仅要求这四个方面中的若干要素而非全部。例如,某些特殊侵权责任的构成只需要责任主体、违法行为或违约行为、损害结果这三个要素而不论行为人是否具有主观过错。这种归责原则即无过错责任原则。相反,过错责任原则即要求行为人主观上具有过错。

三、旅游法律责任的种类

根据不同的标准可以对旅游法律责任作不同的分类。例如,按照承担责任的主体的不同,旅游法律责任可以分为自然人责任、法人责任和国家责任。按照责任承担的内容不同,旅游法律责任可分为财产责任和非财产责任。按照责任的承担程度,旅游法律责任可分为有限责任和无限责任。按照责任实现形式不同,旅游法律责任可分为惩罚性责任和补偿性责任。按照引起责任的法律事实与责任人的关系的不同,旅游法律责任可分为直接责任、连带责任和替代责任。在司法实践中,最基本的分类是根据违法行为所违反的法律性质及违法程度的不同,将旅游法律责任分为民事法律责任、行政法律责任、刑事法律责任和违宪责任四种。其中最常见的旅游法律责任主要体现为民事法律责任、行政法律责任和刑事法律责任。下面着重介绍这三种旅游法律责任。

(一)民事法律责任

民事法律责任是指公民或法人因侵权、违约或者因法律规定的其他事由而依法承担的不利后果。根据《民法总则》第179条的规定,承担民事责任的方式主要有11种:①停止侵害;②排除妨碍;③消除危险;④返还财产;⑤恢复原状;⑥修理、重作、更换;⑦继续履行;⑧赔偿损失;⑨支付违约金;⑩消除影响、恢复名誉;⑪赔礼道歉。需要注意的是,以上民事责任可以单独适用,也可合并适用。下面就民事责任的两种主要责任形态违约责任和侵权责任展开介绍。

1. 违约责任

违约责任是指合同当事人不履行合同义务或者履行合同义务不符合约定时,依法产生的法律责任。它是以当事人之间有效存在的合同为前提和基础的。《合同法》第一百零七条明确规定:"当事人一方不履行合同义务或者履行合同义务不符合约定的,应当承担继续履行、采取补救措施或者赔偿损失等违约责任。"在旅游活动过程中,违约责任通常表现为旅游者与旅游经营者不履行旅游合同义务或者履行旅游合同义务不符合约定所承担的责任。为保障旅游者和旅游经营者的合法权益,规范旅游市场秩序,《旅游法》第五章对旅游服务合同作了专门规定,其中第七十条明确规定:"旅行社不履行包价旅游合同义务或者履行合同义务不符合约定的,应当依法承担继续履行、采取补救措施或者赔偿损失等违约责任;造成旅游者人身损害、财产损失的,应当依法承担赔偿责任。旅行社具备履行条件,经旅游者要求仍拒绝履行合同,造成旅游者人身损害、滞留等严重后果的,旅游者还可以要求旅行社支付旅游费用一倍以上三倍以下的赔偿金。"在旅游纠纷处理过程中,为进一步明确旅行社的赔偿责任标准问题,国家旅游局于2011年制定了《旅行社服务质量赔偿标准》,成为调解旅游纠纷时的赔偿依据。

2. 侵权责任

侵权责任,即侵犯他人民事权益依法应当承担的责任。完整意义上的侵权责任包括一般侵权责任和特殊侵权责任。一般侵权责任是指行为人因过错侵害他人民事权益应当承担的责任;特殊侵权责任是指行为人损害他人民事权益,不论其有无过错,法律规定应当承担的责任。由此可见,一般侵权责任与特殊侵权责任最大的区别在于是否以行为人主观具有过错为构成要件。在旅游活动过程中,除了《侵权责任法》明确规定的特殊侵权责任,如产品缺陷责任、动物持有人的侵权责任、高度危险源致人损害的责任、环境污染致人损害责任等,大部分侵权责任属于一般侵权责任,以当事人主观过错为构成要件。

3. 违约责任与侵权责任的竞合

违约责任与侵权责任作为民事法律责任的两种主要形式,两者的构成要件、归责原则、责任承担方式等均有所差异。然而在旅游活动过程中,经常会发生某一违法行为同时符合违约责任和侵权责任的构成要件,受害人既可依据《合同法》主张违约责任,又可依据《侵权责任法》主张侵权责任,即违约责任与侵权责任的竞合。我国《合同法》第122条规定:因当事人一方的违约行为,侵害对方人身、财产权益的,受损害方有权选择依照本法要求其承担违约责任或依照其他法律要求其承担侵权责任。由此可见,违约责任和侵权责任竞合的情况下,受害人只能主张其一,而不能同时主张违约责任和侵权责任。

(二)行政法律责任

行政法律责任是指因违反行政法律规范而应当依法承担的行政法律后果。行政法律责任主要体现为行政处分和行政处罚两种形式。行政处分主要适用于行政机关及其工作人员、授权或委托的社会组织及其工作人员在行政管理中的违法失职、滥用职权或行政不当行为。例如,在旅游活动过程中,有管辖权的旅游投诉处理机构对符合投诉受理条件的旅游投诉不予受理或受理后滥用职权包庇旅游经营者的行为。行政处罚则主要适用于公民、法人、社会组织等行政相对人违反行政法律规范的行为。例如,在旅游活动过程中,旅行社安排未取得导游证人员提供导游服务。随着旅游业的蓬勃发展,为保障旅游者和旅游经营者的合法权益,规范旅游市场秩序,保护和合理利用旅游资源,我国旅游立法在法律责任方面主要偏重行政法律责任。例如,《中华人民共和国旅游法》第九章法律责任一章实则完全是旅游经营者及旅游从业人员行政法律责任的具体规定。

1. 行政处分

行政处分是指国家行政机关依照行政隶属关系给予有违法失职行为的国家机关公务人员的一种惩罚措施,属于内部行政行为。根据《公务员》法的规定,行政处分包括警告、记过、记大过、降级、撤职、留用察看、开除,且受处分的期间为:警告,六个月;记过,十二个月;记大过,十

八个月;降级、撤职,二十四个月。受撤职处分的,按照规定降低级别。在旅游市场监督、管理过程中,行政处分的对象主要是各级旅游行政部门及相关行政部门的工作人员。《中华人民共和国旅游法》第109条明确规定:"旅游主管部门和有关部门的工作人员在履行监督管理职责中滥用职权、玩忽职守、徇私舞弊,尚不构成犯罪的,依法给予处分。"此处依法即行政处分的依据,具体是指《中华人民共和国公务员法》以及《行政机关公务员处分条例》。

2. 行政处罚

行政处罚是指行政主体依照法定职权和程序对违反行政法律规范,尚未构成犯罪的相对人给予行政制裁的具体行政行为,属于外部具体行政行为。根据《行政处罚法》的相关规定,行政处罚的种类包括:警告;罚款;没收违法所得、没收非法财物;责令停产停业;暂扣或者吊销许可证、暂扣或者吊销执照;行政拘留;法律、行政法规规定的其他行政处罚。在旅游行政执法的过程中,行政处罚的对象主要是各类旅游经营者、旅游从业人员及旅游者。针对旅游活动的特殊性,在《行政处罚法》的基础上,《中华人民共和国旅游法》《旅行社条例》《中国公民出国旅游管理办法》《导游人员管理条例》《食品安全法》《娱乐场所管理条例》《风景名胜区条例》等旅游法律法规也规定了责令停业整顿、吊销旅行社业务经营许可证、暂停及取消出国旅游业务经营资格、暂扣或吊销导游证、吊销食品生产经营许可证、没收生产经营的食品、食品添加剂以及用于违法生产经营的工具、设备、原料等物品、吊销娱乐经营许可证、责令停止违法行为、限期恢复原状或者采取其他补救措施等行政处罚。

(三)刑事法律责任

刑事法律责任是指行为人由于实施犯罪行为触犯刑事法律规范而导致刑罚处罚的责任。在我国,刑罚分为主刑和附加刑两大类。主刑,是指对犯罪分子适用的主要刑罚方法,包括管制、拘役、有期徒刑、无期徒刑、死刑五种。主刑只能独立适用而不能附加适用。附加刑,是指既能附加于主刑也可独立适用的刑罚方法。我国附加刑主要有罚金、剥夺政治权利以及没收财产三种。

在旅游活动领域中,旅游法律关系主体经常承担的是民事责任和行政责任,只有存在严重违法行为构成犯罪的情况下才导致刑事法律责任。因此,我国现行的旅游法律法规在法律责任专章中通常明确规定了不法行为所引起的民事责任及行政责任,仅仅将刑事责任作为补充性规定。例如,《旅游法》第110条规定:"违反本法规定,构成犯罪的,依法追究刑事责任。"此外,《刑法》361条、362条的规定可以看作旅游刑事法律责任的具体规定。《刑法》第361条明确规定:"旅馆业、饮食服务业、文化娱乐业、出租汽车业等单位的人员,利用本单位的条件,组织、强迫、引诱、容留、介绍他人卖淫的,依照本法第358条、第359条的规定定罪处罚。前款所列单位的主要负责人,犯前款罪的,从重处罚。"第362条规定:"旅馆业、饮食服务业、文化娱乐业、出租汽车业等单位的人员,在公安机关查处卖淫、嫖娼活动时,为违法犯罪分子通风报信,情节严重的,依照本法第310条的规定定罪处罚。"

四、旅游法律责任的认定与归结

(一)旅游法律责任的认定与归结的含义

旅游法律责任的认定与归结是指在旅游司法实践中,国家特设或授权的专责机关依照法定程序对因违法行为、违约行为或旅游法律法规规定而引起的旅游法律责任,进行判断、认定、归结以及减缓和免除的活动。在我国,违法者的民事法律责任和刑事法律责任的认定和归结权属于各级人民法院;行政法律责任认定和归结权则归属于各级国家行政机关,如各级旅游行政管理部门及其授权的旅游质量监督管理机构。旅游法律责任的认定与归结表明,在旅游活动领域,当特定的违法行为发生后,法律责任的存在是客观的,只有法院、旅游行政管理部门及相关行政管理机关通过法定程序把客观存在的责任权威性地归结于有责主体,才能达到规范旅游市场秩序、保障旅游者和旅游经营者合法权益的效果。

(二)旅游法律责任认定与归结的原则

旅游法律责任的认定与归结应遵循一般法律责任的认定与归结原则。根据我国法律的规定,认定和归结法律责任一般应遵循以下原则。

1. 责任法定原则

责任法定原则是指违法或违约行为发生后,相关国家机关应当根据现行法律规范规定的性质、范围、程度、期限、方式追究违法者、违约者或相关人的法律责任。责任法定原则强调"罪刑法定""法无明文规定不为罪""法无明文规定不处罚",并在不同的法律规范中均有规定。例如,《行政处罚法》第3条明确规定:"公民、法人或者其他组织违反行政管理秩序的行为,应该给予行政处罚的,依照本法由法律、法规或规章规定,并由行政机关依照本法规定的程序实施。没有法定依据或者不遵守法定程序的,行政处罚无效。"再如,《刑法》第3条规定:"法律明文规定为犯罪行为的,依照法律定罪处刑,法律没有明文规定为犯罪行为的,不得定罪处刑。"

2. 因果联系原则

因果联系,即引起与被引起关系,具体包括:①人的行为与损害结果或危害结果之间具有因果联系;②人的意志、心理、思想等主观因素与外部行为之间的因果联系,即导致损害结果或危害结果出现的违法行为或违约行为是由行为人内心主观意志支配外部客观行为的结果。

3. 责任与处罚相当原则

责任与处罚相当原则是公平价值观在规则问题上的具体体现,即法律责任的大小、处罚的轻重应当与违法行为或违约行为的轻重相适应,做到"罪责均衡""罚当其罪"。具体而言包括以下几方面:①法律责任的性质与违法行为或违约行为的性质相适应;②法律责任的种类和轻重与违法行为或违约行为的具体情节相适应;③法律责任的轻重、种类与行为人的主观恶性相适应。

4. 责任自负原则

责任自负原则是与古代社会"连坐""株连"的归责方式截然相反的,即凡是实施了违法行为或违约行为的人,应当对自己的违法行为或违约行为负责,必须独立承担法律责任。国家机关不得没有法律依据而追究与违法行为者或违约行为者虽有血缘等关系而无违法行为或违约行为的人的责任。当然责任自负不是绝对的,在某些特殊情况下会产生责任的转移承担问题,例如监护人对被监护人、担保人对被担保人承担替代责任。

五、旅游法律责任的承担

违法或违约行为人的旅游法律责任一旦被认定和归结，最终必然要付诸实施，即旅游法律责任的承担。在旅游活动过程中，违法或违约行为人可能会因为其不法行为触犯多部旅游法律规范而被认定应当同时承担多种法律责任。例如，旅行社未征得旅游者书面同意，委托其他旅行社履行包价旅游合同的，应当同时承担违约责任与行政责任。由于民事法律责任的承担方式赔偿损失与支付违约金、行政法律责任的承担方式罚款与没收违法所得以及刑事法律责任的承担方式罚金与没收财产都是针对责任人的个人财产或单位财产而言的，当其个人财产或单位财产不足以同时承担多种不同的法律责任时，应当优先承担何种责任？

在我国，为了体现法律对私权的尊重和保护，当责任人的财产不足以同时承担民事责任、行政责任与刑事责任时，应优先承担民事责任。这一原则在我国多部不同性质的法律中均有体现。例如，《民法总则》第187条明确规定："民事主体因同一行为应当承担民事责任、行政责任和刑事责任的，承担行政责任或者刑事责任不影响承担民事责任；民事主体的财产不足以支付的，优先用于承担民事责任。"《侵权责任法》第4条明确规定："侵权人因同一行为应当承担行政责任或者刑事责任的，不影响依法承担侵权责任。因同一行为应当承担侵权责任和行政责任、刑事责任，侵权人的财产不足以支付的，先承担侵权责任。"《刑法》第36条明确规定："由于犯罪行为而使被害人遭受经济损失的，对犯罪分子除依法给予刑事处罚外，并应根据情况判处赔偿经济损失。承担民事赔偿责任的犯罪分子，同时被判处罚金，其财产不足以全部支付的，或者被判处没收财产的，应当先承担对被害人的民事赔偿责任。"因此，在旅游司法实践中，当旅游法律关系主体因其违法或违约行为被认定应同时承担民事责任、行政责任和刑事责任且其财产不足以同时支付的，应优先承担民事责任。

本章小结

本章主要介绍了旅游法基础概念和相关法理知识，是后续学习专项旅游法律制度的前提和基础。第一节首先从狭义和广义两个层面介绍了旅游法的概念并概括了广义层面上旅游法的调整对象。第二节介绍了国内外旅游立法概况及当前我国旅游法渊源。第三节围绕旅游法律关系这一概念重点介绍了旅游法律关系的构成要素及引起其产生、变更和终止的关键要素——法律事实。第四节重点介绍了旅游法律责任的构成要素、分类、认定与归结及承担。

关键概念

旅游法　旅游法的调整对象　旅游法的渊源　旅游法律关系　构成要素　法律事实　旅游法律责任　旅游法律责任的认定与归结　旅游法律责任的承担

复习思考题

□复习题：

1. 旅游法是怎样形成的？
2. 我国的旅游法体系是怎样的？
3. 当代中国旅游法的渊源主要有哪些？
4. 简述旅游法律关系的构成要素。
5. 旅游法律关系产生、变更和终止的原因是什么？
6. 旅游法律责任的主要形式有哪些？

□思考题：

结合国内外旅游立法概况，谈谈当前我国旅游法体系有何特点？

章末案例 出门旅游竟被"卖" 旅行社转团引纠纷

第二章

旅游企业及其从业主体管理法律制度

学习目标

通过本章的学习,掌握旅游企业法律责任、旅行社的质量保证金制度与导游的从业相关法律法规;熟悉旅游企业的分类和相关的法律法规,熟悉从事导游职业的条件和原则;了解旅行社的成立程序及导游人员的概念和报考条件,训练学生在实际带团过程中分析问题和解决问题的实际操作能力。

第一节 旅游企业法律制度

案例引导 2-1:成立旅行社的条件有哪些?

甲、乙、丙三人想成立一家旅行社,请问需要哪些条件?

一、旅游企业概述

(一)旅游企业的概念

旅游企业是从事旅游经济活动的独立单位。在我国则是在国家统一领导下具有相对独立性的,从事旅游经济活动的经营单位。因此,旅游企业主要包括从事招揽、联系、接待、安排旅游者进行旅游活动的旅行社,为旅游者提供住宿、饮食和其他服务的宾馆(饭店),为旅游者提供交通运输的旅游车船公司,以及在游览点、旅游宾馆或其他地方向旅游者提供旅游商品的旅游商店等。

(二)旅游企业的分类

旅游企业类型可以依据不同的标准进行划分。

(1) 按旅游企业经营范围进行分类,包括旅行社、酒店、旅游景区、旅游交通部门、旅游购物店等。

(2) 按旅游企业资本中是否有涉外因素进行分类,可以分为内资企业和外商投资企业。

资本中有外国企业、经济组织和个人直接投资,或外国投资者购买本国企业发行的股票达到一定比例时,即认为该企业为外商投资企业。主要有中外合资经营企业、中外合作经营企业、外商独资企业、中外合资股份有限公司4种形式。内资企业指全部资本均由中国的企业、经济组织、自然人投资的企业。

(3) 按旅游企业产权归属和所有制形式进行分类,可以分为全民所有制企业、集体所有制企业、私营企业。

这是一种传统的划分方法,它揭示了各企业的所有制模式。全民所有制企业是资产所有权归国家,国家授权企业生产经营,企业依法自主性经营,自负盈亏,独立核算。集体所有制企业是资产由部分劳动群众集体所有的企业形态。私营企业是企业资产为投资者个人所有的企业。随着市场经济的建立和完善,各市场主体以市场的规则和要求设置,这种传统的所有制划分方式在经济生活中已不是主要的方法。同时,由于经济体制的改革、企业立法的不断完善,传统意义的所有制企业概念内涵发生了较大变化,原有传统概念已不符合实际情况,争议也颇多,故更显此划分方法的不重要性。

(4) 按旅游企业法律组织形式进行分类,可以分为个人独资企业、合伙企业、公司企业。

个人独资企业是指由单一投资主体投资组建的企业,投资者对企业债务承担无限责任的经营实体。合伙企业是指由两个以上投资者共同出资、共同经营、共享收益、共担风险,并对企业债务承担无限连带责任的营利性组织。这两类企业又称为非公司企业。公司企业是依照公司法组建的具有法人资格的企业。这是企业法人中最重要的一种。这种划分方法,揭示了企业的内部组织结构、投资人的投资风险责任范围、企业对外承担责任的方式,这些无论对于投资人还是社会公众,都是至关重要的,故而是企业分类中最为重要的一种,据此而划分出的企业,是当今世界各国通行并成为公认的企业法律形态,也是我国建立社会主义市场经济体制和现代企业制度的组织形式。

随着市场经济体制的建立和现代企业制度的确立,我国传统企业法的立法模式已被打破,逐步建立起了当今世界通行的企业立法体系,分别制定了《个人独资企业法》《合伙企业法》《外商投资企业法》和《公司法》。

二、旅游企业法人制度概述

(一)旅游企业法人的概念、特点

现代社会进行各类社会活动的主体,除自然人外,还有以团体名义进行活动的各类组织。其中,在民事活动中,具有民事权利能力和民事行为能力,依法独立享有民事权利和承担民事义务的组织中,最重要的就是法人。现代企业法人制度是为了适应社会化大生产与现代市场经济发展应运而生的一种企业组织制度。

企业法人,是指以营利为目的,具有民事权利能力和民事行为能力,依法独立享有民事权利和承担民事义务的组织。可见,企业法人具有如下基本法律特征。

第一,法人是依法成立的一种社会组织。这是法人与自然人之间的最大区别。法人是社会组织,但不是任何组织都能取得法人资格,只有那些具备法定的条件,并得到国家认可或批准的社会组织,才能取得法人资格。

第二,法人拥有独立的财产或者经费。法人拥有独立的财产或者经费是法人作为独立主体存在的基础和前提条件,也是法人独立地享有民事权利和承担民事义务的物质基础。

第三,独立承担民事责任。法人能够独立承担民事责任,是它拥有独立财产的必然反映和结果。正因为法人有独立的财产,所以它理所当然地要独立负担由自己活动所产生债务的财产责任。既然法人的财产与法人成员的其他财产以及创立人的其他财产是分开的,那么除法律另有规定外,国家、法人成员个人对法人的债务不承担责任,而应由法人以自己所有或经营管理的财产承担民事责任。

第四,法人能够以自己的名义参加民事活动。

(二)有限责任公司的设立

1. 设立条件

(1) 股东符合法定人数。

《公司法》第 24 条规定:"有限责任公司由五十个以下股东出资设立。"股东须具有民事权利能力与民事行为能力,可以是法人,也可以是自然人。

(2) 有符合公司章程规定的全体股东认缴的出资额。

股东出资是股东依法应履行的义务,是取得股东地位、行使股东权的前提条件,是公司作为经济组织赖以存在的物质基础。出资不到位或不能全部到位,既会影响设立后公司正常开展经营活动,也不利于保护债权人的合法权益。

(3) 股东共同制定公司章程。

公司章程是公司股东依法制定的有关公司组织与活动基本准则的法律文件。它体现着全体股东的共同意志,对全体股东、公司的组织机构和经营管理人员均有约束力,堪称有限责任公司的"宪法"。

(4) 有公司名称,建立符合有限责任公司要求的组织机构。

公司名称是使公司人格特定化的标记,是使其与任何其他机构、企业和个人相区别的标记。

(5) 有公司住所。

公司的住所是公司主要办事机构所在地。住所应在公司章程中载明,并在公司登记机关予以登记,以便于其对外发生交往,也便于国家对其实行管理,征收税收,在司法上用于确认诉讼管辖,据此确定受送达的处所,确定债务履行的处所和公司登记机关。

2. 设立程序

(1) 名称预先核准。

申请名称预先核准,应当提交以下文件:有限责任公司的全体股东签署的公司名称预先核准申请书;全体股东指定代表或者共同委托代理人的证明;国家工商行政管理总局规定要求提交的其他文件。

(2)签订设立协议、章程以及公司设立所需要的其他文件。

在获得预核准企业名称后,创业者应当指定设立协议和章程,讨论公司组织架构以及董事、监事、总经理人选,并按照讨论结果指定、签署相关文件。

(3)特殊情况下,需要办理前置审批。

设立过程中,应当根据实际情况确定是否需要办理前置审批手续,对于法律、行政法规或者国务院规定设立公司必须报经批准,或者公司经营范围中包括属于法律、行政法规或者国务院决定规定的在登记前须经批准的项目,应当以公司登记机关核准的名称报送批准。对于不用前置审批手续的公司,则直接办理出资即验资手续。

(4)提出公司设立登记申请。

设立有限责任公司,应当有全体股东指定的代表或者共同委托的代理人向公司登记机关申请设立登记。需要前置审批的项目,应当自前置审批或者批准之起90日内向公司登记机关申请设立登记。逾期申请设立登记的,申请人应当批准机关确认原批准文件的效力或者另行报批。

(5)公司登记机关审查核准。

公司登记机关的审查核准分为两个阶段:受理阶段和审查核准阶段。

第一,受理阶段。公司登记机关收到登记申请材料后,首先应当对申请材料是否齐全、是否符合法定要求进行核实,并根据实际情况来决定是否受理。

第二,审查核准阶段。根据《公司登记管理规定》第53条的规定,公司登记机关对决定予以受理的登记申请,应当分情况在规定的期限内作出是否准予登记的决定。

(三)股份有限公司的设立

股份有限公司又称股份公司,是指全部资本分为等额股份,股东以其所持股份为限对公司承担有限责任,公司以其全部财产对公司债务承担责任的企业法人。

知识链接 2-1:股份有限公司的设立条件

(四)旅游企业法人的变更与终止

1. 旅游企业法人的变更

旅游企业法人的变更是指在法人存续期间内,法人在组织机构、性质、活动范围、财产或者名称、住所、隶属关系等重要事项上发生的变动。可见,旅游企业法人的变更,包括法人的合并、法人的分立及其他事项的变更等。

(1)法人的合并。

法人的合并,即将两个或两个以上的法人合并成为一个新的法人。法人的合并又包括新

设合并和吸收合并。前者指两个或两个以上的法人合并为一个新法人,原来的法人消灭;后者指一个或者一个以上的法人归并到一个现存的法人中去。

(2) 法人的分立。

法人的分立,即一个法人分为两个或两个以上的法人。法人的分立又包括分解分立和分支分立。前者指解散原法人,分立为两个或两个以上的新法人;后者指原法人继续存续,但从中分出新的法人。

2. 旅游企业法人的终止

法人的终止是指从法律上消灭法人作为民事主体的资格。法人终止主要包括以下原因:依法被撤销,法人被解散,法人目的实现,企业法人破产,其他原因。

法人的清算是指法人消灭时,由依法成立的清算组织依据其职权清理并消灭法人的全部财产关系。《民法通则》规定,法人终止,应当依法进行清算,停止清算范围外的活动;企业法人解散,应当成立清算组织,进行清算。可见,清算为法人终止的必经程序。就企业法人而言,清算分为破产清算和非破产清算。破产清算的清算组织,其成员由法院从企业上级主管部门、政府财政部门等有关部门和专业人员中指定。清算组织的主要任务是清理公司财产、收取债权、清偿债务、移交剩余财产。清算终结,应由清算人向登记机关办理注销登记并公告。完成注销登记和公告,法人即归于终止。

三、旅游企业法律责任

旅游企业法律责任是指旅游企业因违法行为而必须承担的具有强制性的法律后果。

旅游企业在经营活动中作为法律关系的主体,如果不履行或不适当履行义务而给他方造成损害,就应该承担相应的法律责任。义务是法律规定当事人所应作为的行为,它与权利相对应。义务的履行即为权利的实现,义务的违反即发生责任。所以,法律责任是以义务的存在为前提的,无义务即无责任。要有义务存在,才可能谈得上责任。只有义务人违反义务时才发生责任。

(一) 旅游企业的民事责任

民事责任是民事法律责任的简称,是民事主体因违反民事义务或者侵犯他人的民事权利所应当承担的法律后果。根据《中华人民共和国民法通则》(以下简称《民法通则》)的规定,民事责任可分为违反合同的民事责任、侵权的民事责任、不履行其他义务的民事责任三种。下面主要介绍前两种。

1. 违反合同的民事责任

我国《民法通则》第 106 条第 1 款规定:"公民、法人违反合同或者不履行其他义务的,应当承担民事责任。"《中华人民共和国合同法》第 112 条规定:"当事人一方不履行合同义务或者履行合同义务不符合约定的,在履行义务或者采取补救措施后,对方还有其他损失的,应当赔偿损失。"

旅游企业违约行为可能是对旅游者的违约,即违反旅游服务合同,也可能是对其他企业的违约。违反合同的行为是对预先约定义务的违反,是对相对权利的侵犯。凡是旅游企业的违约行为给对方造成损失的,旅游企业都要承担一定的法律责任。

2. 侵权的民事责任

行为人违反法定义务、违反保护他人的法律或者故意违背善良风俗,由于过错侵害他人人身、财产,造成损害的,应当承担侵权责任。依照法律规定,推定行为人有过错的,受害人不必证明行为人的过错;行为人能够证明自己没有过错的,不承担侵权责任。法律规定行为人应当承担无过错责任的,行为人即使无过错也应当承担侵权责任。但行为人能够证明受害人有过错的,行为人可依照规定承担侵权责任。过错包括故意和过失。行为人有意造成他人损害,或者明知其行为会造成他人损害仍实施加害行为的,为故意。行为人由于疏忽或者懈怠,对损害的发生未尽合理注意义务的为过失。

(二)旅游企业的刑事责任

刑事责任,是指犯罪主体由于其行为触犯刑法构成犯罪而导致受刑罚处罚的责任。旅游企业在经营管理活动中,其行为违反国家的刑法,情节严重,造成重大影响或产生严重后果,构成犯罪的,依法承担刑事责任。2015年11月1日起施行的《中华人民共和国刑法》(以下简称《刑法》)第14条规定:"明知自己的行为会发生危害社会的结果,并且希望或者放任这种结果发生,因而构成犯罪的,是故意犯罪。故意犯罪,应当负刑事责任。""应当预见自己的行为可能发生危害社会的结果,因为疏忽大意而没有预见,或者已经预见而轻信能够避免,以致发生这种结果的,是过失犯罪。"故意犯罪,应当负刑事责任。过失犯罪,法律有规定的才负刑事责任。行为在客观上虽然造成了损害结果,但不是出于故意或者过失,而是由于不能抗拒或者不能预见的原因所引起的,不是犯罪。《刑法》规定:"旅馆业、饮食服务业、文化娱乐业、出租汽车业等单位的人员,利用本单位的条件,组织、强迫、引诱、容留、介绍他人卖淫的,依照本法的第358条、第359条的规定定罪处罚。"根据《刑法》的规定,旅游企业的主要负责人犯此罪的,从重处罚。《刑法》规定:"旅馆业、饮食服务业、文化娱乐业、出租汽车业等单位的人员,在公安机关查处卖淫、嫖娼活动时,为违法犯罪分子通风报信,情节严重的,依照本法第310条的规定定罪处罚。"

(三)旅游企业行政责任

1. 旅游企业违规开办企业的责任

对有以下行为的旅游企业,有关部门将视情节轻重给予警告、通报批评、罚款、没收非法收入、停业整顿、吊销营业执照等:①开办旅游企业未经主管部门批准,向工商行政部门申请登记,领取营业执照的;②超越获准的营业范围的;③进行违法经营的;④违反国家价格管理规定的;⑤违反用工制度的;⑥违反外汇管理规定的;⑦服务质量低劣,造成不良影响的;⑧无理拒绝有关行政管理部门检查的。

2. 旅游企业违反治安管理处罚法的法律责任

旅游企业违反治安管理行为的处罚包括罚款、拘留等责任形式。

知识链接 2-2:旅游企业违反治安管理处罚法的具体责任

第二节 旅行社管理法律制度

案例引导 2-2：旅行社的质量保证金能否用作赔偿款？

北京某国际旅行社在取得《国际旅行社业务经营许可证》后，便组织出境游——泰港澳十四日游，张某等 16 人报名参加。此旅行社因太过匆忙，未对地接社进行比较选择，就随便找了一家香港旅行社。因地接社组织不力，泰段没有地陪，许多景点不能游览。张某回北京后，便至北京这家旅行社提出索赔，该社辩解这不是其责任。张某等于是前往旅游质监局投诉，发现该旅行社缴纳的质量保证金只有 60 万元。

【问题】若旅行社无力赔偿，是否适用于质量保证金？

一、旅行社概述

（一）旅行社的概念与分类

1. 旅行社概念与特征

旅行社是指从事招徕、组织、接待旅游者等活动，为旅游者提供相关旅游服务（主要包括交通、住宿、餐饮、观光游览、导游服务、咨询等），开展国内旅游业务、入境旅游业务或者出境旅游业务的企业法人。因此，旅行社的概念至少包含三层含义：①旅行社是经过旅游行政部门审批设立的；②旅行社是以营利为目的的；③旅行社是专门从事旅游业务的企业。除了以上相关服务，旅行社还可以接受委托，提供下列旅游服务：①接受旅游者的委托，代订交通客票、代订住宿和代办出境、入境、签证手续等；其中涉及出境、签证手续等服务的，应当由具备出境旅游业务经营权的旅行社代办；②接受机关、事业单位和社会团体的委托，为其差旅、考察、会议、展览等公务活动，代办交通、住宿、餐饮、会务等事务；③接受企业委托，为其各类商务活动、奖励旅游等，代办交通、住宿、餐饮、会务、观光游览、休闲度假等事务；④其他旅游服务。

根据旅行社的概念，可以得出旅行社具有以下几个特征。

第一，旅行社是企业法人。作为企业法人，须具备法人的条件。设立旅行社企业，必须具备《旅行社条例》所规定的条件，须经旅游行政管理部门批准，取得《旅行社业务经营许可证》，并到工商行政管理部门注册登记、领取营业执照后，即取得旅行社企业法人的资格。

第二，旅行社是从事旅游业务的企业法人。旅行社所从事的旅游业务主要是代办出入境和签证手续，招徕并接待旅游者。招徕，指旅行社按照批准的业务范围，在国内外开展宣传促销活动，组织旅游者的工作；接待，指旅行社根据与旅游者达成的协议，为其安排行、游、购、食、宿、娱等并提供导游服务，并代办出境、入境和签证手续。

第三，旅行社是以营利为目的的企业法人。旅行社作为企业法人，是以营利为目的的。通过收取服务费,为旅游者提供有偿服务。旅行社自主经营,自负盈亏,独立承担民事责任,依法享有权利和义务。

2. 旅行社分类与业务范围

根据《旅行社条例》,按照业务范围,将旅行社分为经营国内旅游业务、入境旅游业务的旅行社和经营国内旅游业务、入境旅游业务及出入境旅游业务的旅行社;而根据《旅游法》中的描述,将旅行社分为组团社和地接社。同时,按注册资金的不同,可以分为内资旅行社和外资旅行社;按外资参与旅行社的不同,可以分为中外合资经营旅行社、中外合作经营旅行社、外资旅行社。

(二)旅行社的设立条件与设立程序

1. 旅行社的设立条件

根据《旅行社管理条例》,不同种类的旅行社在设立时要求的条件有所差别,根据旅行社的种类不同,可以分为以下几类。

(1)经营国内旅游和入境旅游业务的旅行社。

国内旅行社经营国内旅游和入境旅游业务,其设立条件如下。

第一,有固定的营业场所和必要的营业设施。

设立国内旅行社,应当具备下述规定的营业场所和经营设施:足够的营业用房;传真机、直线电话、电子计算机等办公设备;具备与旅游行政管理部门联网的条件。

第二,有符合规定的经营人员。

设立国内旅行社,应当具有下述任职资格的经营管理人员:持有国家旅游局(现文化和旅游部)颁发的《旅行社经理资格证书》的总经理1名;持有国家旅游局(现文化和旅游部)颁发的《旅行社经理资格证书》的部门经理至少2名;取得助理会计师以上职称的专职财会人员。

第三,有符合规定的注册资本和质量保证金。

国内旅行社,注册资本不得少于30万元人民币。经营国内旅游业务和入境旅游业务的旅行社,应当存入质量保证金20万元。质量保证金的利息属于旅行社所有。

(2)国际旅行社。

国际旅行社除了可以经营国内旅游和入境旅游业务外,还可以经营出境旅游业务。旅行社取得经营许可满两年,且未因侵害旅游者合法权益受到行政机关罚款以上处罚的,可以申请经营出境旅游业务。经营出境业务的旅行社要求具备的条件比国内旅行社要严格,主要有如下条件。

第一,有固定的营业场所和必要的经营设施。

足够的营业用房;传真机、直线电话、电子计算机等办公设备;具备与旅游行政管理部门联网的条件;业务用汽车等。

第二,有符合规定的经营人员。

设立国际旅行社,应当具有下述任职资格的经营管理人员:持有国家旅游局(现文化和旅游部)颁发的《旅行社经理资格证书》的总经理1名;持有国家旅游局(现文化和旅游部)颁发的《旅行社经理资格证书》的部门经理至少3名;取得会计师以上职称的专职财会人员。

第三,有符合规定的注册资本和质量保证金。

国际旅行社,注册资本不得少于150万元人民币。经营出境旅游业务的旅行社,应当比国内旅行社增存质量保证金120万元,即20万+120万,共计140万元。

(3) 旅行社分社。

旅行社分社是旅行社设立的不具备独立法人资格且以设立社名义开展旅游业务经营活动的分支机构。所以,其设立时不受地域限制,但不得超出设立分社的旅行社的经营范围,但是每设立一个经营国内旅游业务和入境旅游业务的分社,应当向其质量保证金账户增存5万元;每设立一个经营出境旅游业务的分社,应当向其质量保证金账户增存30万元。

(4) 旅行社服务网点。

第一,设立专门招徕旅游者、提供旅游咨询的服务网点应当依法向工商行政管理部门办理设立登记手续,并向所在地的旅游行政管理部门备案。必须在设立社所在地的设区的市行政区划内。

第二,旅行社服务网点应当接受旅行社的统一管理,不得从事招徕、咨询以外的活动。设立社应当加强对分社和服务网点的管理,对分社实行统一的人事、财务、招徕、接待制度规范,对服务网点实行"统一管理、统一财务、统一招徕和统一咨询"服务规范。

2. 设立程序

(1) 向审批部门提出申请并提交证明文件。

申请设立旅行社,应当向省、自治区、直辖市旅游行政管理部门(省级)提交下列文件。

①设立申请书。内容包括申请设立的旅行社的中英文名称及英文缩写,设立地址,企业形式、出资人、出资额和出资方式,申请人、受理申请部门的全称、申请书名称和申请的时间。

②法定代表人履历表及身份证明。

③企业章程。

④依法设立的验资机构出具的验资证明。

⑤经营场所的证明。

⑥营业设施、设备的证明或者说明。

⑦工商行政管理部门出具的《企业名称预先核准通知书》。

省级旅游行政管理部门可以委托设区的市(含州、盟)级旅游行政管理部门,受理当事人的申请并作出许可或者不予许可的决定。

(2) 审核批准。

①审批权限。

国内和入境旅游业务:省、自治区、直辖市旅游局或者其委托的设区的市级旅游局。

出境旅游业务:国务院旅游局或者其委托的省、自治区、直辖市旅游局。

分社或服务网点:向分社所在地工商行政管理部门办理登记后3日内到分社或网点所在地旅游局备案。

②审批期限。

经营国内、入境、出境旅游业务的旅行社,需要在20个工作日之内完成审批并通知申请的旅行社;申请设立分社的,则需要在3个工作日之内完成相关的审批工作。

(3) 颁证领照。

旅游业务在取得营业执照之前必须持有经营许可证,即有行业的市场准入许可制度。旅行社业务经营许可证及副本,由国务院旅游行政主管部门制定统一样式,国务院旅游行政主管部门和省级旅游行政管理部门分别印制。

申请人持旅行社业务经营许可证向工商行政管理部门办理设立登记。工商部门30日作出核准或不予核准登记的决定。

(三)外商投资旅行社

外商投资旅行社是指外国旅游经营者独资或与中国投资者依法共同投资设立的外商独资旅行社、中外合资旅行社和中外合作旅行社。分为外商独资旅行社、中外合资旅行社、中外合作旅行社三种类型。其申报程序为：《外商投资旅行社业务经营许可审定意见书》——《外商投资企业批准证书》——《旅行社业务经营许可证》——注册登记。具体如下。

第一，向行业主管部门提出申请。向国家旅游局(现文化和旅游部)提出申请和相关证明文件，国家旅游局(现文化和旅游部)30个工作日内决定是否同意设立，并据此出具外商投资旅行社业务许可审定意见书。

第二，向商务主管部门提出申请。持外商投资旅行社业务许可审定意见书和相关材料向商务部提出设立外商投资企业申请，商务部决定是否批准，并颁发《外商投资企业批准证书》。

第三，向旅游行政主管部门领取许可证。通知申请人向国家旅游局(现文化和旅游部)领取旅行社业务经营许可证。

第四，向工商行政主管部门登记。持旅行社业务经营许可证和外商投资企业批准证书到工商行政管理部门办理设立登记。外商投资旅行社不得经营中国内地居民出国旅游业务以及赴港、澳、台旅游业务。但国务院决定或者我国签署的自由贸易协定和内地与香港、澳门关于建立更紧密经贸关系的安排另有规定的除外。如2004年8月成立的格里菲旅行社(中国)有限公司是第一家获得中国国内旅游业务许可证的欧洲独资旅行社。

内地第一家外(港)资独资旅行社是2001年10月成立的中旅国旅旅行社有限公司。2007年12月11日是我国入世过渡期满日，国家旅游局(现文化和旅游部)、商务部在2009年10月11日调整了对外商投资旅行社的市场准入限制，废止了《设立外商控股、外商独资旅行社暂行规定》。具体体现在：①取消了对投资者的条件限制；②取消了对注册资本的限制，外商投资旅行社实行国民待遇，注册资本不少于30万元；③取消对设立分支机构的限制；④取消了对外商投资设立独资旅行社的限制；⑤取消了对所有旅行社设立的审核原则。

(四)旅行社的变更、终止

变更旅行社名称、经营场所、出资人、法定代表人等登记事项的，应当到工商行政管理部门办理变更登记后，持已变更的《企业法人营业执照》向原许可的旅游行政管理部门备案。

终止旅行社经营的，应当到工商行政管理部门办理注销手续后持注销文件，向原许可的旅游行政管理部门备案。外商投资旅行社的，适用《旅行社管理条例》第3章的规定。未经批准，旅行社不得引进外商投资。

二、我国旅行社的经营管理制度

(一)旅行社业务经营许可制度

旅行社业务经营许可证制度、旅行社质量保证金制度和旅行社业务年检制度是我国旅行社行业管理的三大制度，其中许可证制度是最先设立的，也是保证金、年检等制度得以建立和整个旅行社行业管理的基础。因此，许可证制度是我国旅行社行业管理的根本制度。

旅行社业务经营许可证是由国家旅游局(现文化和旅游部)统一印制的，由具有审批权的

旅游行政管理部门颁发的、经营旅游业务的法定资格证明文件。许可证分为《国内及入境旅游业务经营许可证》和《出境旅游业务经营许可证》两种。具体要求许可证上应当注明旅行社的经营范围,而未取得《旅行社业务经营许可证》的,不得从事旅游业务的经营活动。此外,旅行社应当将许可证与营业执照一起悬挂在营业场所的显要位置。旅行社及其分社、服务网点,应当将《旅行社业务经营许可证》《旅行社分社备案登记证明》或者《旅行社服务网点备案登记证明》,与营业执照一起悬挂在经营场所的显要位置。若旅行社因业务经营需要,可以向原许可的旅游行政管理部门申请核发旅行社业务经营许可证副本。

旅行社业务经营许可证及副本,由国务院旅游行政主管部门制定统一样式,国务院旅游行政主管部门和省级旅游行政管理部门分别印制。旅行社业务经营许可证及副本损毁或者遗失的,旅行社应当向原许可的旅游行政管理部门申请换发或者补发。申请补发旅行社业务经营许可证及副本的,旅行社应当通过本省、自治区、直辖市范围内公开发行的报刊,或者省级以上旅游行政管理部门网站,刊登损毁或者遗失作废声明。

旅行社业务经营许可证的有效期为3年。旅行社应当在许可证到期前的3个月内,持许可证到原颁证机关换发。许可证损坏或遗失,旅行社应当到原颁证机关申请换发或补发。旅游行政管理部门应当向经审查批准申请开办旅行社的申请人颁发许可证。申请人应当在收到许可证的60个工作日内,待批准设立文件和许可证到工商行政管理部门领取营业执照。

同时,旅行社未取得相应的旅行社业务经营许可,经营国内旅游业务、入境旅游业务、出境旅游业务的,由旅游行政管理部门或者工商行政管理部门责令改正,没收违法所得,违法所得10万元以上的,并处违法所得1倍以上5倍以下的罚款;违法所得不足10万元或者没有违法所得的,并处10万元以上50万元以下的罚款。旅行社转让、出租、出借旅行社业务经营许可证的,由旅游行政管理部门责令停业整顿1个月至3个月,并没收违法所得;情节严重的,吊销旅行社业务经营许可证。受让或者租借旅行社业务经营许可证的,由旅游行政管理部门或者工商行政管理部门责令停止非法经营,没收违法所得,并处10万元以上50万元以下的罚款。

(二)旅行社质量保证金制度

1. 旅行社质量保证金的概念

旅行社质量保证金,是指由旅行社缴纳,旅游行政管理部门管理,用于保障旅游者合法权益的专用款项,以下简称"保证金"。

2. 旅行社质量保证金所有权归属

(1)保证金属于交纳的旅行社所有。

当旅行社因解散、破产清算、业务变更或撤减分社等原因不再从事旅行社业务的,经向许可的旅游行政管理部门提出申请,并交回旅行社经营许可证,可以凭许可的旅游行政管理部门出具的《旅行社质量保证金取款通知书》,向银行取回保证金。

(2)保证金的利息属于旅行社所有。

旅行社质量保证金所产生的利息不属于保证金范围,不受该项制度管理,所以,旅行社可直接与银行约定支取利息。

3. 旅行社质量保证金的缴纳

旅行社应当自取得旅行社业务经营许可证之日起3个工作日内,在国务院旅游行政主管部门指定的银行开设专门的质量保证金账户,存入质量保证金,或者向作出许可的旅游行政管理部门提交依法取得的担保额度不低于相应质量保证金数额的银行担保。

经营国内旅游业务和入境旅游业务的旅行社,应当存入质量保证金20万元;经营出境旅游业务的旅行社,应当增存质量保证金120万元。旅行社每设立一个经营国内旅游业务和入境旅游业务的分社,应当向其质量保证金账户增存5万元;每设立一个经营出境旅游业务的分社,应当向其质量保证金账户增存30万元。

《旅行社条例实施细则》(以下简称《实施细则》)规定:国务院旅游行政主管部门指定的作为旅行社存入质量保证金的商业银行(一般会选择中国境内的若干家银行),应当提交具有下列内容的书面承诺。

(1) 同意与存入质量保证金的旅行社签订符合《实施细则》第15条规定的协议。

(2) 当县级以上旅游行政管理部门或者人民法院依据《旅行社管理条例》规定,划拨质量保证金后3个工作日内,将划拨情况及其数额,通知旅行社所在地的省级旅游行政管理部门,并提供县级以上旅游行政管理部门出具的划拨文件或者人民法院生效法律文书的复印件。

(3) 非因《旅行社管理条例》规定的情形,出现质量保证金减少时,承担补足义务。

(4) 质量保证金不得用于质押。银行应在存款单上注明"专用存款不得质押"字样。

旅行社交纳质量保证金的两种方式:一种是将现金存入指定银行的专用账户;二是提交银行担保。

旅行社应当在国务院旅游行政主管部门指定银行的范围内,选择存入质量保证金的银行。旅行社在银行存入质量保证金的,应当设立独立账户,存期由旅行社确定,但不得少于1年。账户存期届满,旅行社应当及时办理续存手续。

如果是提交银行担保的,需由担保银行向旅游行政主管部门出具《旅行社质量保证金担保函》。担保期不少于1年,担保期限届满3日内,续办担保手续。

《实施细则》第15条规定,旅行社存入、续存、增存质量保证金后7个工作日内,应当向作出许可的旅游行政管理部门提交存入、续存、增存质量保证金的证明文件,以及旅行社与银行达成的使用质量保证金的协议。协议应当包含下列内容。

(1) 旅行社与银行双方同意依照《旅行社管理条例》规定使用质量保证金。

(2) 旅行社与银行双方承诺,除依照县级以上旅游行政管理部门出具的划拨质量保证金,或者省级以上旅游行政管理部门出具的降低、退还质量保证金的文件,以及人民法院作出的认定旅行社损害旅游者合法权益的生效法律文书外,任何单位和个人不得动用质量保证金。

4. 旅行社质量保证金的管理

(1) 监管部门及其职权。

旅游行政主管部门是旅行社质量保证金的主要监管部门。其职权可以概括如下。

①规则制定权。国家旅游局(现文化和旅游部)和财政部负责制定保证金存交、使用的具体管理办法。

②指定银行权。国家旅游局(现文化和旅游部)指定保证金交存的银行,一般会指定多家中国境内银行。

③接受担保凭证。如果旅行社采用担保的方式交纳保证金的,由作出经营许可的旅游行政主管部门接受采用担保方式履行交纳保证金义务的银行担保。

④依法使用权。旅游行政主管部门和人民法院必须依法使用保证金。

⑤过程监管权。行使保证金动态管理的事中、事后监管权,包括出具减少保证金额度的凭

证,补足保证金的通知。

(2) 保证金的动态管理。

①保证金的降低。旅行社自交纳或者补足质量保证金之日起3年内未因侵害旅游者合法权益受到行政机关罚款以上处罚的,旅游行政管理部门应当将旅行社质量保证金的交存数额降低50%,并向社会公告。旅行社可凭省、自治区、直辖市旅游行政管理部门出具的凭证减少其质量保证金。

旅行社符合《旅行社管理条例》规定的上述降低质量保证金数额规定条件的,原许可的旅游行政管理部门应当根据旅行社的要求,在10个工作日内向其出具降低质量保证金数额的文件。

②保证金的补足。旅行社在旅游行政管理部门使用质量保证金赔偿旅游者的损失,或者依法减少质量保证金后,因侵害旅游者合法权益受到行政机关罚款以上处罚的,应当在收到旅游行政管理部门补交质量保证金的通知之日起5个工作日内补足质量保证金。旅行社按照规定补足质量保证金后7个工作日内,应当向原许可的旅游行政管理部门提交补足的证明文件。

5. 旅行社质量保证金的使用

旅游行政管理部门和人民法院有权使用保证金向旅游者进行赔偿。《旅行社条例》第15条规定,有下列情形之一的,旅游行政管理部门可以使用旅行社的质量保证金。

(1) 旅行社违反旅游合同约定,侵害旅游者合法权益,经旅游行政管理部门查证属实的。

(2) 旅行社因解散、破产或者其他原因造成旅游者预交旅游费用损失的。

人民法院判决、裁定及其他生效法律文书认定旅行社损害旅游者合法权益,旅行社拒绝或者无力赔偿的,人民法院可以从旅行社的质量保证金账户上划拨赔偿款。

6. 旅行社质量保证金的退还

旅行社不再从事旅游业务的,凭旅游行政管理部门出具的凭证,向银行取回质量保证金。

7. 旅行社质量保证金的赔偿标准

《旅行社质量保证金赔偿试行标准》规定,旅行社质量保证金赔偿标准可以分为以下几种情况。

(1) 旅行社自身原因造成的损害。

因旅行社的故意或过失未达到合同约定的服务质量标准,造成旅游者经济损失的,旅行社应承担赔偿责任。由于不可抗力因素或旅游者本身原因造成旅游者经济损失的,旅行社不承担赔偿责任。具体来说主要有如下三种情况。

①旅行社收取旅游者预付款后,因旅行社的原因不能成行,应提前三天(出境旅游应提前七天)通知旅游者,否则应承担违约责任,并赔偿旅游者已交预付款10%的违约金。

②因旅行社过错造成旅游者误机(车、船),旅行社应赔偿旅游者的直接经济损失,并赔偿经济损失10%的违约金。

③旅行社安排的旅游活动及服务档次与协议合同不符,造成旅游者经济损失,应退还旅游者合同金额与实际花费的差额,并赔偿同额违约金。

(2) 导游原因造成的损害。

①导游未按照国家或旅游行业对客人服务标准的要求提供导游服务的,旅行社应赔偿旅游者所付导游服务费用的2倍。

②导游违反旅行社与旅游者的合同约定,损害了旅游者的合法权益,旅行社应对旅游者进

行赔偿。

　　a.导游擅自改变活动日程,减少或变更参观项目,旅行社应退还景点门票、导游服务费并赔偿同额违约金。

　　b.导游违反约定,擅自增加用餐、娱乐、医疗保健等项目,旅行社承担旅游者的全部费用。

　　c.导游违反合同或旅程计划,擅自增加购物次数,每次退还旅游者购物价款的20%。

　　d.导游擅自安排旅游者到非旅游部门指定商店购物,所购商品系假冒伪劣商品,旅行社应赔偿旅游者的全部损失。

　　e.导游私自兜售商品,旅行社应全额退还旅游者购物价款。

　　f.导游索要小费,旅行社应赔偿被索要小费的2倍。

　　③导游在旅游行程期间,擅自离开旅游团队,造成旅游者无人负责,旅行社应承担旅游者滞留期间所支出的食宿费等直接费用,并赔偿全部旅游费用30%的违约金。

　　(3)相关部门原因造成的旅行社先行赔偿。

　　①旅行社安排的餐厅,因餐厅原因发生质价不符的,旅行社应赔偿旅游者所付餐费的20%。

　　②旅行社安排的饭店,因饭店原因低于合同约定的等级档次,旅行社应退还旅游者所付房费与实际房费的差额,并赔偿差额20%的违约金。

　　③旅行社安排的交通工具,因交通部门原因低于合同约定的等级档次,旅行社退还旅游者所付交通费与实际费用的差额,并赔偿差额20%的违约金。

　　④旅行社安排的观光景点,因景点原因不能游览,旅行社应退还景点门票、导游费并赔偿退还费用20%的违约金。

　　(4)减轻或免除责任情况。

　　旅行社在旅游质量问题发生之前已采取以下措施的,可以减轻或免除其赔偿责任。

　　①对旅游质量和安全状况已事先对旅游者给予充分说明、提醒、劝诫、警告的。

　　②所发生的质量问题是非故意、非过失或无法预知或已采取了预防性措施的。

　　③质量问题发生后,已采取了善后处理措施的。

　　(三)旅行社公告制度

　　旅行社公告制度,是指旅游行政管理部门对其审批设立的旅行社通过报刊等媒体或其他形式向社会公开发布告知的制度。2011年1月1日国家旅游局(现文化和旅游部)根据《旅行社条例》及其实施细则,发布了《旅行社公告暂行规定》,明确了公告的事项、不同公告发布的权限、时限等。具体内容分述如下。

　　1.旅行社公告事项

　　旅行社公告事项(内容)共有12项,分别是:旅行社业务经营许可证的颁发、变更、注销、吊销、许可或暂停、停止旅行社经营出境边境旅游业务;旅行社经营或暂停、停止经营赴台旅游业务;旅行社分社、服务网点设立与撤销备案;旅行社委托代理招徕旅游者业务备案;旅行社的违法经营行为;旅行社的诚信记录;旅游者对旅行社投诉信息;旅行社质量保证金交存、增存、补存、降低交存比例和被执行赔偿等情况;旅行社统计调查情况;全国和地区旅行社经营发展情况;旅法行政管理部门认为需要公开发布的其他有关旅行社的事项和情况信息。

　　2.旅行社公告制度的内容

　　(1)质量保证金存缴数额降低、旅行社业务经营许可证的颁发、变更和注销的,国务院旅

游行政主管部门或者省级旅游行政管理部门应当在作出许可决定或者备案后20个工作日内向社会公告。

（2）旅行社违法经营或者被吊销旅行社业务经营许可证的，由作出行政处罚决定的旅游行政管理部门，在处罚生效后10个工作日内向社会公告。

（3）旅游者对旅行社的投诉信息，由处理投诉的旅游行政管理部门每季度向社会公告。

以上可以看出，旅行社公告制度主要包括：①开业公告；②变更公告；③停业公告；④吊销旅行社经营许可证公告。

三、旅行社的权利与义务

旅行社的权利和义务，主要是指旅行社在从事旅游业务活动中的法律权利和法律义务。

（一）旅行社的权利

法律权利表现为旅行社可以自己做出一定的行为，也可以要求他人作出或不作出一定的行为。旅行社的权利主要体现在以下几个方面。

（1）旅行社有权同旅游者个人或团体签订合同。

旅行社与旅游者双方应本着公平、自愿、合情、合理、合法的原则，共同协商并签订旅游合同。旅游合同一经签订，对双方都具有约束力，旅行社要按照双方签订旅游合同所约定的项目为旅游者提供相应的服务。

（2）旅行社有权向旅游者收取合理费用。

旅行社为旅游者提供综合配套的各项服务，有权按双方合同约定收取相应的报酬，提供质价相符的旅游产品和旅游服务。

（3）旅行社有权要求违反合同的旅游者承担相应责任。

旅行社有权向因未按旅游合同约定参加旅游活动的旅游者收取违约金，有权向因旅游者自身行为造成旅行社损失的旅游者提出索赔要求。

（4）旅行社有行政复议权和行政诉讼权。

（5）合理的计划调整权。

除此之外，还有另外一种观点，认为旅行社的权利主要体现在以下五个方面。

①有权核实旅游者提供的信息资料的真实性。

②有权按照合同约定向旅游者收取全部旅游费用。

③有权按照合同约定选择交通工具、酒店并安排旅游配套服务，有权在旅游团队遇紧急情况时采取应急处置措施。

④有权要求旅游者遵守合同约定的旅游行程安排，有权拒绝旅游者提出的超出合同约定的不合理要求。

⑤有权制止旅游者违反行程国家或地区法律法令、风俗习惯的言行。

（二）旅行社的义务

法律义务是指旅游法律关系的主体一方承担的必须履行的责任。旅行社的义务法律并无集中、明确的规定，而是通过旅行社的经营原则、经营规则和经营职责体现出来。

1. 旅行社的经营原则

《旅行社条例》第4条规定："旅行社在经营活动中应当遵循自愿、平等、公平、诚信的原则，提高服务质量,维护旅游者的合法权益。"从中可以看出,旅行社必须遵循自愿原则、平等原则、公平原则、诚实信用原则,提高服务质量,维护旅游者合法权益等的经营原则。

2. 旅行社的禁止性经营规则

旅行社必须在核准的经营范围内开展活动,严禁超范围经营。《旅行社条例》第24、25、26、27条规定:①旅行社向旅游者提供的旅游服务信息必须真实可靠,不得作虚假宣传;②经营出境旅游业务的旅行社不得组织旅游者到国务院旅游行政主管部门公布的中国公民出境旅游目的地之外的国家和地区旅游;③旅行社为旅游者安排或者介绍的旅游活动不得含有违反有关法律、法规规定的内容;④旅行社不得以低于旅游成本的报价招徕旅游者,未经旅游者同意,旅行社不得在旅游合同约定之外提供其他有偿服务;⑤不得提供非法的、不健康的旅游项目。

3. 旅行社的经营义务

(1) 按约定提供服务(提供真实可靠的信息)。

旅行社应当为旅游者提供不低于国家标准或行业标准的、约定的服务。旅行社对旅游者就服务项目和服务质量提出的询问,应作出真实、明确的答复。

旅行社损害旅游者合法权益的,旅游者可以向旅游行政管理部门、工商行政管理部门、价格主管部门、商务主管部门或者外汇管理部门投诉,接到投诉的部门应当按照其职责权限及时调查处理,并将调查处理的有关情况告知旅游者。

(2) 提供的服务符合人身、财产安全需要。

旅行社对可能危及旅游者人身、财产安全的事项,应当向旅游者作出真实的说明和明确的警示,并采取防止危害发生的必要措施。

发生危及旅游者人身安全的情形的,旅行社及其委派的导游人员、领队人员应当采取必要的处置措施并及时报告旅游行政管理部门;在境外发生的,还应当及时报告中华人民共和国驻该国使领馆、相关驻外机构、当地警方。

(3) 按规定办理保险手续。

旅行社应当投保旅行社责任险。为减少自然灾害等意外风险给旅游者带来的损害,旅行社在招徕、接待旅游者时,可以提示旅游者购买旅游意外保险。

(4) 按规定收取旅游费用。

旅行社提供服务应当明码标价。质价相符,不得有价格欺诈行为。旅行社对旅游者提供的旅游服务项目,按照国家规定收费;旅行中增加服务项目需要加收费用的,应当事先征得旅游者同意;旅行社提供有偿服务的,应当按照国家有关规定向旅游者出具服务单据。

(5) 旅行社应与旅游者签订合同。

《旅行社条例》第28条规定:"旅行社为旅游者提供服务,应当与旅游者签订旅游合同。"旅游合同应载明下列事项。①旅行社的名称及其经营范围、地址、联系电话和旅行社业务经营许可证编号;②旅行社经办人的姓名、联系电话;③签约地点和日期;④旅游行程的出发地、途经地和目的地;⑤旅游行程中交通、住宿、餐饮服务安排及其标准;⑥旅行社统一安排的游览项目的具体内容及时间;⑦旅游者自由活动的时间和次数;⑧旅游者应当交纳的旅游费用及交纳方式;⑨旅行社安排的购物次数、停留时间及购物场所的名称;⑩需要旅游者另行付费的游览项目及价格;⑪解除或者变更合同的条件和提前通知的期限;⑫违反合同的纠纷解决机制及应当承担的责任;⑬旅游服务监督、投诉电话;⑭双方协商一致的其他内容。

旅行社在与旅游者签订旅游合同时,应当对旅游合同的具体内容作出真实、准确、完整的说明。旅行社和旅游者签订的旅游合同约定不明确或者对格式条款的理解发生争议的,应当按照通常理解予以解释;对格式条款有两种以上解释的,应当作出有利于旅游者的解释;格式条款和非格式条款不一致的,应当采用非格式条款。

(6) 依法变更接待社。

旅行社需要对旅游业务作出委托的,应当委托给具有相应资质的旅行社,征得旅游者的同意,并与接受委托的旅行社就接待旅游者的事宜签订委托合同,确定接待旅游者的各项服务安排及其标准,约定双方的权利、义务。

旅行社将旅游业务委托给其他旅行社的,应当向接受委托的旅行社支付不低于接待和服务成本的费用;接受委托的旅行社不得接待不支付或者不足额支付接待和服务费用的旅游团队。

接受委托的旅行社违约,造成旅游者合法权益受到损害的,作出委托的旅行社应当承担相应的赔偿责任。作出委托的旅行社赔偿后,可以向接受委托的旅行社追偿。

接受委托的旅行社故意或者重大过失造成旅游者合法权益损害的,应当承担连带责任。

(7) 聘用合格导游和领队。

旅行社组织中国内地居民出境旅游的,应当为旅游团队安排领队全程陪同。旅行社为接待旅游者委派的导游人员或者为组织旅游者出境旅游委派的领队人员,应当持有国家规定的导游证、领队证。

旅行社及其委派的导游人员和领队人员不得有下列行为:①拒绝履行旅游合同约定的义务;②非因不可抗力改变旅游合同安排的行程;③欺骗、胁迫旅游者购物或者参加需要另行付费的游览项目。

(8) 依法签订劳动合同。

旅行社聘用导游人员、领队人员应当依法签订劳动合同,并向其支付不低于当地最低工资标准的报酬。

旅行社不得要求导游人员和领队人员接待不支付接待和服务费用或者支付的费用低于接待和服务成本的旅游团队,不得要求导游人员和领队人员承担接待旅游团队的相关费用。

(9) 协助提供非法滞留信息。

旅游者在境外滞留不归的,旅行社委派的领队人员应当及时向旅行社和中华人民共和国驻该国使领馆、相关驻外机构报告。旅行社接到报告后应当及时向旅游行政管理部门和公安机关报告,并协助提供非法滞留者的信息。

旅行社接待入境旅游发生旅游者非法滞留我国境内的,应当及时向旅游行政管理部门、公安机关和外事部门报告,并协助提供非法滞留者的信息。

(10) 组团社先行赔付。

此外,旅行社招徕、接待旅游者,应当制作和保存完整的业务档案。其中,出境旅游档案保存期最低为3年,其他旅游档案保存期最低为2年。

第三节　导游人员管理法律法规

案例引导　2-3：导游能否擅自更改行程？

2018年9月，导游人员陈某接受旅行社委派，担任某旅行社的导游工作。按照旅游行程，该旅游团在杭州应游览5个旅游景点。陈某为了带团多购物，擅自取消了4个旅游景点，而将两个半天的时间用于购物，从中收取回扣，此事被游客投诉。经查实，旅游行政管理部门认为情节严重，予以5000元的罚款。陈某对此处罚不服，认为多购物是有些客人提出来的，不是自己的责任，且旅游行政管理部门对其的处罚过重。

【问题】陈某是否有责任？

导游业务是旅游业中具有代表性的旅游业务。随着旅游产业规模的不断扩大，旅游产业地位的不断提升，作为导游业务的执行主体——导游人员的作用日益重要。导游人员是旅游业的灵魂，是旅游业的"窗口"，被誉为"民间外交大使"。旅游者往往是通过导游人员去认识一个旅行社、一个城市、一个国家和民族，导游人员的形象代表着旅游目的地的形象，因此加强导游人员的管理、提高导游人员的素质十分重要和必要。世界上绝大多数国家和地区都从立法的高度来规范导游管理，制定相应的旅游法律法规。

一、导游人员的概念及分类

（一）导游人员的概念

导游人员是指依法取得导游证，接受旅行社委派，为旅游者提供向导、讲解及相关旅游服务的人员。即必须取得导游证，不同于生活中泛指的"导游"，必须接受旅行社委派。导游与旅行社之间是职务代理关系，其行为代表旅行社，其法律后果由旅行社承担。提供向导（引路、带路）＋讲解＋相关旅游服务（食、住、行、游等服务）。

（二）导游人员的分类

（1）按工作方式和职业性质划分，导游人员可以分为专职导游、兼职（业余）导游。
（2）按照导游证的性质划分，导游人员可以分为正式导游和临时导游（区别于非法导游）。

正式导游和临时导游的主要区别在于：①有无资格证书。即正式导游证持有者是经过导游人员资格考试并合格、取得导游人员资格证书者；而临时导游证的持有者是没有经过导游人员资格考试、没有取得导游人员资格证书者。②有无语种限制。即正式导游证的持有者无语种语言能力的限制，正式导游证的持有者可以是具有特定语种语言能力的人员，也可以是不具有特定语种语言能力的人员;而临时导游证的持有者必须是具有特定语种语言能力的人员,否则便不具备领取临时导游证的条件。③领取程序不同。申请领取正式导游证是由申请领取者个人向旅游行政部门领取;而临时导游证则是由旅行社根据需要向旅游行政部门申请领取。④有效期限不同。根据《导游人员管理条例》第8条规定,导游证的有效期限为3年,临时导游证的有效期限最长不超过3个月。即既可以是数天,也可以是1个月或2个月,但最长不得超过3个月。此外,正式导游证有效期满后,可以申请办理换发导游证手续,但必须提前3个月换发;而临时导游证有效期限届满后,不得展期。如需继续聘请,则必须由旅行社重新向旅游行政部门申请领取。

(3) 按照业务水平的差异导游人员可以分为特级导游员、高级导游员、中级导游员和初级导游员。

全国导游人员等级考核评定委员会组织实施全国导游人员等级考核评定工作。省、自治区、直辖市和新疆生产建设兵团旅游行政管理部门组织设立导游人员等级考核评定办公室,在全国导游人员等级考核评定委员会的授权和指导下开展相应的工作。

(4) 按照语言和接待对象来划分,导游人员可以分为中文导游和外语导游。

中文导游(包括普通话、方言、少数民族语导游),外文导游(常用语种主要包括英语、法语、韩语、日语、俄语、德语等)非通用语种主要包括两个语种群:一为欧洲语系,主要包括西班牙语、葡萄牙语、捷克语、阿尔巴尼亚语、波兰语、塞尔维亚语等;二为亚非语系,主要包括阿拉伯语、朝鲜语、印尼语、越南语、马来语、缅甸语、泰国语、僧迦罗语、豪萨语、斯瓦希里语等。

(5) 以导游人员从业范围为标准划分,导游人员可以分为出境旅游领队、全程陪同导游人员(简称全陪)、地方陪同导游人员(简称地陪)、景区景点导游人员(又称讲解员)。

二、导游人员的从业管理制度

(一)导游人员资格证书制度

资格,是指从事某种职业所具备的条件、身份等。导游人员资格,是指从事导游职业,在导游活动中为旅游者提供服务的人员应具备的条件、身份等。导游人员资格是一个导游人员从事导游工作生涯的起点,是从事导游职业的人首先要解决的问题,只有取得导游人员资格的人,才能申请导游证,并以导游人员的身份进行导游活动。

1. 报考导游人员资格证书的条件

(1) 必须是中华人民共和国公民。

所谓"公民",通常是指具有某个国家国籍的个人。在我国,凡是按照《中华人民共和国国籍法》规定,取得中国国籍的人,都是中华人民共和国公民。根据《导游人员管理条例》规定,必须是中华人民共和国公民,才可以参加导游资格考试。

(2) 必须具有高中、中专或者以上学历。

接受过何等程度的教育,具有何种学历,是衡量一个从业人员的知识结构及知识文化程度的一个客观标准,也是从事某种职业对从业人员的要求。导游,由于其职业的特点,要求从事导游职业的人必须具有较好的文化素养。一般认为,导游人员应当是一个"杂家",即要求其具有较广泛的文化知识,对祖国的历史文化、名山大川、风土人情、民族习俗等有较广泛的了解。

而要了解上述知识,没有一定程度的文化素养,是很难满足这些要求的。因此,《导游人员管理条例》规定,必须具有高级中学、中等专业学校或者以上学历的人员才可以参加导游人员资格考试。

(3) 必须身体健康。

导游工作既是一项脑力工作,又是一项繁忙艰苦的体力工作;此外,又由于各地气候条件、生活习俗等不同,给导游人员的生活和工作带来许多的麻烦与不便,如果没有一个健康的身体是很难适应导游工作的。因此,《导游人员管理条例》规定,必须是身体健康的人员才可以参加导游资格考试。

(4) 必须具备导游需要的基本知识和语言表达能力。

所谓具有适应导游需要的基本知识主要是指具有《导游人员管理条例》规定的文化程度和学历证明。所谓语言表达能力是导游人员必不可少的基本条件,因为导游人员主要是通过语言来为旅游者提供服务的。导游语言,是对祖国名胜风景古迹的艺术表达。它要求导游人员应当按照规范化的语言来解说,或以艺术化的语言进行,做到语言流畅、鲜明生动、活泼风趣、合乎礼仪;或以优美动听的导游词表述,吸引旅游者的注意力,形成轻松愉快、活泼有趣的气氛,给人以美的享受,消除旅途疲劳,增添旅游情趣。

根据《导游人员管理条例》第3条第2款规定:"经考试合格的,由国务院旅游行政部门或国务院旅游行政部门委托省、自治区、直辖市人民政府旅游行政部门颁发导游人员资格证书。"依据《导游人员管理条例》规定,愿意从事导游职业的人员经参加资格考试并合格,即可由《导游人员管理条例》规定的旅游行政部门颁发导游人员资格证书。这里需要明确的是,导游人员资格证书是由国家旅游局(现文化和旅游部)统一印制的,而导游人员资格证书的颁发机关则只能是国家旅游局或者国家旅游局(现文化和旅游部)委托的省、自治区、直辖市旅游局,除这两级旅游局之外,其他地方各级人民政府旅游行政部门都不能印制或颁发导游人员资格证书。

2. 导游人员资格考试的管理

国家实行统一的导游人员资格考试制度。其包括两层含义:一是国家对导游职业的重视,对导游职业实行资格准入;二是采取全国统一考试的方式。根据《导游人员管理条例》规定,除景区景点导游外,将其余的各种资格考试并轨,均实行全国统一考试。全国统一考试的具体内容包括"五个统一":统一组织、统一试题、统一评判标准、统一公布结果、统一颁发资格证书。

国家旅游局(现文化和旅游部)负责导游人员资格考试政策、标准的制定和对各地考试的监督管理。

各省级、副省级、计划单列市旅游行政主管部门负责组织、实施本区域的导游人员资格考试工作。

3. 导游人员资格证书的发放

国家旅游局(现文化和旅游部)委托省级旅游局颁发导游人员资格证书。权力在国家旅游局(现文化和旅游部),省级旅游局是受委托开展工作。

(二)导游人员等级考核制度

1. 导游人员的等级划分

导游人员按照语种不同可以分为外语导游和中文导游两个系列,按照导游证的等级高低可以分为四个等级,即初级导游、中级导游、高级导游、特级导游。

2. 导游人员的等级考核办法

导游人员申报等级时,由低到高,逐级递升,经考核评定合格者,颁发相应的导游人员等级证书。导游人员等级考核评定工作,按照"申请、受理、考核评定、告知、发证"的程序进行。

三、导游人员的权利与义务

(一)导游人员的权利

导游人员的法律权利,是指导游人员依法享有的权能和利益,这种权能或利益表现为导游人员可以自己做出一定行为,也可以要求他人做出或不做出一定行为,体现出一种可能性。一切法律权利都受到国家的保护,当权利受到侵害时,权利享有者有权向人民法院或者有关主管机关申诉和请求保护。

1. 人身权

人格权是人身权的一种,是能够作为权利、义务主体的独立的资格。人格权包括生命权、健康权、自由权、隐私权、姓名权、肖像权、名誉权、荣誉权等。根据《导游人员管理条例》第10条的规定:"导游人员进行导游活动时,其人格尊严应当受到尊重,其人身安全不受侵犯。导游人员有权拒绝旅游者提出的侮辱其人格尊严或者违反其职业道德的不合理要求。"身份权包括亲权、配偶权、监护权、继承权等。人格权与身份权合称"人身权"。

同步案例 2-1:游客是否有权对导游搜身?

2019年5月,"五一"黄金周期间,重庆某旅行社组织了贵州5日游团队,安排本社导游李某作全程陪同。李某是一名刚从学校毕业,从事导游工作时间不长的女孩子,但组织能力较强、旅游知识较为丰富,她对做好这次导游工作充满了信心。谁想这次带团却是一次令她伤心的导游经历。旅游团是乘火车前往贵州的,在火车上,为活跃气氛,李某为大家唱了几首歌,并介绍了一些贵州的风土人情、风景名胜。但游客张某等人却觉得不够刺激,非要李某讲几个"黄色"笑话,并说所有的导游都应该会讲。从未讲过这类笑话的李某感到非常为难,婉言拒绝,并提议让大家参与做一个互动游戏,张某等人拒绝,并指责导游不开放,不能满足游客需要,遂产生怨气。到达安顺后,张某发现自己的手机不见了,怀疑是导游李某拿错了,要检查她的包并搜身。李某反复说明自己并没有见过他的手机,对其搜身更是不能接受。但张某坚持要查包搜身,否则就投诉李某所在的旅行社。李某想自己刚参加工作,为了避免旅行社遭受投诉而委曲求全,让张某检查了包,并让一名女游客搜查了身上的衣服,但均未发现张某手机。

【问题】游客为找到失物,要检查导游李某的包并搜身,李某应该怎么做?

2. 调整变更计划权

《导游人员管理条例》第 13 条第 2 款规定:"导游人员在引导旅游者旅行、游览过程中,遇到可能危及旅游者人身安全的紧急情形,经征得多数旅游者同意后,可以调整或变更接待计划,但是应当立即报告旅行社。"此权利的实施需满足 4 个条件,①在旅游活动中;②危及人身安全的紧急情形(如瘟疫、洪水、雪崩等);③多数旅游者同意(书面或口头形式);④立即报告旅行社(得到旅行社的认可)。

3. 复议权

《导游人员管理条例》未规定,但根据《行政复议法》,任何公民、法人、其他组织都有向行政管理机关申请复议的权利。导游人员对旅游行政管理机关作出的罚款、吊销导游证、暂扣导游证、拒颁导游证、停团检查等不服时,有权向作出决定的上一级旅游行政管理机关申请复议。

4. 诉讼权

《导游人员管理条例》未规定,但根据《行政诉讼法》,任何公民、法人、其他组织都有向人民法院提出诉讼的权利。导游人员对旅游行政管理机关作出的罚款、吊销导游证、暂扣导游证、拒颁导游证、停团检查等不服时,有权向人民法院起诉作出决定的旅游行政管理机关。

(二)导游人员的义务及其法律责任

导游人员的法律义务是指导游人员依法必须履行的责任,表现为必须做出或不做出一定的行为,体现出一种必要性。根据《导游人员管理条例》规定,导游人员应当履行的义务或职责主要如下。

1. 提高自身业务素质和职业技能

导游人员自身业务素质的高低,职能、技能的优劣,直接关系到导游服务质量的好坏,影响到能否为旅游者提供优良的导游服务。而旅游者也往往是通过导游人员去认识一家旅行社、一个城市乃至认识一个民族、一个国家的。可以说,导游人员的业务素质及其导游职业技能紧紧维系旅游业的发展,所以《导游人员管理条例》将此作为导游人员的一项义务加以明确规定。

2. 佩带导游证

如前所述,导游证是国家准许从事导游工作的证件。为此,《导游人员管理条例》规定导游人员佩戴导游证是导游人员执行导游任务时的一项法定义务。导游人员在工作中佩戴导游证,一是为了给旅游者提供规范服务的需要,便于旅游者识别导游人员,及时得到导游人员的帮助和服务;二是便于旅游行政管理部门的监督检查。

导游人员进行导游活动时,应当佩戴导游证。既然是一项法定义务,那么不履行这项义务,则属违法,必须承担相应的法律责任。为此,《导游人员管理条例》第 21 条规定:"导游人员进行导游活动时未佩戴导游证的,由旅游行政部门责令改正;拒不改正的,处 500 元以下的罚款。"实施佩带导游证,便于旅游行政管理和游客的识别性。违者,第一次责令改正;第二次罚

款 500 元以下。

3. 必须经旅行社委派

导游人员不得私自承揽或以其他任何方式直接承揽导游业务,违者,责令改正,处 1000 元以上 3 万元以下罚款,并处没收违法所得,情况严重者,吊销导游证并公告。

上述导游人员法定义务的规定,是为了规范旅游市场秩序,切实维护旅游者的合法权益。因为,根据《旅行社管理条例》的规定,招待、接待旅游者,为旅游者安排食宿等有偿服务的经营活动均属旅行社的经营范围,而导游人员只能是接受旅行社的委派,为旅游者提供向导、讲解及相关旅游服务。为此,《导游人员管理条例》第 19 条规定,导游人员未经旅行社委派,私自承揽或者以其他任何方式直接承揽导游业务,进行导游活动的,由旅游行政部门责令改正,处 1000 元以上 3 万元以下的罚款;有违法所得的,并处没收违法所得;情节严重的,由省、自治区、直辖市人民政府旅游行政部门吊销导游证并予以公告。

4. 自觉维护国家利益和民族尊严

违者,不但导游人员遭到处罚,而且旅行社也应承担"管束不严"之责任。

这是关于导游人员承担的必须维护国家利益和民族尊严的义务的规定。《导游人员管理条例》之所以作此规定,是因为热爱祖国、拥护社会主义制度、以自己的一言一行来维护国家利益和民族尊严,是导游人员必须具备的政治条件和业务要求。特别是在接待海外旅游者时,导游人员就是国家对外形象的一个"窗口",如果其在进行导游活动时,有损害国家利益和民族尊严的言行,所产生的影响是极其恶劣的。为此,《导游人员管理条例》第 20 条规定:"导游人员进行导游活动时,有损害国家利益和民族尊严的言行的,由旅游行政部门责令改正;情节严重的,由省、自治区、直辖市人民政府旅游行政部门吊销导游证并予以公告;对该导游人员所在的旅行社给予警告直至责令停业整顿。"

上述规定之所以要对旅行社进行处罚,是因为导游人员是由旅行社委派的,旅行社有责任加强管理和教育,如果导游人员在进行导游活动时,有损害国家利益和民族尊严的言行,旅行社应对此承担管束不严的责任。

5. 遵守职业道德

导游人员进行导游活动时,应当遵守职业道德,着装整洁,礼貌待人,尊重旅游者的宗教信仰、民族习俗和生活习惯,导游人员进行导游活动时,应当向旅游者讲解旅游地点的人文和自然情况,介绍风土人情和习俗,但是,不得迎合个别旅游者的低级趣味,在讲解、介绍中掺杂庸俗下流的内容。

这是导游人员在讲解导游过程中应当遵循的要求。导游人员讲解服务的根本内容,应当是向国内外旅游者介绍我国的大好河山、悠久历史、灿烂文化、勤劳好客的各族人民及其各具特色的风土人情和习俗。在旅游者这个群体中,绝大多数是健康的、友好的,但确实也存在个别旅游者在旅游过程中,会提出一些低级趣味的讲解要求。对于这种无理要求,导游人员应当予以拒绝,不得在讲解、介绍中掺杂庸俗下流的内容。导游人员应当遵守的职业道德主要是指爱岗敬业、诚实守信、办事公道、服务游客、奉献社会。导游人员应当本着这一职业道德的要求在导游活动中形成一个相互尊重、和睦相处、轻松愉快的旅游氛围。

6. 严格接待计划，不得擅自中止导游

这是导游人员必须履行的按接待计划组织旅游的义务。由旅行社确定的接待计划也即旅游行程计划是经旅游者认可的，是旅游者与旅行社订立的旅游合同的一个组成部分。旅游行程计划一般包括乘坐交通工具、游览景点、住宿标准、餐饮标准、娱乐标准、购物次数等内容的安排。因此，导游人员接受旅行社的委派带团旅游时，应当严格按照旅行社确定、经旅游者认可的旅游接待计划，安排旅游者的旅行、游览活动，不得擅自增加、减少旅游项目或者中止导游活动。这也是我国《合同法》所规定的，当事人应当按照约定全面履行自己的义务，否则，就有可能承担违约责任。

当然，导游人员在引导旅游者旅行、游览过程中，遇有可能危及旅游者人身安全的紧急情形时，经征得多数旅游者的同意，也可以调整或者变更接待计划，并应当立即报告旅行社。

但是，导游人员在进行导游活动时，无论遇到何种情形，均不得擅自中止导游活动。所谓中止导游活动，是指在导游过程中，擅自中止导游活动的行为。一般来说，构成中止导游活动必须具备以下条件：一是必须在导游活动结束之前，也就是说，必须在旅游接待计划执行完毕之前。导游活动的中止不是导游活动的终止，它必须出现在执行旅游接待计划过程当中；如果旅游接待计划已经执行完毕，当然也就谈不到中止的问题。二是必须是擅自中止。这是中止导游活动的最主要的特征。如果不是擅自中止导游活动，而是旅行社的决定或其他外部作用影响，致使导游人员中止导游活动，就不是《导游人员管理条例》所称的"擅自中止导游活动"情形了。三是必须是彻底中止。这里所说的"彻底"中止，是指导游人员彻底放弃了原来的导游活动。如果导游人员因某种原因，暂时放弃了正在进行的导游活动，待该种原因消失后又进行了导游活动，这是导游活动的中断进行，而不是导游活动的中止。以上三个条件必须同时具备，缺少其中任何一个，都不能认为是导游活动的中止。

《导游人员管理条例》第22条规定，导游人员擅自增加或者减少旅游项目的，擅自变更接待计划的，擅自中止导游活动的，由旅游行政部门责令改正，暂扣导游证3至6个月；情节严重的，由省、自治区、直辖市人民政府旅游行政部门吊销导游证并予以公告。

7. 真实说明和警示义务

这是关于导游人员必须履行的"说明"和"警示"义务的规定。旅游是一种体验或者经历活动，在旅游过程中，有赏心悦目的体验，也可能会遇到危难的经历，尤其是在探险旅游中，可能危及旅游者人身、财物安全的情形往往是客观存在的。遇有这类情形，导游人员应当就可能发生危及旅游者人身、财物安全的情况，向旅游者作出真实的说明和明确的警示。说明和警示要求真实、准确、通俗易懂，不致发生歧义；同时，导游人员要按照旅行社的要求采取防止危害发生的措施，否则导游人员和旅行社就要承担相应的法律责任。

8. 不得向旅游者兜售物品或购买旅游者物品

这是导游人员在执行导游任务中必须履行的两项义务，而这两项义务的履行是以"不作为"的形式表现的。导游人员在进行导游活动时，他的职责，也就是他可以进行的行为是为旅游者提供向导、讲解及相关的旅游服务，而向旅游者兜售物品或者购买旅游者的物品，不属于其职责范围，也是与其导游身份所不相称的。同时，由于导游人员这一特定的身份，如其向旅游者兜售物品或者购买旅游者的物品，极易造成交易上的不公平与不公正，侵害旅游者的合法

权益,损害导游人员的职业形象,也极易因此造成纠纷。为此,《导游人员管理条例》规定,导游人员在进行导游活动中,不得向旅游者兜售物品或者购买旅游者的物品。

9. 不得以明示或者暗示方式向旅游者索要小费

以明示或者暗示的方式向旅游者索要小费,是我国旅游法规历来禁止的。1987年8月17日,经国务院批准,国家旅游局(现文化和旅游部)就发布了《关于严格禁止在旅游业务中私自收取回扣和收取小费的规定》,明确规定导游人员不得向旅游者索要小费。《导游人员管理条例》又进一步明确了这一规定,即导游人员在进行旅游活动中不得以明示或暗示的方式向旅游者索要小费。所谓"明示的方式",是指导游人员以语言、文字或者其他直接表达意思的方法向旅游者索取小费的形式;所谓"暗示的方式",是指导游人员以含蓄的言语、文字或者示意的举动等间接表达意思的方法向旅游者索要小费的形式。"小费"则是指旅游者额外给导游人员等旅游服务人员的钱,也叫小账。一般来说,小费是旅游者出于对导游人员的优质服务的感谢或奖赏,主动给予导游人员的钱。《导游人员管理条例》之所以规定导游人员不得以明示或暗示的方法向旅游者索要小费,是因为在实际旅游过程中,有些导游人员不是以自己的优质服务赢得旅游者的感谢或奖赏,而是不择手段,以明示或暗示的方法向旅游者索取小费,给旅游业的声誉造成了极其恶劣的影响。

为了惩治上述行为,《导游人员管理条例》第23条规定:"导游人员进行导游活动,向旅游者兜售物品或者购买旅游者的物品的,或者以明示或暗示的方式向旅游者索要小费的,由旅游行政部门责令改正,处1000元以上3万元以下的罚款;有违法所得的,并处没收违法所得;情节严重的,由省、自治区、直辖市人民政府旅游行政部门吊销导游证并予以公告;对委派该导游人员的旅行社给予警告直至责令停业整顿。"

10. 不得欺骗和胁迫旅游者消费或者串通经营者欺骗、胁迫旅游者消费

这也是导游人员在进行导游活动中必须履行的义务。所谓"欺骗",是指导游人员或者导游人员与经营者串通起来,故意告知旅游者虚假情况,或者故意隐瞒真实情况,诱使旅游者作出错误消费的意思表示的行为。前者是导游人员故意欺骗旅游者消费;后者是导游人员与经营者串通起来欺骗旅游者消费。例如在旅游购物中,导游人员明知是虚假、伪劣商品,却告知旅游者是货真价实的商品,或者故意对旅游者隐瞒该商品的真实情况,诱使旅游者作出购买该商品的错误选择。在这其中,可能是导游人员个人欺骗旅游者,也可能是导游人员与商品经营者串通欺骗旅游者。但不论何种形式,都属于欺骗旅游者消费的行为。

所谓"胁迫",是指以给旅游者及其亲友的生命健康、名誉、荣誉、财产等造成损害为要挟,迫使旅游者作出违背真实的消费意思表示的行为。胁迫旅游者消费,既可以是导游人员个人胁迫旅游者消费,也可以是导游人员与经营者串通起来,胁迫旅游者消费。

欺骗、胁迫旅游者消费或者与经营者串通欺骗、胁迫旅游者消费的行为,是严重侵害旅游者合法权益的行为。为此,《导游人员管理条例》第24条规定:"导游人员进行导游活动,欺骗、胁迫旅游者消费或者与经营者串通欺骗、胁迫旅游者消费的,由旅游行政部门责令改正,处1000元以上3万元以下的罚款;有违法所得的,并处没收违法所得;情节严重的,由省、自治区、直辖市人民政府旅游行政部门吊销导游证并予以公告;对委派该导游人员的旅行社给予警告直至责令停业整顿;构成犯罪的,依法追究刑事责任。"

本章小结

本章是对旅游企业及其从业主体有关法律法规的阐述。旅游业经营主体首先是以旅游企业的形式出现。因此第一节的内容重点是旅游企业相关的法律规定,并着重阐述旅游有限责任公司和旅游股份有限公司的概念、设立条件、设立程序等法律规定及旅游企业相关的法律责任;第二节主要阐述作为旅游企业中典型代表的旅行社的相关法律规定,其重点内容主要包括旅行社质量保证金制度和旅行社的权利和义务;第三节主要为导游人员的计分管理制度及其权利和义务等重点内容。

关键概念

旅游企业　有限责任公司　股份有限公司　旅游企业法律责任　旅行社质量保证金　导游人员

复习思考题

□复习题:
1. 简述企业法人的概念及其特征。
2. 简述有限责任公司和股份有限公司的区别及设立程序。
3. 旅游企业有哪些法律责任?
4. 旅行社质量保证金的赔偿条件及赔偿标准有哪些?
5. 导游人员在哪些情况下将分别扣除8分和扣除6分?
6. 导游人员需要承担哪些基本义务?

□思考题:
通过对本章节内容的学习,思考如何经营好一家旅游企业及如何有效管理旅游企业的员工?

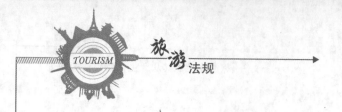

章末案例 旅行社和导游违规案

第三章

旅游合同法律制度

学习目标

通过本章的学习,在掌握我国合同法的基本概念、基本理论的基础上,掌握有关旅游合同订立、合同效力、合同的履行、合同的变更与解除、与合同有关的法律责任等相关内容,培养运用所学理论知识分析和解决旅游合同法律纠纷问题的能力。

第一节　旅游合同概述

案例引导　3-1:陈小姐同北京某旅行社签订的旅行合同性质

一、合同的概念、特征与分类

（一）合同的概念

合同,又称契约,是平等主体的自然人、法人、其他组织之间设立、变更、终止民事权利、义务关系的协议。

实践中经常见到意向书或者备忘录的说法。它们与合同既有不同之处又有相同之处。意向书或备忘录就是以书面的形式将合作各方的合作意向固定下来。实践中除了个别条款如保密条款等,一般不具有法律约束力,仅是合作各方表达合作诚意的一种手段。但是,如果有的意向书或备忘录具备合同的基本要素,条款内容非常确定,权利义务关系明确,其实质上就是合同。

(二)合同的特征

1. 合同当事人主体地位具有平等性

合同是平等主体之间签订的协议,合同当事人的法律地位平等,一方与另一方主体之间不是上下级管理或服从关系,一方主体不得将自己的意志强加给另一方。但是由于信息不对称以及谈判双方实力的不同,合同谈判的主体往往存在事实上的不平等。为了维护合同的平等性,合同法通过诚信、对格式合同的解释原则来应对和保障合同主体的平等性。

2. 合同权利义务关系具有相对性

合同是特定的当事人之间的协议,只能发生在两个或两个以上的主体之间。合同关系是缔结合同的主体之间的关系,权利义务及责任的承担只限于合同当事人之间。一方当事人不履行合同义务,非违约方只能向违约方寻求救济。当事人一方因第三方的原因造成违约的,应当向对方承担违约责任。至于违约方和第三人之间纠纷则以法律规定或者按照约定解决,而不是由第三人直接向非违约方承担责任。

3. 合同是当事人意思表示一致的结果

经当事人协商一致,可以设立合同,也可以变更合同,甚至解除合同。合同关系的设立、变更和终止都可以由当事人协商一致加以确定;而任何一方当事人都无法单独设立、变更合同,也不能随意解除合同。双方当事人意思表示一致可以通过要约与承诺理论来解释。如果仅有一方当事人有订立合同的意思表示,则仅构成要约或要约邀请。

4. 合同是以设立、变更、终止民事权利义务为目的的法律行为

合同的目的性在于设立、变更、终止民事权利、义务关系。设立民事权利义务关系是指当事人依法订立合同后,便在他们之间发生债权债务关系的行为;变更民事权利义务关系,是指当事人依法订立合同以后,通过协商等方式,使他们之间既有的合同债权债务关系发生变化,形成新的债权债务关系的行为;终止民事权利义务关系是指当事人依法订立合同以后,使既有的合同债权债务关系归于消灭的法律行为。合同中所指的法律行为是合同主体所实施的、能够发生法律效力、产生一定法律效果的行为。

(三)合同的分类

根据不同的分类标准,合同分为不同的类型。

1. 有名合同与无名合同

根据合同法或者其他法律是否对合同规定有确定的名称与调整规则为标准,可将合同分为有名合同与无名合同。有名合同是立法上规定有确定名称与规则的合同,又称典型合同。如《合同法》在分则中规定的买卖合同、赠予合同、借款合同、租赁合同等各类合同。无名合同是立法上尚未规定有确定名称与规则的合同,又称非典型合同。

2. 单务合同与双务合同

根据合同当事人是否相互负有对价义务为标准,可将合同分为单务合同与双务合同。此处的对价义务并不要求双方的给付价值相等,而只是要求双方的给付具有相互依存、相互牵连的关系即可。单务合同是指仅有一方当事人承担义务的合同,如赠予合同。双务合同是指双

方当事人互负对价义务的合同,如买卖合同、承揽合同、租赁合同等。

3. 有偿合同与无偿合同

根据合同当事人是否因给付取得对价为标准,可将合同分为有偿合同与无偿合同。有偿合同是指合同当事人为从合同中得到利益要支付相应对价给付(此给付并不局限于财产的给付,也包含劳务、事务等)的合同。买卖、租赁、雇佣、承揽、行纪等都是有偿合同。无偿合同是指只有一方当事人作出给付,或者虽然是双方作出给付但双方的给付间不具有对价意义的合同。赠予合同是典型的无偿合同,委托、保管合同如果没有约定利息和报酬的,也属于无偿合同。

4. 诺成合同与实践合同

根据合同成立除当事人的意思表示以外,是否还要其他现实给付为标准,可以将合同分为诺成合同与实践合同。诺成合同是指当事人意思表示一致即可认定合同成立的合同。实践合同是指在当事人意思表示一致以外,尚须有实际交付标的物或者有其他现实给付行为才能成立的合同。确认某种合同属于实践合同必须法律有规定或者当事人之间有约定。常见的实践合同有保管合同、自然人之间的借贷合同等。但赠予合同、质押合同不再是实践合同。

5. 要式合同与不要式合同

根据合同的成立是否必须符合一定的形式为标准,可将合同分为要式合同与不要式合同。要式合同是按照法律规定或者当事人约定必须采用特定形式订立方能成立的合同。不要式合同是对合同成立的形式没有特别要求的合同。确认某种合同属于要式合同必须法律有规定或者当事人之间有约定。

6. 主合同与从合同

根据两个或者多个合同相互间的主从关系为标准,可将合同分为主合同与从合同。主合同是无须以其他合同存在为前提即可独立存在的合同。这种合同具有独立性。从合同,又称附属合同,是以其他合同的存在为其存在前提的合同。保证合同、质押合同等相对于提供担保的借款合同即为从合同。

二、旅游合同的概念与种类

(一)旅游合同的概念

旅游活动涉及旅游者、旅游经营企业、旅行社、饭店、餐饮、交通、景点等众多法律主体,他们之间的法律关系是复杂的。旅游合同,对于调整旅游业各方之间的利益关系,明确各方的权利义务关系,有效防止纠纷的产生以及妥善处理旅游业的法律问题,起着至关重要的作用。

目前关于旅游合同的定义,旅游学界主要形成两种观点:广义的旅游合同观和狭义的旅游合同观。综合上述两种观点,我们认为最全面的旅游合同定义为:旅游合同是指旅游法律关系当事人之间为实现旅游游览的目的,签订的明确相互权利和义务的协议。

(二)旅游合同的种类

随着旅游业的发展,旅游合同种类的多样性表现得越来越明显,依据不同的标准,旅游合同可以分为不同的种类。在此仅按旅游合同的标的将其划分为以下3种类型。

1. 提供劳务的旅游合同

提供劳务的旅游合同,是指由当事人双方签订的,一方即旅游企业向对方当事人即旅游者

(旅游团)提供旅游服务,对方当事人按约定标准支付劳务报酬的协议。例如,旅游接待合同、旅游住宿合同、旅游交通运输合同、观光游览合同等。

2. 财产转移的旅游合同

财产转移的旅游合同,是指当事人双方签订的,一方当事人向另一方当事人转移财物,另一方当事人支付财物价金的协议。财物的转移有所有权的转移、经营权的转移和使用权的转移。例如,旅游纪念品购销合同、旅游物资供销合同、财产租赁合同等。

3. 完成工作的旅游合同

完成工作的旅游合同,是指当事人双方签订的,一方当事人完成他方交给的工作、向他方提供一定的劳动成果,由他方当事人支付报酬的协议。例如,旅游建设工程承包合同、旅游规划设计委托合同等。除此之外,在旅游实践中,常见的旅游合同还有旅游保险合同、岗位责任制合同等。

(三)旅游合同的主要类型及范例

主要有 2014 年版《团队境内旅游合同(示范文本)》《团队出境旅游合同(示范文本)》《大陆居民赴台湾地区旅游合同(示范文本)》和《境内旅游组团社与地接社合同(示范文本)》。

三、《合同法》的适用

合同法,在广义上是指调整民事合同关系的法律规范的总称。狭义的合同法仅指《中华人民共和国合同法》(以下简称《合同法》,1999 年 10 月 1 日起实施)。我国有关合同的立法主要以《合同法》《关于适用〈中华人民共和国〉若干问题的解释(一)》(1999 年 12 月 29 日起实施)《关于适用〈中华人民共和国合同法〉若干问题的解释(二)》(2009 年 5 月 13 日起实施)以及最高人民法院关于买卖合同、技术合同、国有土地使用权合同、建设工程施工合同、商品房买卖合同纠纷案件的司法解释等构成。其中最为重要的法律依据就是《合同法》及其两个司法解释,以下统称为《合同法》。

(一)《合同法》的调整范围

合同法的适用范围:一是合同主体,包括中国、外国的自然人之间,法人、组织之间以及自然人与法人、组织之间订立的合同;二是合同的种类,不仅是经济合同、技术合同,而且包括所有当事人设立、变更、终止民事权利义务关系的协议。

此处所说的民事权利义务关系,主要是指财产关系,有关婚姻、收养、监护等身份关系的协议不适用合同法,因此合同法第 2 条规定:"婚姻、收养、监护等有关身份关系的协议,适用其他法律的规定。"

不属于民事法律关系的其他活动,不适用合同法。比如行政管理关系、企业、单位内部的管理关系。

(二)旅游合同的《合同法》适用

旅游合同不是《合同法》中的有名合同,但是适用于《合同法》。根据《合同法》规定,该法分则或者其他法律没有明文规定的合同,适用该法总则的规定,并可以参照该法分则或者其他法律最类似的规定。依据此规定,对于在旅游活动中发生的合同法律问题,可以适用《合同法》总则的规定,并可以参照《合同法》分则或者其他法律最类似的规范。对于旅游活动中有些合同也可能直接适用《合同法》分则的规定,比如运输合同、租赁合同、委托合同、保管合同、居间合同等都是旅游活动中可能涉及的合同。

《旅游法》专章规定了旅游服务合同,对旅游活动中的特殊性设定若干有效规定,《旅行社条例》对旅行社与旅游者、聘用导游人员和领队人员以及存在委托关系的旅行社之间的合同等作出了规定,这些合同都是旅游合同的一种。《旅行社条例》是行政法规,《合同法》《旅游法》是法律,依据法律冲突的适用规则,《合同法》《旅游法》没有相关明确规定的,适用《旅行社条例》,前两项法律有明确规定的,应当适用《合同法》《旅游法》。《旅游法》相对于《合同法》是特别法,应当在旅游合同实践中优先于《合同法》适用,依据特别法优先于一般法规。

四、《合同法》的基本原则

《合同法》的基本原则,是指合同的当事人在合同活动中应当遵循的基本准则,反映了合同的内在规律,体现了合同的指导思想。它既是立法机关制定《合同法》的基本准则,也是人民法院、仲裁机构在审理、仲裁合同纠纷时应当遵守的原则。

(一)平等原则

《合同法》第3条规定:"合同当事人的法律地位平等,一方不得将自己的意志强加给另一方。"平等原则的基本含义是:当事人无论是何人,无论其具有何等身份,在合同法律关系中相互之间的法律地位是平等的,即享有民事权利和承担民事义务的资格是平等的。在订立合同的过程中当事人的意思表示是完全平等的,一方不得将自己的意志强加给另一方。

(二)自愿原则

《合同法》第4条规定:"当事人依法享有自愿订立合同的权利,任何单位和个人不得非法干涉。"自愿原则是《合同法》最重要的基本原则。它要求合同当事人在从事合同活动时,应充分表达真实意思,根据自己的意愿设立、变更、终止合同法律关系,任何单位和个人不得非法干预。但前提是不违反法律、行政法规的强制性规定。

(三)公平原则

《合同法》第5条规定:"当事人应当遵循公平原则确定各方的权利和义务。"公平是法律最基本的价值取向,法律的基本目标就是在公平与正义的基础上建立社会秩序。公平原则主要是针对合同的内容,就合同的权利义务而言,它要求的是权利义务的对等体现,具体来说就是合同当事人根据公平、正义的观念确定各方的权利和义务,各方当事人都应当在不侵害他方合法权益的基础上实现自己的利益,不得滥用自己的权利。

公平原则在旅游合同中,主要体现在旅行社与旅游者权利义务的合理分担上,旅行社不可以利用自身的优势地位,在旅游合同中以格式条款的方式,扩大自身的权利,加重旅游者的义务。同样在出现旅游纠纷的时候,旅游者不得提出不合理的赔偿要求,损害旅行社的权益。

(四)诚实信用原则

《合同法》第6条规定:"当事人行使权利、履行义务应当遵循诚实信用原则。"诚实信用原则是民事法律的基本原则。它要求当事人在订立、履行合同的过程中,应当讲诚实、守信用,不得滥用权力,不得规避法律或合同约定的义务。

诚实信用原则被誉为"帝王原则",在旅游合同的所有环节中都要适用诚实信用原则,包括旅游合同签订之前、履行过程中、履行完毕之后,都需要旅行社和旅游者遵守诚实信用原则,并承担起相关的附随义务。

(五)遵守法律和尊重社会公德原则

《合同法》第 7 条规定:"当事人订立、履行合同。应当遵守法律、行政法规,尊重社会公德,不得扰乱社会经济秩序,损害社会公共利益。"这条原则要求当事人在合同订立、履行、变更、解除、解决争议等各个环节上都要遵守法律、行政法规的规定,不得违背法律、行政法规的强制性规定,合同所追求的目的和实施结果,都不得违背社会公德,都不得损害社会公共利益。

第二节　旅游合同的订立与效力

案例引导 3-2:订立合同需要经过哪些程序?

某天,王先生正在办公室上班,接到朋友李先生的电话。

李:最近我们旅行社推出了一条新的旅游线路,价格比较优惠,你有意愿参加我们的旅游团吗?

王:我很想去,但价格有点贵,能否便宜点?

李:你如果决定去,我们签合同时再协商。

第二天,王先生到旅行社准备签订合同,李先生递给王先生一份旅游线路安排表。王先生对旅游行程的安排比较满意,但对旅游价格提出了异议。经过近一个小时的协商,最后双方对旅游价款达成了一致,准备签订旅游合同。

王先生犹豫了:"我已有旅行社的旅游行程安排表,旅游费用也交了,还要不要签订旅游合同呢? 如果要签合同,应当写明哪些内容?"

【问题】
1. 王先生和旅行社订立合同需要经过什么程序?
2. 王先生和旅行社订立旅游合同应当采取何种形式?
3. 王先生和旅行社订立旅游合同应当载明哪些内容?

一、旅游合同订立的主体

(一)合同的主体

《合同法》第 9 条规定:"当事人订立合同,应当具有相应的民事权利能力和民事行为能力。当事人依法可以委托代理人订立合同。"根据合同法的规定,具有相应的民事权利能力和民事行为能力的自然人、法人和其他组织都可以成为合同的主体。

旅游合同的主体具有多样性。旅游合同的主体包括旅游者、旅行社、旅游饭店、旅游景区、旅游交通运输企业、饭店管理公司、旅游商品商店、娱乐场所、旅游行政管理部门、其他行政管理机关等。其中主要的当事人是旅游者和旅行社。

(二)合同当事人的民事权利能力和民事行为能力

民事权利能力是指民事主体依法享有民事权利和承担民事义务的资格。如从事导游活动的自然人必须获得导游证，才能成为导游活动中旅游法律关系的主体。民事行为能力是指民事主体能以自己的行为行使民事权利和承担民事义务的资格。如只有具备完全民事行为能力的自然人才能独立以自己个人名义与旅行社签订旅游服务合同并成为这一法律关系的主体。

自然人是基于自然规律出生、生存的人。民事权利能力只存在有无的问题，不存在民事权利能力的等级差别。自然人的民事行为能力因其年龄和智力的不同而不同，分为完全民事行为能力人、无民事行为能力人和限制民事行为能力人。完全民事行为能力人具有完全民事行为能力，能够完全认识和判断自己民事行为的后果，因此应对自己行为的后果承担法律责任。无民事行为能力人只对与其认识能力、行为能力相适应的民事行为承担责任，其他民事行为对其不产生法律上的后果。限制民事行为能力人只能进行与其年龄、智力相适应的民事活动。一般而言，只有完全民事行为能力人才能成为旅游合同的合格主体。

法人是具有民事权利能力和民事行为能力，依法独立享有民事权利和承担民事义务的组织。法人是社会组织在法律上的人格化，是法律意义上的"人"，而不是实实在在的生命体，其依法产生、消亡。根据《民法通则》第37条规定，法人必须同时具备以下四个条件：第一，依法成立。即法人必须是经国家认可的社会组织。第二，有必要的财产和经费。法人必须拥有独立的财产，作为其独立参加民事活动的物质基础。第三，有自己的名称、组织机构和场所。法人的名称是其区别于其他社会组织的标志符号。经过登记的名称，法人享有专用权。法人的组织机构即办理法人一切事务的组织，被称为法人的机关，由自然人组成。法人的场所是指从事生产经营或社会活动的固定地点。法人的主要办事机构所在地为法人的住所。第四，能够独立承担民事责任。指法人对自己的民事行为所产生的法律后果承担全部法律责任。除法律有特别规定外，法人的组成人员及其他组织不对法人的债务承担责任。

二、旅游合同订立的程序

《合同法》第13条规定："当事人订立合同，采取要约、承诺方式。"无论当事人采取什么方法订立合同，从法律的角度看，都要经过要约和承诺两个阶段。合同是否成立，关键看是否存在有效的要约与有效的承诺。旅游合同的订立程序也是如此。

(一)要约

1. 要约的概念与构成要件

要约，又称订约提议，是希望和他人订立合同的意思表示。发出要约的一方为要约人，收到要约的一方为受要约人。有效的要约必须具备以下条件。

(1)要约是特定的合同当事人的意思表示。要约必须是由特定的要约人作出，受要约人一般是特定的主体。即通过要约，人们能够得知要约人是谁，被要约人是谁。

(2)要约必须基于要约人有与受要约人订立合同的目的。要约是一种意思表示，但这种意思表示必须有与受要约人订立合同的真实意愿，即要约人在主观上想与受要约人订立合同。

(3)要约的内容必须具体、确定。要约的内容应包括要约人所希望订立合同的最基本条款，一般至少包括标的、数量和价款，受要约人一看就明确要约人的真实意思，以便决策是否作出承诺。

(4) 要约经受要约人承诺,要约人即受要约的约束。要约一经到达受要约人,在法律上或者要约规定的期限内,要约人不得擅自撤回或者变更其要约。一旦受要约人对要约予以承诺,要约人与受要约人之间的合同订立过程即告完成,合同就成立了,要约的人就要受已经成立的合同的约束。

知识链接　3-1:要约与要约邀请的区别

2. 要约的生效

要约的生效是指要约发生法律效力,即对要约人和受要约人发生法律的约束力。关于要约的生效时间,国际上有不同的规定和惯例。我国签字参加的《联合国货物销售合同公约》第15条第1款规定"发价于送达被发价人时生效",该公约采纳的是"到达主义"。我国《合同法》也规定适用"到达主义"。《合同法》第16条规定"要约到达受要约人时生效"。要约生效后,在有效期内要约人不得随意反悔。

要约在到达受要约人时生效,具体情形为:第一,以对话形式作出的要约,自受要约人了解时发生效力;第二,以书面形式作出的要约于到达受要约人时发生效力;第三,采用数据电文形式进行要约,收件人指定特定系统接收数据电文的,该数据电文进入该特定系统的时间视为要约生效时间,未指定特定系统的,该数据电文进入收件人的任何系统的首次时间视为要约生效时间。

3. 要约撤回与要约撤销

(1) 要约撤回。

要约撤回,是指要约在发生法律效力之前,要约人欲使其不发生法律效力而取消要约的意思表示。要约的约束力一般是在要约生效之后才发生,要约未生效之前,要约人是可以撤回要约的。《合同法》第17条规定:"要约可以撤回。撤回要约的通知应当在要约到达受要约人之前或者与要约同时到达受要约人。"

(2) 要约撤销。

要约撤销,是指要约在发生法律效力之后,要约人欲使其丧失法律效力而取消该项要约的意思表示。要约虽然生效后对要约人有约束力,但是,在特殊情况下,考虑要约人的利益,在不损害受要约人的前提下,要约是应该被允许撤销的。《合同法》第18条规定:"要约可以撤销。撤销要约的通知应当在受要约人发出承诺通知之前到达受要约人。"《合同法》第19条规定,有下列情况之一的,要约不得撤销:①要约人确定了承诺期限或者以其他形式明示要约不可撤销;②受要约人有理由认为要约是不可撤销的,并已经为履行合同作了准备工作。

4. 要约的失效

要约的失效是指要约失去法律效力,不再对要约人和受要约人具有法律约束力。要约的失效与要约的终止是两个不同的概念。要约的终止是指要约的终了或消灭,与要约是否失效没有必然联系。例如,要约发出以后,在送达受要约人之前,要约人将其撤回,此时要约终止,但这并非是要约的失效。《合同法》第20条规定,要约失效的情形有四种:①拒绝要约的通知到达要约人;②要约人依法撤销要约;③承诺期限届满,受要约人未作出承诺;④受要约人对要约的内容作出实质性变更。

(二)承诺

1. 承诺的概念及构成要件

承诺又称接受提议,是受要约人在要约有效期内同意要约的内容以订立合同的意思表示。《合同法》第21条规定,承诺是受要约人同意要约的意思表示,作出承诺的人称为承诺人。承诺也是一种法律行为,有效的承诺必须符合下列条件。

第一,承诺必须由受要约人向要约人作出。承诺的主体,可以是受要约人,也可以是其代理人。而接收承诺的主体,既可以是要约人本人,也可以是要约人的代理人。受要约人和要约人不能是任何其他第三人。非受要约人向要约人作出的意思表示不属于承诺,而是一种要约。

第二,承诺必须在要约有效期内到达要约人。要约中如果明确规定有效期限的,承诺应当在该期限内作出。若要约中没有明确规定有效期限,承诺应该依照下列规定到达要约人:①要约以对话方式作出的,应当及时承诺,但当事人另有约定的除外;②要约以非对话方式作出的,承诺应当在合理期限内到达。"合理期限"在司法实践中不能一概而论,而应根据交易的标的、合同性质、市场交易状况等综合确定。

第三,承诺的内容应当与要约的内容一致。受要约人对要约的内容作出实质性变更的为新要约。《合同法》第30条规定,承诺的内容应当与要约的内容一致。受要约人对要约的内容作出实质性变更的,为新要约。有关合同标的、数量、质量、价款或者报酬、履行期限、履行地点和方式、违约责任和解决争议方法等的变更,是对要约内容的实质性变更。例如,旅行社向旅游者报价,构成要约;旅游者对行程比较满意,但是要求降低价格,构成新要约;旅行社因为价格太低,提出减少某些游玩项目,又构成新要约;旅游者接受旅行社的新要约,即构成承诺,合同成立;如果修改并非是实质性的,则该承诺可能是有效的承诺,也可能是无效的承诺,是否构成有效的承诺将取决于要约人的态度,如果要约人及时表示反对或者要约表明承诺不得对要约的内容作出任何变更的,那么该承诺就是无效的承诺,合同不能成立。

第四,承诺的方式应当符合要约的要求。承诺原则上应当采取通知的方式,通知既可以是书面形式,也可以是口头形式。不需要通知的,根据交易习惯或者要约要求可以通过行为方式承诺。

2. 承诺生效

承诺生效,是指承诺发生法律效力,也即承诺对承诺人和要约人产生法律约束力。承诺应当在合理期限内到达要约人。承诺通知自到达要约人时生效。《合同法》第26条规定:"承诺通知到达要约人时生效。承诺不需要通知的,根据交易习惯或者要约要求作出承诺的行为时生效。用数据电文形式订立合同的,承诺到达的时间适用本法第16条第2款的规定。"但是也有例外。第一,如果承诺为口头方式,那么除了个别情况外,应当即时作出承诺。第二,如果承诺采用行为方式,根据交易习惯或者要约的要求作出承诺的行为时生效。如支付价款或发运货物,不需要发出通知,承诺行为作出之时,也是承诺生效之时。

《合同法》第 25 条规定:"承诺生效时合同成立。"承诺生效与合同成立是密不可分的法律事实。承诺人作出有效的承诺,在事实上合同已经成立,已经成立的合同对合同当事人双方具有约束力。

3. 承诺的撤回

承诺的撤回,是指承诺人主观上欲阻止或者消灭承诺发生法律效力的意思表示。《合同法》第 27 条规定:"承诺可以撤回。撤回承诺的通知应当在承诺通知到达要约人之前或者与承诺通知同时到达要约人。"承诺可以撤回,但不能因承诺的撤回而损害要约人的利益,因此,承诺的撤回是有条件的,即撤回承诺的通知应当在承诺生效之前或者与承诺通知同时到达要约人。需要注意的是,承诺只有撤回的问题,没有撤销的问题。因为承诺一旦生效,合同就成立,当事人任何一方都不能单方面撤销。

旅游合同的订立,往往需要双方当事人反复协商多次,方能取得一致意见。所以,在旅游实践中,旅游合同的要约和承诺大都是一个反复协商的过程,只有在不断地协商中,双方当事人的意思表示才能达成一致,从而使订立出来的旅游合同符合实际、切实可行。总之,旅游合同的订立需要合同双方当事人就合同主要条款经过多次反复协商方能达成一致。

三、旅游合同的形式

合同的形式是合同内容的载体,是合同当事人意思表示一致的外在表现方式。《合同法》第 10 条规定:"合同当事人订立合同,有书面形式、口头形式和其他形式。"旅游合同的形式适用合同形式的相关规定。

(一)书面形式

书面形式,是指以文字方式表现当事人之间所订合同内容的形式。书面形式可分为普通书面形式和特殊书面形式。普通书面形式,是指当事人就合同条款协商一致并在书面合同上签名、盖章生效的合同;特殊书面形式,是指当事人除了在书面合同上签名和盖章外,还必须对书面合同进行公证、批准、登记等才能生效的合同。应注意的是,根据最高人民法院《关于适用〈中华人民共和国合同法〉若干问题的解释(二)》第 5 条,当事人采用合同书形式订立合同的,应当签字或盖章。当事人在合同书上按手印的,应当认定其具有与签字或者盖章同等的法律效力。

旅游合同一般应采用书面形式的原则,为保障旅游合同签订的规范性,国家旅游局(现文化和旅游部)和国家工商行政管理总局 2014 年制定了四种示范性旅游合同用以指导现行的旅游行业,如《团队境内旅游合同(示范文本)》《团队出境旅游合同(示范文本)》《大陆居民赴台湾地区旅游合同(示范文本)》和《境内旅游组团社与地接社合同(示范文本)》。

书面形式虽然比较复杂,但可以将当事人的权利和义务明确化,有利于合同履行,并且不易发生纠纷。如果发生纠纷,也便于查明事实,分清责任。因此,鉴于旅游活动所涉及的环节比较多,而且在不同的环节对旅游服务的要求不尽相同,旅游合同尽量采取书面形式。

(二)口头形式

口头形式,是指当事人双方以谈话或口头表述的方式订立的合同形式,包括当面交谈、电话联系等方式。

口头形式较之书面形式的优点是具有简便易行的特征,可以为当事人节省时间和精力,利于促进市场交易的达成,但缺点为发生合同纠纷时难以取证,不易分清责任,确定当事人的权利与义务有一定难度。因此,口头形式一般只适用于即时清结、标的金额比较小、权利义务比较简单的合同。口头合同一旦成立,具有与书面合同同等的法律效力。

(三)其他形式

其他形式的旅游合同,包括推定形式和默示形式。推定形式是指当事人不使用语言和文字的形式,而是通过某种有特定目的的行为来进行意思表示。例如,酒店住宿客房租期届满,酒店与客人均未提出终止合同,而是由客人继续缴纳客房费用,酒店继续接受房费,这样的特定行为推定酒店已经延长客房租赁期间。默示形式是指当事人既不用语言、文字的方式,也不采取任何具有特定目的的行为为意思表示,而是以消极不作为的方式进行的意思表示。默示方式只有在法律有特别规定的情况下才能运用。

四、旅游合同的内容

合同作为民事法律行为,其内容就是合同条款。合同条款是当事人双方权利和义务的具体化,是双方当事人履行合同、承担合同责任的法律依据。《合同法》第12条规定:"合同的内容由当事人约定。"旅游合同的内容适用合同内容的相关规定。

(一)合同的一般条款

为了使合同的内容完备,《合同法》规定了合同一般应包括如下条款。

1. 当事人的名称(或姓名)和住所

当事人的名称(或姓名)和住所,是合同必备的首要条款。名称,是法人或其他组织在登记机关登记的正式称谓。姓名,指公民个人在身份证或户籍登记上的正式称谓。住所,对公民个人来说,指长久居住的场所;对法人或其他组织来说,指在登记机关登记的主要办事机构所在地。写明当事人的名称或姓名和住所,对于确定合同的当事人、了解其主体资格以及确定债务履行地、管辖地具有重要意义。

2. 标的

标的,是指合同当事人的权利和义务共同指向的对象。由于合同的种类不同,标的也不同,可以是某种实物,也可以是某种服务或者智力成果等。旅游合同的标的,是旅行社提供的旅游服务,可以是导游服务、餐饮、住宿、游览、交通运输行为等,这些标的在旅游合同条款中必须明确、具体。例如,旅游接待合同应当明确、具体地约定旅游出发地、旅游途经地、旅游目的地、旅游景点、参观项目、住宿酒店的档次、交通工具的种类等。如果合同没有标的,合同也就不能成立。合同的标的必须合法,否则合同无效。

3. 数量

数量,是指标的计量,是衡量标的大小、多少、轻重、高低的尺度。它是确定当事人之间权利、义务范围和大小的标准。如果当事人之间没有约定标的数量,也就无法确定当事人双方的权利、义务。旅游合同中的旅游者人数、旅行天数、游览项目、饭店住宿天数等都与数量有关。

4. 质量

质量,是指标的内在素质和外观形象的状况。质量主要包括标的的成分、含量、纯度、规格、精密度、性能等。它是确定当事人权利、义务范围和大小的标准。因此,订立合同时,要尽量将标的的质量详尽写明。质量条款的约定应符合国家标准化管理的规定。

5. 价款或酬金

价款或报酬,是指一方当事人履行义务时另一方当事人以货币形式支付的代价。价款,是取得标的物所应支付的代价;报酬,是获得行为服务所应支付的代价。价款或者报酬除国家有定价的以外,由当事人自愿约定,但价款或者报酬的约定应当公平。旅游合同应当明确规定价款和酬金的数额,包括单价和总额以及计算标准、结算方式、结算程序等。

6. 履行期限、地点和方式

履行期限,是指当事人履行合同义务的时间界限。在此时间内,当事人应按合同履行义务,实现权利。到期不能履行的,就是违约,要由此承担违约责任。凡需要提前或逾期履行的,应事先达成协议,并明确规定提前或逾期履行的时间幅度。因此,任何旅游合同都必须有明确的期限要求。例如,海外旅游团队接待合同要约定团队入境日期和团队出境日期;旅游住宿合同要约定客人的入住日期和离店日期。

履行地点,是指支付或者提取标的的地方。履行地点是确定检验地点的依据。它直接关系着合同的费用和时间,因此必须明确规定。履行地点可以是标的物的所在地,也可以是供方或需方的所在地,或者双方商定的第三地。在旅游合同中,履行地点表现为旅游行程的出发地、途经地、目的地、结束地等。

履行方式,是指当事人采取什么样的方式履行自己在合同中的义务。合同的履行方式决定于标的的性质。不同性质的标的,具有不同的履行方式。例如在旅游合同中应明确付款方式。对于需预付的款项,应限定预付的具体日期;对于需要支付的其他款项,双方应约定具体的支付方式。这些都关系到当事人的物质利益。

7. 违约责任

违约责任,是指合同当事人违反合同义务时应承担的法律责任。它是促使当事人履行债务,使非违约方免受或者减少损失的法律措施。因此,在合同中诸如违约致损的计算方法、赔偿范围、赔偿方式等都应予以写明。当事人承担违约责任的方式,主要有支付违约金和赔偿金两种。

8. 解决争议的方法

解决争议的方法,是指当事人在履行合同过程中发生争议时所采取的解决办法和手段。这些方法主要有和解、协商、调解、仲裁、起诉等。解决争议必须在平等的基础上进行。我国法律规定,如果当事人选择了用仲裁的方法解决争议,就不能再向人民法院起诉。旅游合同中关于解决争议的条款,其效力具有独立性,即合同被撤销、被宣布无效,解决争议的条款依然有效适用。

以上是合同一般应当包括的条款,主要发挥提示与示范作用,当事人可以按照意思自治的原则,根据合同性质、种类不同,协商选择。一般来说,合同应包括以上八个方面的内容,但并非上述所有条款都是合同的必要条款,合同的名称和性质不同,其内容也会有所不同。不具备某些条款的合同并非不能成立。除了上述条款外,合同的当事人还可以在合同中订立一些其他条款,如风险、担保等条款。

(二)合同的格式条款

1. 格式条款的概念

所谓格式条款是指当事人为了重复使用而预先拟订,并在订立合同时未与对方协商的条款。载有格式条款的合同为格式合同。

当前在旅游行业中大部分的旅游合同采用的都是格式合同,旅行社和旅游者零星地订立一个旅游合同的现象并不常见,旅行社这样做的目的是节约交易成本和缩短交易时间,使交易更加高效,但是由于旅游行业中对信息掌握的不对称性,旅行社占据优势地位,而旅游者处于弱势地位,常常因为签订的是格式合同使得旅游者受到旅行社的蒙蔽和欺骗。例如,旅行社与旅游者签订的旅游合同中规定"旅行期间,对于来自第三人的伤害,本公司概不负责""以出团确认的行程为准,本公司保留最终解释权"等等,这些条款明显违背了合同法所倡导的公平、平等、诚实信用等基本原则。为此,国家旅游行政管理部门制定了《团队境内旅游合同(示范文本)》《团队出境旅游合同(示范文本)》《大陆居民赴台湾地区旅游合同(示范文本)》和《境内旅游组团社与地接社合同(示范文本)》等示范性文本对此种不良现象进行指导和规范。

2. 格式条款的限制性规定

(1) 关于格式条款的内容。

采用格式条款订立合同会产生一些问题,主要表现为格式条款的提供者在拟订格式条款时更多地考虑自己的利益,在格式条款中列入了一些不公平的条款,使合同实际上违背了公平原则。为了防止这一现象的发生,《合同法》第39条规定:"采用格式条款订立合同的,提供格式条款的一方应当遵循公平原则确定当事人之间的权利和义务,并应采取合理的方式提请对方注意免除或者限制其责任的条款,按照对方的要求,对该条款予以说明。"根据最高人民法院《关于适用〈中华人民共和国合同法〉若干问题的解释(二)》第6条,提供格式条款的一方对格式条款中免除或者限制其责任的内容,在合同订立时采用足以引起对方注意的文字、符号、字体等特别标识,并按照对方的要求对该格式条款予以说明的,应当认定为"采取合理的方式"。当然,提供格式条款一方对已尽了合理提示及说明义务承担举证责任。

(2) 关于格式条款解释的特别规定。

对于格式条款的解释,我国《合同法》也有相应的规定。《合同法》第41条规定:"对格式条款的理解发生争议的,应当按照通常理解予以解释。对格式条款有两种以上解释的,应当作出不利于提供格式条款一方的解释。格式条款与非格式条款不一致的,应当采用非格式条款。"

(3) 格式条款无效规定。

格式条款无效是指由于格式条款中含有法律所禁止的内容,或者在订立合同时违反法律规定而导致格式条款无效的情况。《合同法》第40条规定:"格式条款具有本法第52条和第53条规定情形的,或者提供格式条款一方免除其责任、加重对方责任、排除对方主要权利的,该条款无效。"

五、旅游合同的成立

合同的成立是指合同订立过程的完成。合同的成立是合同履行的前提和基础,是承担责任的前提,与合同的效力关系密切。旅游合同的成立适用合同成立的相关规定。

(一)合同成立的要件

合同的成立应该满足以下几个要件。

1. 应该有双方或者多方当事人

当事人可以是自然人、法人或者非法人组织。当事人可以是双方,也可以是多方,单独一方主体不能成立合同。需要注意的是,合同当事人有无订立合同的资格和能力,不属于合同成立的要件,而属于合同效力的要件。

2. 应对合同的主要内容协商一致

合同是双方当事人意思表示一致的结果。由于在订立合同时谈判的环境及时间等因素,当事人协商一致的内容在详尽程度上有所不同,而协商内容的详尽程度会影响合同的成立。例如,当事人就合作事宜签订了意向书,对双方合作的初步意向进行了约定,但是没有具体的权利义务规定,这种意向书就不是合同。但是如果当事方主体、标的和数量能够确定,其他内容达不成协议的,可以依照合同法的有关规定认定为合同成立。最高人民法院《关于适用〈中华人民共和国合同法〉若干问题的解释(二)》第1条规定:"当事人对合同是否成立存在争议,人民法院能够确定当事人名称或者姓名、标的和数量的,一般应当认定合同成立。"

3. 应该具有相应的形式

要约与承诺是合同成立的一般方式,此外还存在合同成立的特别方式,比如,招投标等。《合同法》第13条规定:"当事人订立合同,采取要约、承诺方式。"要约与承诺的完成意味着合同的成立。

(二)合同成立的时间

一般而言,承诺生效的时间就是合同成立的时间,但也存在例外。

第一,需要签字或盖章的合同书。

当事人采用合同书形式订立合同的,自双方当事人签字或者盖章时合同成立。如果双方当事人同时签字或盖章,合同成立的时间就是双方签字或盖章的时间。《合同法》第32条规定,当事人采用合同书形式订立合同的,自双方当事人签字或者盖章时合同成立。但是如果双方签字或盖章的时间不一致,且在合同中没有特别要求签字并且盖章合同成立,则以最后一方签字或盖章乙方的时间为合同成立的时间。

《合同法》第36条规定,法律、行政法规规定或者当事人约定采用书面形式订立合同,当事人未采用书面形式但一方已经履行主要义务,对方接受的,该合同成立。《合同法》第37条规定,采用合同书形式订立合同,在签字或者盖章之前,当事人一方已经履行主要义务,对方接受的,该合同成立。

第二,需要用确认书确认的合同。

确认书是合同当事人对双方交易条件的书面确认,不仅是合同存在的书面证明,还会对合同成立产生影响。

当事人采用信件、数据电文等形式订立合同的,可以在合同成立之前要求签订确认书。要求签订确认书的,签订确认书时合同成立。《合同法》第33条规定,当事人采用信件、数据电文等形式订立合同的,可以在合同成立之前要求签订确认书。签订确认书时合同成立。但是需要注意的是,在合同成立"之前",应当提出要求,如果没有在此时间之前提出要求,合同成立的时间仍然是承诺生效的时间。当事人在确认书上签字盖章的时间如果是同一时间,则合同成立时间是双方签字盖章的时间。如果当事人不在同一时间签字盖章,则最后一方当事人签字或盖章时间为合同成立时间。

(三)合同成立的地点

一般而言,承诺生效的地点为合同成立的地点。根据《合同法》第34条、35条规定,当事人采用合同书形式订立合同的,双方当事人签字或盖章的地点为合同成立的地点。当事人采用数据电文形式订立合同的,收件人的主营业地为合同成立的地点;没有主营业地的,其经常居住地为合同成立的地点。当事人另有约定的,按照其约定。

根据最高人民法院《关于适用〈中华人民共和国合同法〉若干问题的解释(二)》第4条规定,采用书面形式订立合同,合同约定的签订地与实际签字或者盖章地点不符的,应当认定约定的签订地为合同签订地;合同没有约定签订地,双方当事人签字或盖章不在同一地点的,应当认定最后签字或盖章的地点为合同签订地。

六、旅游合同的效力

旅游合同的效力,是指旅游合同所产生的法律约束力。所谓法律约束力,是指法律以其强制力迫使合同当事人必须按照其相互之间的约定完成一定义务的行为。它与合同的成立有着密切的关系。合同的成立是合同有效的前提,但并非所有成立的合同都是有效的合同。合同成立后的结果有四种情况:有效合同,无效合同,可变更、可撤销合同,效力待定的合同。旅游合同的效力亦是如此。

(一)合同生效的条件

依法成立的合同,具有法律上的约束力,是有效合同。根据我国《民法通则》及有关法律规定,合同生效有一般条件和特殊条件。合同生效的条件主要有以下四个。

(1)合同当事人应当具有相应的民事行为能力。合同的主体应当具有相应的民事权利能力和民事行为能力。主体的种类不同,其相应的民事权利能力和民事行为能力也不尽相同。公司或其他组织签订合同应当由法定代表人或其授权的代理人来完成。委托代理签订合同应有合法手续。自然人签订合同应与其年龄、智力状况相符合。在我国,十八周岁以上的公民是成年人,具有完全民事行为能力,可以独立进行民事活动,是完全民事行为能力人。十六周岁以上不满十八周岁的公民,以自己的劳动收入为主要生活来源的,视为完全民事行为能力人。这两类人都具有缔结一般合同的能力。

(2)意思表示真实。所谓意思表示真实是指行为人的意思表示真实地反映其内心的效果意思。合同是当事人协商一致的结果。有效合同是当事人真实意思表示的结果,如果当事人订立合同时存在欺诈、胁迫、乘人之危、重大误解等意思表示不真实的情况,则合同效力受到影响。

(3)不违反法律或者社会公共利益。违反法律和社会公共利益的合同会作为无效合同处理。例如,私下买卖毒品、武器等。

(4)具备法律规定或者当事人约定的形式。合同的形式一般比较灵活,可以采用口头形式、书面形式和其他形式。我国法律允许当事人可以依法选择合同的形式,但是如果法律对合同的形式做出了特殊规定,当事人必须遵守法律规定。有些合同依照法律规定,当事人在签订书面合同后还必须登记,方为有效。

(二)合同生效的时间

《合同法》第44条规定:"依法成立的合同,自成立时生效。"这是关于合同生效的一般规定。但是,并不是所有的合同都是成立时便生效,有的合同成立后就不一定生效。例如,中外合资经营企业合同、中外合作经营企业合同还必须经过批准后才能生效。还规定:"法律、行政法规规定应当办理批准、登记等手续生效的,依照其规定。"

当事人对合同的效力可以约定附条件或者附期限。对于附生效条件的合同，自条件成就时生效；对于附生效期限的合同，自期限届至时生效。

（三）无效合同

1. 无效合同的概念

无效合同，指合同虽然已经成立，但不具备法律规定的有效要件，自始不能产生法律约束力的合同。它具有以下特点：第一，违法性。无效合同违反了法律、行政法规的强制性规定或公序良俗。第二，自始无效。无效合同从订立时就不具有法律约束力。第三，绝对无效。无效合同，国家不予确认，不受国家法律保护。

值得注意的是，无效合同对当事人没有法律约束力，只是意味着当事人不能实现合同的目的，而并不是指无效合同不发生任何法律后果。

2. 无效合同的法定情形

（1）无民事行为能力人订立的合同无效。《民法总则》第144条规定，无民事行为能力人实施的民事法律行为无效。

（2）因主体主观表意不诚信而致的无效。《民法总则》第146条规定，行为人与相对人以虚假的意思表示实施的民事法律行为无效。以虚假的意思表示隐藏的民事法律行为的效力，依照有关法律规定处理。

但是有一个例外，《建设工程施工合同司法解释》第21条规定，当事人就同一建设工程另行订立的建设工程施工合同与经过备案的中标合同实质性内容不一致的，应当以备案的中标合同作为结算工程价款的根据。对于例外规定，按照相关规定进行处理。

（3）恶意串通的合同的效力。《民法总则》第154条规定，行为人与相对人恶意串通，损害他人合法权益的民事法律行为无效。

（4）因违反公益而致的无效。《民法总则》第153条规定，违反法律、行政法规的强制性规定的民事法律行为无效，但是该强制性规定不导致该民事法律行为无效的除外。违背公序良俗的民事法律行为无效。

3. 无效合同的法律后果

无效合同具有如下法律后果。

第一，自始无效。无效的合同自始没有法律约束力。

第二，合同部分无效，不影响其他部分效力的，其他部分仍然有效。合同无效不影响合同中独立存在的有关解决争议方法的条款的效力。

第三，折价补偿。合同无效，因该合同取得的财产，应当予以返还；不能返还或者没有必要返还的，应当折价补偿。

第四，返还财产，赔偿损失。有过错的一方应当赔偿对方因此所受到的损失，双方都有过错的，应当各自承担相应的责任。

（四）可撤销合同

1. 可撤销合同的概念

可撤销合同，是指合同成立以后，存在法定事由，根据一方当事人的申请，人民法院或者仲裁机构撤销合同法律效力的合同。合同撤销后，已发生的合同法律关系自此归于消灭。

可撤销合同特点是：第一，存在着意思表示不真实的因素；第二，由合同当事人行使撤销的权利,法院不会在当事人没有请求的情况下主动受理,这是与无效合同的显著区别;第三,在未撤销或变更前,合同是有效的;第四,合同效力均可追溯至合同成立时,可撤销的合同一经撤销,合同当事人之间便消灭合同关系,这一效力追溯到合同成立时。

2. 可撤销合同的法定情形

(1) 基于重大误解实施的民事法律行为,行为人有权请求人民法院或者仲裁机构予以撤销。

(2) 一方以欺诈手段,使对方在违背真实意思的情况下实施的民事法律行为,受欺诈方有权请求人民法院或者仲裁机构予以撤销。

(3) 第三人实施欺诈行为,使一方在违背真实意思的情况下实施的民事法律行为,对方知道或者应当知道该欺诈行为的,受欺诈方有权请求人民法院或者仲裁机构予以撤销。

(4) 一方或者第三人以胁迫手段,使对方在违背真实意思的情况下实施的民事法律行为,受胁迫方有权请求人民法院或者仲裁机构予以撤销。

(5) 一方利用对方处于危困状态、缺乏判断能力等情形,致使民事法律行为成立时显失公平的,受损害方有权请求人民法院或者仲裁机构予以撤销。

3. 可撤销合同的法律后果

可撤销合同可能有以下两种后果存在。

(1) 合同有效。当事人没有撤销,合同有效。

(2) 合同无效。合同经过撤销,最终归于无效。其后果如下。

第一,被撤销的合同自始没有产生法律约束力。合同部分无效,不影响其他部分效力的,其他部分仍然有效。

第二,合同被撤销的,不影响合同中独立存在的有关解决争议方法的条款的效力。

第三,合同被撤销后,因该合同取得的财产,应当予以返还;不能返还或者没有必要返还的,应当折价补偿。有过错的一方应当赔偿对方因此所受到的损失,双方都有过错的,应当各自承担相应的责任。

(五) 效力待定合同

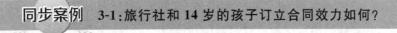

同步案例 3-1:旅行社和14岁的孩子订立合同效力如何?

1. 效力待定合同的含义

效力待定合同是指合同虽已成立,但其效力处于不确定状态,有待于第三人意思表示加以确定的合同。效力待定合同与无效合同不同。无效合同自始确定无效,而效力待定合同可以有效,也可以无效。效力待定合同与可变更、可撤销合同也不同。可变更、可撤销合同在撤销与变更前是有效的合同,只是在撤销后成为无效合同,且自始不具有法律约束力,而效力待定的合同的效力自始处于不确定状态。

2. 效力待定合同的情形

根据《民法通则》和《合同法》的规定,下列情况属于效力待定合同。

(1) 限制民事行为能力人订立的合同。

根据我国《民法通则》第12条和第13条的规定,我国的限制民事行为能力人包括两类,一是10周岁以上的未成年人,二是不能完全辨认自己行为的精神病人。限制民事行为能力人所签订的合同,其效力状况有两种,一种是有效合同,另一种为效力待定的合同。限制民事行为能力人签订的纯获利益的合同或者与其年龄、智力、精神健康状况相适应而订立的合同为有效合同。限制民事行为能力人签订的其他合同则为效力待定合同。

(2) 无权代理人订立的合同。

无权代理人订立的合同就是行为人没有代理权、超越代理权或者代理权终止以后以被代理人名义订立的合同。无权代理人以被代理人名义订立的合同并非全部为效力待定状态,在表见代理的情况下,可能是有效合同。

当行为人没有代理权、超越代理权或者代理权终止以后以被代理人名义订立合同,相对人有理由相信行为人有代理权的,该代理行为有效。根据《关于适用〈中华人民共和国合同法〉若干问题的解释(二)》,在表见代理的情况下,被代理人依照规定承担有效代理行为所产生的责任后,可以向无权代理人追偿因代理行为而遭受的损失。

(3) 无处分权人处分他人财产订立的合同。

无权处分是指无处分权人以自己的名义擅自处分他人财产的行为。无权处分行为是否发生效力,取决于权利人追认或者处分人是否取得处分权。比如:借用人、保管人、租赁人擅自处分借用物、保管物或者租赁物而订立的合同。

(4) 单位代表越权订立的合同。

在日常的经济活动中,法人或者其他经济组织的经济活动都是经过其法定代表人负责进行的。法定代表人、负责人代表法人或者其他组织进行谈判、签订合同等。法定代表人、负责人代表法人的权限不是无限制的,他们必须在法律规定的范围或者法人的章程规定的范围内行使职责。在现实经济活动中,大量存在法定代表人、负责人超越权限订立的合同,除相对人知道或者应当知道其超越权限的以外,该代表行为有效。

3. 效力待定合同的法律后果

效力待定合同是一种效力不确定的状态,但经过转化,最终可能是有效合同,也可能是无效合同。

(1) 限制民事行为能力人订立合同的法律后果。

限制民事行为能力人订立的合同,经法定代理人追认后,该合同有效。在此情况下,《合同法》第47条第2款规定,相对人可以催告法定代理人在一个月内予以追认。法定代理人未作表示的,视为拒绝追认。合同被追认之前,善意相对人有撤销的权利。撤销应当以通知的方式做出。

这种情况下,被代理人有追认和拒绝追认的权利;而善意相对人则有催告权与撤销权。合同经过追认,最后有效,但是追认的意思表示自到达相对人时生效,合同自订立时起生效。若拒绝追认,则合同无效。无论是追认还是拒绝追认都应当在一个月内作出。如果一个月内没有追认,视为不追认。善意相对人若撤销合同,须是合同被追认前;一旦合同被追认,相对人便无法撤销。

(2) 无权代理人以被代理人名义订立合同的法律后果。

无权代理人以被代理人名义订立的合同,未经被代理人追认,对被代理人不发生效力,由行为人承担责任。当然,合同一经追认,合同也应当有效,但是追认的意思表示自到达相对人时生效,合同自订立起生效。根据《合同法》第 48 条的规定,相对人可以催告被代理人在一个月内予以追认,被代理人未作表示的,视为拒绝追认。合同被追认之前,善意相对人有撤销的权利。撤销应当以通知的方式作出。

根据《关于适用〈中华人民共和国合同法〉若干问题的解释(二)》第 12 条的规定,无权代理人以被代理人的名义订立合同,被代理人已经开始履行合同义务的,视为对合同的追认。

但是需要特别注意的是,在表见代理的情况下,根据《合同法》第 49 条的规定,行为人没有代理权、超越代理权或者代理权终止后以被代理人名义订立合同,相对人有理由相信行为人有代理权的,该代理行为有效,即合同有效,且对被代理人发生法律效力。

(3) 无权处分人处分他人财产的法律后果。

根据《合同法》第 51 条规定,无处分权的人处分他人财产,经权利人追认或者无处分权的人订立合同后取得处分权的,该合同有效。这种情况下,权利人仍然享有追认或者拒绝追认的权利,但是善意相对人并不享有撤销或者催告的权利。

(4) 单位代表越权订立合同的法律后果。

根据《合同法》第 50 条规定,法人或者其他组织的法定代表人、负责人超越权限订立的合同,除相对人知道或者应当知道其超越权限的以外,该代表行为有效。

第三节 旅游合同的履行、变更、转让和终止

案例引导 3-3:旅行社取消朱某出国旅游资格是否合法?

一、合同的履行

(一)合同履行的概念

合同的履行,是指合同依法成立后,当事人双方按照合同规定的内容,全面履行各自承担的义务,从而使合同的权利、义务得到全部实现的整个行为过程。合同能否履行,直接关系到

当事人权利的实现。

合同的履行以合同的有效为前提和基础,是依法订立的合同必然发生的法律后果。合同的履行是合同法的核心。如果订立了合同而得不到执行,订立合同的目的就无法实现,合同目的就会落空。因此,合同当事人必须高度重视合同的履行问题。

(二)合同履行的原则

合同的履行原则是指合同当事人在履行合同过程中所应遵循的基本准则。合同履行应遵循下列原则。

1. 全面履行的原则

所谓全面履行,就是合同双方当事人应该按照合同约定的标的、数量、质量、品种、价款、履行地点、履行期限、履行方式等要求全面、正确地履行自己的义务。例如,在旅游购销合同中,旅游用品商店就应当按照旅游合同约定的品种、规格等质量标准去履行,不得任意更换为其他物品,或者以次充好,以假冒真,否则将会被追究违约责任。

2. 诚实信用履行原则

诚实信用原则就是要求双方当事人在履行合同义务时,秉承诚实、守信、善良,不滥用权利或者规避义务。根据合同的性质、目的和交易习惯履行通知、协助、保密等义务。

根据法律规定,当事人在履行合同的过程中,还应根据合同的性质、目的和交易习惯履行以下基本义务:①通知。合同当事人应将相关重要事项和情况告诉对方,不欺诈,不隐瞒。②协助。除了要全面、正确地履行自己的义务外,还要本着互相合作的精神为对方当事人履行合同创造必要的条件。在法律规定的范围内,当事人双方相互给予帮助,及时协调解决遇到的问题。③保密。当事人对在履行合同过程中对属于对方当事人的商业秘密不能向外界泄露。这是经济活动中必须遵守的道德原则。

(三)合同履行的抗辩权

抗辩权又称异议权,是指一方当事人根据法律规定拒绝或者对抗对方当事人请求权的权利。抗辩权的设置目的在于使当事人在法定情况下可以对抗对方的请求权,使当事人的拒绝履行不构成违约,可以更好地维护当事人的利益。

1. 同时履行抗辩权

当事人互负债务,没有先后履行顺序的,应当同时履行。一方在对方履行之前有权拒绝其履行要求;一方在对方履行债务不符合约定时,有权拒绝其相应的履行要求。目的在于维护双方当事人在利益上的平衡。

2. 先履行抗辩权

当事人互负债务,有先后履行顺序,先履行一方未履行的,后履行一方有权拒绝其履行要求。先履行一方履行债务不符合约定的,后履行一方有权拒绝其相应的履行要求。先履行抗辩权的构成要件:①双方当事人互负债务;②两个债务有先后履行顺序;③先履行一方不履行或不适当履行。

3. 不安抗辩权

应当先履行义务的一方当事人发现后履行义务的一方当事人欠缺履行合同的能力和信用时,有权拒绝履行合同。《合同法》第68条规定,当事人互负债务,有先后履行顺序的,应当先履行债务的当事人,有确切证据证明对方有下列情形之一的,可以中止履行:①经营状况严重恶化;②转移财产、抽逃资金,以逃避债务;③丧失商业信誉;④有丧失或者可能丧失履行债务能力的其他情形。当事人没有确切证据中止履行的,应当承担违约责任。

当事人行使不安抗辩权而中止履行合同的,应及时通知对方当事人。如果对方当事人提供了适当担保,应当恢复履行,不履行则视为违约。中止履行后,对方在合理期限内未恢复履行能力并且未提供适当担保的,中止履行的一方可以解除合同。

二、合同的变更

(一)合同变更的概念和特征

合同的变更,是指依法成立的合同在尚未履行或尚未完全履行完毕之前,双方当事人依法对原合同的内容所进行的修改。如旅游合同中旅游参加者以及人数、旅游出发地、旅游途经地、旅游目的地、旅游项目、游览天数、交通运输工具、住宿酒店标准及天数等部分合同内容要素的变化。

《旅游法》第67条的规定,因不可抗力或者旅行社、履行辅助人已尽合理注意义务仍不能避免的事件,影响旅游行程,合同不能完全履行的,旅行社经向旅游者作出说明,可以在合理范围内变更合同;旅游者不同意变更的,可以解除合同。旅游合同的变更具有以下特征:第一,旅游合同变更发生在合同成立以后,没有完全履行之前的期间内。如果合同没有成立或者已经履行结束,则不可能发生变更的情形,故旅游合同变更的前提是原合同关系存在。第二,旅游合同变更是部分内容的变动或修改,而不是全部变动或修改,否则为重新订立合同。第三,须经当事人协商一致。未经当事人协商一致,单方变更无效。第四,变更须经批准的,应当经批准。法律、行政法规规定变更合同应当办理批准、登记等手续的,依照其规定必须办理相关手续。这既体现合同当事人意思自治原则,也体现了对某些合同实行必要的国家干预原则。第五,旅游合同的变更必须内容明确、具体,旅游合同变更内容约定不明确的,推定为未变更。

(二)合同变更的条件

《合同法》第77条规定:"当事人协商一致,可以变更合同。"这是合同变更的一般条件,也是合同变更的前提条件。合同的变更必须合法,并不因此损害国家利益和社会公共利益。这样的合同变更才产生法律效力,才受国家法律保护。

旅游开始前,旅游者要求变更由第三人参加旅游的,一般应给予支持;因第三人参加旅游而增加的费用,一般应由第三人支付。如该第三人不符合参加旅游的条件或航空公司不允许变更旅客、重新办理签证可能延误团体旅游行程的,旅行社可以拒绝该第三人参加。

(三)对合同变更的内容约定不明确的处理

《合同法》第78条规定:"当事人对合同变更的内容约定不明确的,推定为未变更。"因为变更后的合同,只有其权利、义务明确,才能履行并产生法律上的约束力。如果变更后合同权利、义务不明确,就无法履行,不利于法律当事人的合法权益。所以,法律不认可合同双方当事人内容不明确的变更。

《合同法》第107条规定,当事人一方不履行合同义务或者履行合同义务不符合约定的,应

当承担继续履行、采取补救措施或者赔偿损失等违的责任。

三、合同的转让

同步案例 3-2：履行合同转让是否应征得对方同意？

（一）合同转让的概念

合同的转让是指合同主体的变更，是指合同当事人依法将合同的全部或者部分权利和义务转让给他人的合法行为。

合同转让的含义包括：合同转让是合同的一方当事人将合同的权利和义务全部或部分转让给第三人；合同转让是在保持原合同内容不变的前提下，仅就合同主体所作的变更；合同转让是一种合法行为；合同转让应当经过对方同意或者通知对方方可产生法律效力；依法规定应办理审批手续的，还须办理有关手续。

《旅游法》规定，因未达到约定人数不能出团的，组团社经征得旅游者书面同意，可以委托其他旅行社履行合同。组团社对旅游者承担责任，受委托的旅行社对组团社承担责任；旅游行程开始前，旅游者可以将包价旅游合同中自身的权利义务转让给第三人，旅行社没有正当理由的不得拒绝，因此增加的费用由旅游者和第三人承担。可见，旅游合同转让，除法律、法规有特殊规定外，旅游合同义务的转让应当经过对方当事人同意；旅游合同权利的转让应当通知对方当事人，否则转让无法律效力。

（二）合同转让的类型

合同的转让根据转让标的的不同，可分为债权转让、债务转让以及债权、债务同时转让。根据转让的范围不同，可分为全部转让和部分转让。合同转让在旅游活动中也时常会遇到。

1. 合同权利转让

合同权利转让又称为债权转让，是指不改变合同的内容，债权人将其享有的合同权利全部或者部分转让给第三人享有的法律行为。债权人转让权利的，一般不会增加债务人的负担，因此无须征得债务人的同意，但是应当通知债务人，未经通知，该转让对债务人不发生效力。债权人转让权利的通知不得撤销，但经受让人同意的除外。根据：①合同性质（如与人身关系相关的）不得转让的；②按照当事人约定不得转让的；③依照法律规定不得转让的（如依担保法规定设定最高额抵押的合同债权），不得转让。

债权人转让权利的，受让人除取得主权利外，还取得与债权有关的从权利（但从权利专属于债权人自身的情况除外）。转让债权应当办理登记、批准手续的，债权人必须履行批准、登记义务。

2. 合同义务转让

合同义务转让,是指债务人将其负担的债务全部或者部分转让给第三人负担的法律行为。合同义务转让从受让人的角度来讲,又称为债务承担。在合同义务转让的法律关系中,将债务转让给第三人的人为让与人,承担所转让的债务的人为受让人。

合同义务的转让,可能会给债权人造成损害,因此,《合同法》第84条规定,债务人将合同的义务全部或者部分转让给第三人的,应当经债权人同意。债务人转让义务的,新债务人可以主张原债务人对债权人的抗辩。同时,新债务人还应当承担与主债务有关的从债务,但该债务专属于原债务人自身的除外。法律、行政法规规定转让权利或者转让义务应当办理批准、登记等手续的,应当依照规定办理相关手续。

3. 合同权利义务一并转让

所谓合同权利义务一并转让,是指原合同当事人一方将自己在合同中的权利和义务一并转移给第三人,由第三人概括地继受这些债权和债务,所以又称为债权债务的概括转让。合同权利义务一并转让不同于合同权利转让或者合同义务转让。根据《合同法》第88条的规定,当事人一方可以将自己在合同中的权利和义务一并转让给第三人,但是必须经对方同意。

合同权利义务一并转让通常有两种情形:一是约定转让,二是法定转让。约定转让是指当事人一方与第三人订立合同,并经另一方当事人的同意,将其在合同中的权利义务一并转让给第三人,由第三人承受自己在合同上的地位,享受权利并承担义务。因合同权利义务一并转让的内容实质上包括合同权利转让和合同义务转让,因此,合同权利义务一并转让应当分别符合《合同法》对合同权利转让和合同义务转让条件的规定。合同权利义务的法定转让,是指当法律规定的条件成立时,合同的权利义务一并转让给第三人的情形。

《最高人民法院关于审理旅游纠纷案件适用法律若干问题的规定》第10条规定,旅游经营者将旅游业务转让给其他旅游经营者,旅游者不同意转让,请求解除旅游合同追究旅游经营者违约责任的,人民法院应予以支持,旅游经营者擅自将其旅游业务转让给其他旅游经营者,旅游者在旅游过程中遭受损害,请求与其签订旅游合同的旅游经营者和实际提供旅游服务的旅游经营者承担连带责任的,人民法院应予以支持。

四、合同的终止

(一)合同终止的概念

合同的终止又称合同的消灭,是指由于一定法律事实的出现,合同双方的当事人终止合同关系,合同原有的权利义务归于消灭。

根据《合同法》第91条规定,有下列情形之一的,合同的权利义务终止。

(1)债务已经按照约定履行。如果债务已经按照约定得以履行,合同的目的已经实现,合同关系应当归于消灭,合同已无必要继续约束当事人。因此,合同因完全得到履行而终止,是最为正常的。

(2)合同解除。合同解除,是指合同当事人依法行使解除权或者双方协商决定,提前解除合同效力的行为。合同解除包括约定解除、法定解除。

（3）债务相互抵消。债务抵消有法定抵消和约定抵消之分。如果当事人互负到期债务，该债务的标的物种类、品质相同的，任何一方可以将自己的债务与对方的债务抵消，为法定抵消，但依照法律规定或者按照合同性质不得抵消的除外。当事人主张抵消的，应当通知对方，通知自到达对方时生效。抵消不得附条件或者附期限。如果当事人互负债务，标的物种类、品质不相同的，经双方协商一致，也可以抵消，为约定抵消。

（4）债务人依法将标的物提存。提存是指在债务人因债权人的原因而无法向债权人给付标的物时，债务人可将该标的物提交于提存机关，由提存机关告知债权人领取，从而解除债务人的履行义务和承担风险责任的一种制度。标的物不适于提存或者提存费用过高的，债务人依法可以拍卖或者变卖标的物，将所得价款提存。标的物提存后，除债权人下落不明的以外，债务人应当及时通知债权人或者债权人的继承人、监护人。标的物提存后，毁损、灭失的风险由债权人承担；提存期间，标的物的孳息归债权人所有；提存费用由债权人负担。债权人可以随时领取提存物，但债权人对债务人负有到期债务的，在债权人未履行债务或者提供担保之前，提存部门根据债务人的要求应当拒绝其领取提存物。债权人领取提存物的权利，自提存之日起五年内不行使而消灭，提存物扣除提存费用后归国家所有。

（5）债权人免除债务。债权人免除债务人部分或者全部债务的，合同的权利义务部分或者全部终止。值得注意的是，债权人免除个别债务人的债务，不能导致债权人的债权因此受损，否则，债权人可以依法行使撤销权来保全自己的债权。

（6）债权债务同归于一人。债权和债务同归于一人的，即混同，合同的权利义务终止，但涉及第三人利益的除外。

（7）法律规定或者当事人约定终止的其他情形。

（二）合同的解除

合同的解除是指在合同订立后尚未全部履行前，因双方当事人的协商或者法定事由，而使基于合同发生的民事权利义务关系归于消灭的行为。合同解除后，终止履行。合同的解除方式分为协议解除和法定解除两种。

1. 协议解除

协议解除是依照双方当事人协商一致将合同解除的方式，体现了合同自愿的原则。协议解除合同有两种情况：一是事后协商解除，即合同履行前或履行过程中，经当事人协商一致即可解除合同；二是约定解除，即订立合同的当事人可以约定一方解除合同的条件，一旦解除合同的条件成立时，解除权人就可以解除合同。

2. 法定解除

法定解除是合同解除的条件由法律直接规定。这是一种单方面法律行为。《合同法》第94条规定，有下列情形之一的，当事人一方可以依法解除合同。

（1）因不可抗力致使不能实现合同目的的，应当允许当事人解除合同。

（2）在履行期限届满之前，当事人一方明确表示或者以自己的行为表明不履行主要债务的。

（3）当事人一方延迟履行主要债务，经催告后在合理期限内仍未履行的。

(4) 当事人一方延迟履行债务或者有其他违约行为致使不能实现合同目的的。

(5) 法律规定的其他情形。

合同解除与合同无效、合同被撤销是不同的。无效合同以及被撤销的合同，该合同自始无效。而合同解除，是在合同生效后解除。要区分具体情况，合同解除后，尚未履行的，终止履行；已经履行的，根据履行情况和合同性质，当事人可以要求恢复原状，采取其他补救措施，并有权要求赔偿损失。

在《合同法》的基础上，《旅游法》专门针对旅行社和旅游者解除合同进行了规定。

(1) 旅行社解除合同。①行程开始前的合同解除权，《旅游法》第63条规定，旅行社招徕旅游者组团旅游，因未达到约定人数不能出团的，组团社可以解除合同。但是，境内旅游应当至少提前7日通知旅游者，出境旅游应当至少提前30日通知旅游者。②行程开始后的合同解除权，《旅游法》规定了两种情形：一种来自旅游者自身的原因，《旅游法》第66条规定，旅游者有下列情形之一的，旅行社可以解除合同：患有传染病等疾病，可能危害其他旅游者健康和安全的；携带危害公共安全的物品且不同意交有关部门处理的；从事违法或者违反社会公德的活动的；从事严重影响其他旅游者权益的活动，且不听劝阻、不能制止的；法律规定的其他情形。第二种来自意外事件，《旅游法》第67条规定，因不可抗力或者旅行社、履行辅助人已尽合理注意义务仍不能避免的事件，影响旅游行程，合同不能继续履行的，旅行社和旅游者均可以解除合同。

(2) 旅游者解除合同。《旅游法》第65条规定，旅游行程结束前，旅游者解除合同的，组团社应当在扣除必要的费用后，将余款退还旅游者。所以无论是在旅游行程开始之前，还是已经在旅游行程之中，旅游者均可随时解除合同，无须向旅行社作出解释，也不需要有任何理由，旅游者的这项权利又被称为旅游者的任意解除权。该权利主要是为了充分保障旅游者的人身自由权。

第四节　违反旅游合同的责任

案例引导　3-4：旅行社违约后如何承担责任？

2018年2月，北京某旅行社接待香港某旅行社组织的内地观光团，按照合同约定，该旅游团在北京游览5天，其中2月11日是游览长城。该旅行社委派关某担任该团陪同。关某未经旅行社同意，擅自将游览长城的日期改为2月15日，即离开北京的前一天，而将2月11日改为购物。旅游团的团员对此变更曾表示异议，但关某称此变更是旅行社的安排。不料2月14日晚天降大雪，2月15日早晨，该旅游团赴长城时，积雪封路，无法前行只得返回。该游团返港后书面向旅游行政管理部门投诉，称该旅行社委派的导游未征得游客的同意，擅自改变旅游行程，违反了合同约定，造成旅游团未能游览长城，旅行社应承担赔偿责任。该旅行社则辩称，该旅游行程属

导游个人行为,与旅行社无关,而导游关某则辩称,造成长城未能游览,是由于大雪封路的原因,属于不可抗力,依据法律规定不承担赔偿责任。

【问题】

1. 该旅行社是否违约?是否应承担违约责任?为什么?
2. 本案例中,下雪是否是造成合同违约的不可抗力?

一、违约责任的概念

违约责任是指合同当事人违反合同义务所应承担的民事法律责任。合同义务是违约责任产生的前提,它是不履行或不适当履行义务的结果。不履行包括当事人不能履行或者拒绝履行;不适当履行就是指不按照合同约定的条件履行。依法成立的合同,对当事人具有法律约束力,当事人必须按照合同的约定履行自己的义务。如果当事人不履行义务或者履行义务不符合约定,就要承担违约责任。

二、违约责任的特征

(一)违约责任是一种民事责任

法律责任有民事责任、行政责任、刑事责任等类型,民事责任是指民事主体在民事活动中,因实施民事违法行为或基于法律的特别规定,依据民法所应承担的民事法律后果。《民法通则》专设"民事责任"一章(第六章),规定了违约责任和侵权责任两种民事责任。违约责任作为一种民事责任,在目的、构成要件、责任形式等方面均有别于其他法律责任。

(二)违约责任是违约的当事人一方对另一方承担的责任

合同关系的相对性决定了违约责任的相对性,即违约责任是合同当事人之间的民事责任,合同当事人以外的第三人对当事人之间的合同不承担违约责任。具体而言:①违约责任是合同当事人的责任,不是合同当事人的辅助人(如代理人)的责任;②合同当事人对因第三人的原因导致的违约承担责任。《合同法》第121条规定,当事人一方因第三人的原因造成违约的,应当向对方承担违约责任。当事人一方和第三人之间的纠纷,依照法律规定或者按照约定解决。

(三)违约责任是当事人不履行或不完全履行合同的责任

首先,违约责任是违反有效合同的责任。合同有效是承担违约责任的前提。这一特征使违约责任与《合同法》中的其他民事责任(如缔约过失责任、无效合同的责任)区别开来。其次,违约责任以当事人不履行或不完全履行合同为条件。能够产生违约责任的违约行为有两种情形:一是一方不履行合同义务,即未按合同约定提供给付;二是履行合同义务不符合约定条件,即其履行存在瑕疵。

(四)违约责任具有补偿性和一定的惩罚性

其一,违约责任以补偿守约方因违约行为所受损失为主要目的,以损害赔偿为主要责任形式,故具有补偿性质;其二,违约责任可以由当事人在法律规定的范围内约定,具有一定的惩罚性。《合同法》第114条规定,当事人可以约定一方违约时应当根据违约情况向对方支付一定数额的违约金,也可以约定因违约产生的损失赔偿额的计算方法。

三、违约责任的归责原则

归责原则,是指明确违约行为所致事实后果的判断时应当遵循的原则和基本标准。

(一)严格责任原则

严格责任原则也称为无过错责任原则,是指当事人违反合同义务即应承担责任。实行严格责任的违约责任,其构成要件之一是合同当事人一方的客观违约行为。

(二)过错责任原则

过错责任原则是指合同当事人违反合同义务且存在过错时才承担的违约责任。实行过错责任的违约责任,其构成要件之一是违约方的客观违约行为和主观过错。

《合同法》第107条规定:"当事人一方不履行合同义务或者履行合同义务不符合约定的,应当承担继续履行、采取补救措施或者赔偿损失等违约责任。"由此可见,《合同法》规定的违约责任不要求证明行为人在主观上是否存在过错,而只要行为人没有履行合同或者履行合同不符合约定,就应当承担违约责任。这表明,我国《合同法》对违约责任采取严格责任原则,旅游合同亦采取"严格责任原则"。

四、违约责任的构成要件

根据上述违约责任的归责原则,违约责任的构成要件只有两个:一是有违约行为,二是没有法定或约定的免责条款。

(一)违约行为

违约行为是指当事人违反合同约定义务的行为。违约行为的具体表现主要有以下几种。

1. 预期违约

预期违约又叫先期违约、事先违约,是指当事人一方在合同规定的履行期到来之前,明示或者默示其将不履行合同的行为。就预期违约而言,它破坏的是信赖关系的基础,导致一方当事人因信赖对方能够履行而支出一定的准备履行费用的损失,因而应承担违约的法律责任。

2. 不履行

不履行是指在合同履行期届满时,合同当事人完全不履行自己的合同义务,分为"根本违约"和"拒绝履行"。由于当事人一方迟延履行债务或者有其他违约行为,致使不能实现合同目的的行为称为"根本违约";而履行期届满,债务人又无正当理由拒绝履行合同义务的行为被称作"拒绝履行"。

3. 迟延履行

迟延履行是指合同当事人违反了履行期限约定的行为,包括债务人的给付迟延和债权人的受领迟延。给付迟延,是指债务人在履行期限到来时,能够履行而没有按期履行债务。其构成要件为:须有债务存在;须无法律上的正当理由,例如不可抗力。受领迟延是指债权人对债

务人的履行应当受领而不受领。其构成要件为:须有债权存在;须债务人的履行要求债权人协助;须债务履行期已届满且债务人已履行或提出履行;须债权人未受领给付,且迟延受领无正当理由。

4. 不适当履行

不适当履行是指当事人交付的标的物不符合合同规定的质量要求,也就是说履行具有瑕疵。我国《合同法》第111条规定,质量不符合约定的,应当按照当事人的约定承担违约责任。对违约责任没有约定或者约定不明确的,依照本法第61条的规定仍不能确定的,受损害方根据标的的性质以及损失的大小,可以合理选择要求对方承担修理、更换、重作、退货、减少价款或者报酬等违约责任。根据该规定,权利人在对方当事人不适当履行的情况下,应当按照合同的约定确定责任;如果合同没有作出明确规定或者规定不明确,权利人可以根据具体情况,选择各种不同的补救方式和责任形式。

(二)免责条款

免责条款,是指合同当事人约定的排除或者限制其将来可能发生的违约责任的条款。法定的免责条款主要是不可抗力,如自然灾害、战争、政府禁令等。约定的免责条款,是根据当事人的意思自愿原则签订的任意性免责条款。但是我国《合同法》第53条规定,合同中的下列免责条款无效:①造成对方人身伤害的;②因故意或重大过失造成对方财产损失的。

五、违约责任的承担方式

违约责任的承担方式是指违约的当事人依照法律规定或者合同的约定,应当承受的制裁方式,违约责任的承担方式主要有以下几种。

(一)继续履行

继续履行是指当事人一方不履行或者履行合同义务不符合约定时,另一方当事人可以要求其在合同履行期限届满后,继续按照合同所约定的主要条件完成其合同义务的行为。例如,旅游酒店违反旅游合同,未能按照合同的事先约定向旅游者提供预订的客房,此种情形旅游者可以要求旅游酒店向其提供同一级别的或者级别略高的替代房或床位,并承担由此产生的一切额外支出。

但有下列情形之一的除外:法律上或者事实上不能履行;标的不适于强制履行或者履行费用过高;债权人在合理期限内未要求履行。

(二)采取补救措施

采取补救措施,是指违约方采取的除继续履行、支付赔偿金、支付违约金、支付定金方式以外的其他补救措施,其目的在于消除、减轻因违约给对方当事人造成的损失。

《合同法》规定:"质量不符合约定的,应当按照当事人的约定承担违约责任。违约责任没有约定或者约定不明确,依照本法的有关规定仍不能确定的,受损害方根据标的性质以及损失的大小,可以合理选择要求对方承担修理、更换、重作、退货、减少价款或者报酬等违约责任。"这是我国《合同法》所要求违约方采取的补救措施。

(三)赔偿损失

赔偿损失是指违约方因不履行或者不完全履行合同义务给对方造成损失时,依法或者根据合同约定应赔偿对方当事人所受损失的行为。赔偿损失责任的构成要件包括：必须有损害事实，这是承担赔偿责任的首要构成要件；必须有违约行为；违约行为和损害事实之间存在因果关系。

《旅游法》除了规定旅行社违约应承担赔偿损失的责任外，还对旅行社拒绝履行合同的行为规定了惩罚性赔偿责任。《旅游法》第70条规定，旅行社具备履行条件，经旅游者要求仍拒绝履行合同，造成旅游者人身损害、滞留等严重后果的，旅游者还可以要求旅行社支付旅游费用一倍以上三倍以下的赔偿金。

（四）支付违约金

违约金，是指当事人在合同中约定的或者由法律规定的，一方违约时应向对方支付一定数额金钱的责任形式。《合同法》第114条规定："当事人可以约定一方违约时应当根据违约情况向对方支付一定数额的违约金。"《合同法》第114条所规定的违约金为补偿性违约金。当违约金为迟延履行设定时，违约金与实际履行并存，此时的违约金具有惩罚性。《合同法》第114条第3款规定："当事人就迟延履行约定违约金的，违约方支付违约金后，还应当履行债务"。

（五）支付定金

定金既是对合同的一种担保，同时也是一种违约责任。作为违约责任的一种形式，主要是通过定金罚则体现出来的。《合同法》规定，当事人可以依照《中华人民共和国担保法》约定一方向对方给付定金作为债权的担保。债务人履行债务后，定金应当抵作价款或者收回。给付定金的一方不履行约定的债务的，无权要求返还定金；收受定金的一方不履行约定的债务的，应当双倍返还定金。同时《合同法》也规定了当事人既约定违约金又约定定金的，一方违约时，对方可以选择适用违约金或者定金条款。

当事人既约定违约金，又约定定金的，一方违约时，对方可以选择适用违约金或者定金条款，两者不能并用。

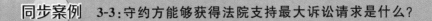

同步案例 3-3：守约方能够获得法院支持最大诉讼请求是什么？

六、违约责任的免除

违约责任的免除，是指违约方虽存在违约行为，但可免除其承担违约责任的情形。违约责任的免除主要包括两种情况：一是债权人放弃追究债务人的违约责任；二是存在免责事由。

所谓免责事由，是指当事人双方在合同中预先约定的，旨在限制或免除其未来责任的条

款。具体包括法定的免责事由和约定的免责事由。

（一）不可抗力

法定的免责事由就是指法律规定的免责事由，主要是指不可抗力。不可抗力是指不能预见、不能避免并不能克服的客观情况，包括自然事件和社会事件两大类。不可抗力的范围可以由当事人通过合同条款予以约定。因不可抗力不能履行合同的，根据不可抗力的影响，部分或者全部免除责任，但法律另有规定的除外。当事人迟延履行后发生不可抗力的，不能免除责任。当事人一方因不可抗力不能履行合同的，应当及时通知对方，以减轻可能给对方造成的损失，并应当在合理期限内提供证明。例如，旅行过程中，天气因素对旅行计划的实施有重要的影响，日常生活中航班就经常因为天气原因而发生延误或者取消，致使合同发生履行延误，产生违约的事实，如果旅行社与旅游者订立合同时离出团在三天以上，不承担违约责任；如果在两天以内则承担违约责任，因为通过天气预报可以掌握未来48小时以内的天气变化情况。此外，还有其他的法定免责事由，如《合同法》第311条规定，货运合同的承运人能够证明货物的毁损、灭失是因货物本身的自然性质或者合理损耗以及托运人、收货人的过错造成的，不承担损害赔偿责任。

（二）免责条款

约定的免责事由即免责条款，是指当事人通过合同约定的免除承担违约责任的事由，由当事人双方在合同中预先约定，旨在限制或免除其未来责任的条款。免责条款必须是合法的，否则无效。

本章小结

旅游合同作为合同的种类之一，是从事旅游活动的基础，它对于维护和保障旅游活动秩序具有至关重要的作用。订立合同，必须遵循《合同法》的基本原则，确保合同效力。合同的履行要遵循全面原则和诚实信用原则，并发挥定金的担保作用。合同的变更、转让和终止要依法进行，合同的解除可依协议解除或依法定解除。违反合同约定要承担违约责任，赔偿损失。违约责任的免除要存在免责事由，具体包括免责条款和当事人约定的不可抗力条款。

关键概念

合同法　合同的订立　合同的效力　合同履行　合同的担保　抗辩权　合同解除
旅游合同　违约责任

复习思考题

□复习题：
1. 什么是合同？合同有哪些法律特征？
2. 《合同法》的基本原则是什么？
3. 合同应具备什么条件才有效？
4. 合同订立后可能存在哪些效力情形？
5. 合同履行中存在哪些抗辩权？
6. 合同的解除方式有哪些？什么是法定解除？
7. 合同违约责任的归责原则及其责任承担方式是什么？

□思考题：
试思考作为游客应当在签订旅游合同时注意哪些事项？

章末案例 如何确定合同的效力和违约责任？

第四章

旅游侵权责任法律制度

学习目标

通过本章的学习,在掌握我国侵权责任法的基本概念、基本理论的基础上,掌握旅游侵权有关的法律责任等相关内容,培养运用所学理论知识分析和解决旅游侵权法律纠纷问题的能力。

第一节 侵权责任概述

案例引导 4-1:如何区分旅游中的法律关系?

一、侵权行为的概念和特征

(一)侵权行为的概念

侵权行为是指行为人违反法定义务,由于过错侵害他人民事权益,依法应当承担侵权责任的行为,以及侵害他人民事权益,不论有无过错,依照法律规定应当承担侵权责任的行为。《侵权责任法》第6条第1款规定,行为人因过错侵害他人民事权益,应当承担侵权责任。第7条规定,行为人损害他人民事权益,不论行为人有无过错,法律规定应当承担侵权责任的,依照其规定。《旅游法》第74条规定,旅行社接受旅游者的委托,为其代订交通、住宿、餐饮、游览、娱乐等旅游服务,收取代办费用的,应当亲自处理委托事务。因旅行社的过错给旅游者造成损失的,旅行社应当承担赔偿责任。

(二)侵权行为的特征

1. 侵权行为的侵害对象是具有对世性的权利和法益

首先,侵权行为侵害的对象是他人合法的民事权益,而非民事权利,因此不仅权利可成为侵权行为侵害的对象,法益也可以是侵权行为的侵害对象。依据《侵权责任法》第2条第2款的规定,民事权益包括生命权、健康权、姓名权、名誉权、荣誉权、肖像权、隐私权、婚姻自主权、监护权、所有权、用益物权、担保物权、著作权、专利权、商标专用权、发现权、股权、继承权等人身、财产权益。其次,这些民事权益具有对世性,其义务主体是不特定的。

2. 侵权行为是违反法定义务的行为

所谓的法定义务,首先,指绝对权赋予相对人不得侵害的义务,《民法总则》第3条规定,民事主体的人身权利、财产权利以及其他合法权益受法律保护,任何组织或者个人不得侵犯。对于物权、人格权等绝对权来说,任何组织和个人都负有不得侵害的一般义务。这种一般义务是侵权行为所依据的法定义务的主要来源。此外,债权也可以作为侵权行为所侵犯的对象,但在构成要件上,需要更高的要求。

其次,法定义务还包括法律赋予某些特定主体的特别义务。《侵权责任法》第37条第1款规定,宾馆、商场、银行、车站、娱乐场所等公共场所的管理人或者群众性活动的组织者,未尽到安全保障义务,造成他人损害的,应当承担侵权责任。《侵权责任法》第38条规定,无民事行为能力人在幼儿园、学校或者其他教育机构学习、生活期间受到人身损害的,幼儿园、学校或者其他教育机构应当承担责任,但能够证明尽到教育、管理职责的,不承担责任。《侵权责任法》第39条规定,限制民事行为能力人在学校或者其他教育机构学习、生活期间受到人身损害,学校或者其他教育机构未尽到教育、管理职责的,应当承担责任。由此,公共场所的管理人或者群众性活动的组织者,负有安全保障义务。教育机构对该机构中学习、生活的无民事行为能力人和限制民事行为能力人负有教育、管理义务。如果违反诸如此类的法定义务,义务人则有构成侵权行为之虞。

再次,法定义务也包括侵权责任法所设定的某些具体作为或者不作为的义务。《侵权责任法》第91条第1款规定,在公共场所或者道路上挖坑、修缮安装地下设施等,没有设置明显标志和采取安全措施造成他人损害的,施工人应当承担侵权责任。这种设定明显标志的义务即为强制性作为义务。如果行为人没有设置明显标志就违反了作为义务,对他人因此造成的损害应当承担侵权责任。

最后,行为的违法性是侵权行为的前提。给他人造成人身与财产损害的行为应当是违反强制性或禁止性规定的行为;如果虽有损害后果,但行为是合法的则不构成侵权行为。如工商行政管理人员依法销毁假冒伪劣产品是依法履行职责的合法行为,不构成侵权行为。

3. 侵权行为是行为人有意识的行为

侵权人实施侵权行为是其自由意志的体现,除特殊侵权行为外,一般侵权行为的构成都以行为人主观上有过错为要件。如《侵权责任法》第33条规定,完全民事行为能力人对自己的行为暂时没有意识或者失去控制造成他人损害有过错的,应当承担侵权责任;没有过错的,根据行为人的经济状况对受害人适当补偿。完全民事行为能力人因醉酒、滥用麻醉药品或者精神药品对自己的行为暂时没有意识或者失去控制造成他人损害的,应当承担侵权责任。

二、侵权责任的概念和特征

(一)侵权责任的概念

侵权责任是行为人因其侵权行为而依法承担的民事法律责任。侵权责任虽然不是行政责任或者刑事责任,但其产生民事责任的同时,也可能产生行政责任或者刑事责任。《侵权责任法》第4条第1款规定,侵权人因同一行为应当承担行政责任或者刑事责任的,不影响依法承担侵权责任。

(二)侵权责任的特征

第一,侵权责任是违反法律规定的义务而应承担的法律后果。民事责任都是对民事义务违反的结果。从性质上来说,民事义务可以分为两种,一种是法律规定的义务。另一种是当事人自行约定的义务。一般情况下,违反前一种义务会构成侵权责任,违反后一种义务会构成违约责任。侵权行为可能涉及若干种不同的法定义务。在构成要件上,不同的法定义务的违反对应着不同的构成要件。

第二,侵权责任以侵权行为的存在为前提。有侵权行为一般就会有侵权责任,除非出现免责事由。另一方面,有侵权责任,一定有侵权行为。

第三,侵权责任的方式具有法定性。与违约责任的约定不同,侵权责任的方式以及具体内容,法律均有明确规定。例如,损害赔偿的项目和计算方法,法律都有详细规定。例如,损害赔偿的项目及计算方法,法律均有详细规定。此外,侵权责任又是一种民事责任,所以,当事人可以在法律规定的侵权责任的基础上,对责任的内容、方式加以协商。《侵权责任法》第25条规定,损害发生后,当事人可以协商赔偿费用的支付方式。协商不一致的,赔偿费用应当一次性支付;一次性支付确有困难的,可以分期支付,但应当提供相应的担保。

第四,侵权责任形式具有多样性。侵权责任主要体现为财产责任,但不限于财产责任,由于侵权行为大多给他人造成一定的财产损害,行为人需要以自己的财产对行为结果负责,同时,金钱损害赔偿可以作为替代方式,弥补侵权行为给受害人造成的非物质损失,因此,侵权责任形式主要是财产责任。但是,金钱损害赔偿又具有一定的局限性,为了充分保护民事主体的合法权益,《侵权责任法》第15条规定,承担侵权责任的方式主要有:①停止侵害;②排除妨碍;③消除危险;④返还财产;⑤恢复原状;⑥赔偿损失;⑦赔礼道歉;⑧消除影响、恢复名誉。以上承担侵权责任的方式,可以单独适用,也可以合并适用。

第五,侵权责任具有优先性。根据《侵权责任法》第4条第2款的规定,因同一行为应当承担侵权责任、行政责任和刑事责任,侵权人的财产不足以支付的,先承担侵权责任。

三、涉旅游侵权案件特点

(1)出境游侵权纠纷增多。随着人们生活水平的不断提高和旅游业的蓬勃发展,越来越多的人选择境外旅游作为休闲娱乐的方式,由此产生的侵权纠纷也越来越多。

(2)因涉案旅游项目危险程度高引发的纠纷增多。近年来人们在猎奇涉险心理的作用下,类似滑雪、骑马、漂流、蹦极、攀岩、摩天轮等项目,具有高空、高速、高难度的特点,需要一定的技术、掌握一定的技巧做前提,因此引发的人身伤害等旅游侵权纠纷也逐渐增多。

(3) 案件事实固定难。旅游纠纷所涉人身伤害多发生在外省、市甚至境外,事发现场、事发经过以及当时的医疗就诊情况等较难固定,导致法院在认定事发情况以及旅游受伤与损害后果之间的因果关系方面存在障碍。民事侵权案件送达较为困难,大部分侵权人的住所地不固定,给法院送达带来困难,加上案件有时涉及三方或三方以上,案件证据较多,受伤严重案件均需鉴定伤情,需多次传唤当事人,送达时间耗时久。

(4) 损害发生原因具有多样性导致责任承担确定难。旅游事故多涉及游客、第三人、旅游经营者、旅游辅助服务者等多方主体,而旅游合同一般对双方权利义务约定并不明确且有较多"霸王条款",组团社和地接社之间又很少签订书面合同,导致具体责任界定难。或是经营者未尽到安全保障义务致使游客受到损害,或是游客自身原发性疾病诱发损害,也有第三人侵权造成的损害。加之有的侵权事件中,伤情较重案件持续时间长,难调解,伤情较重的案件当事人一般要在完成治疗、康复训练后才向法院起诉,延后起诉加大了当事人自行取证和法院依职权调查的难度。加之,被告之间彼此角力,当事人之间分歧大,又发生于陌生人之间,彼此缺乏信任,案件调解难度相当大。

四、侵权责任的归责原则

归责原则是确定行为人民事责任的理由、标准或根据。归责原则是在以社会经济生活条件为基础的法律上用以确定行为人责任的指导思想的具体体现。古代社会奉行加害原则,只要有损害发生,受害人即可要求加害人赔偿,而不考虑后者的主观因素。侵权行为的归责原则,是指在行为人的行为致人损害时,根据何种标准和原则确定行为人的侵权责任。侵权行为的归责原则是侵权行为法的核心,决定着侵权行为的分类、侵权责任的构成要件、举证责任的负担、免责事由等重要内容。它既是认定侵权构成,处理侵权纠纷的基本依据,也是指导侵权损害赔偿的准则。我国侵权行为的归责原则主要包括过错责任原则、无过错责任原则与公平责任原则。

(一)过错责任原则

所谓过错责任原则是指当事人的主观过错是构成侵权行为的必备要件的归责原则。《民法通则》第106条第2款规定,公民、法人由于过错侵害国家的、集体的财产,侵害他人财产、人身权的,应当承担民事责任。

过错是行为人决定其行动的一种故意或过失的主观心理状态。过错违反的是对他人的注意义务,表明了行为人主观上的应受非难性或应受谴责性,是对行为人的行为的否定评价。过错责任的意义表现在,根据过错责任的要求,在一般侵权行为中,只要行为人尽到了应有的合理、谨慎的注意义务,即使发生了损害后果,也不能要求其承担责任。其目的在于引导人们行为的合理性。在过错责任下,对一般侵权责任行为实行谁主张谁举证的原则。受害人有义务举出相应证据表明加害人主观上有过错,以保障其主张得到支持。加害人过错的程度在一定程度上也会对其赔偿责任的范围产生影响。

适用过错责任原则时,第三人的过错和受害人的过错对责任承担有重要影响。如果第三人对损害的发生也有过错,即构成共同过错,应由共同加害人按过错大小分担民事责任,且相互承担连带责任。如果受害人对于损害的发生也有过错的,则构成混合过错,依法可以减轻加害人的民事责任。

过错推定责任,是指一旦行为人的行为致人损害就推定其主观上有过错,除非其能证明自

己没有过错,否则应承担民事责任。例如《民法通则》第 126 条规定,建筑物或者其他设施以及建筑物上的搁置物、悬挂物发生倒塌、脱落、坠落造成他人损害的,其所有人或者管理人应当承担民事责任,但能够证明自己没有过错的除外。

过错推定责任仍以过错作为承担责任的基础,因而它不是一项独立的归责原则,只是过错责任原则的一种特殊形式。过错责任原则一般实行"谁主张谁举证"的原则,但在过错推定责任的情况下,对过错问题的认定则实行举证责任倒置原则。受害人只需证明加害人实施了加害行为,造成了损害后果,加害行为与损害后果间存在因果关系,无需对加害人的主观过错情况进行证明,就可推定加害人主观上有过错,应承担相应的责任。加害人为了免除其责任,应由其自己证明主观上无过错。过错推定责任不能任意运用,只有在法律进行明确规定的情况下才可适用。

(二)无过错责任原则

无过错责任原则是指当事人实施了加害行为,虽然其主观上无过错,但根据法律规定仍应承担责任的归责原则。《民法通则》第 106 条第 3 款规定,没有过错,但法律规定应当承担民事责任的,应当承担民事责任。

随着工业化的发展和危险事项的增多,加害人没有过错致人损害的情形时有发生,证明加害人的过错也越来越困难,为了实现社会公平和正义,更有效保护受害人的利益,无过错责任原则开始逐渐作为一种独立的归责原则在侵权行为法中得到运用。无过错责任的适用应注意三个方面。其一,无过错责任原则的适用必须有法律的明确规定,不能由法官或当事人随意扩大适用;其二,适用无过错责任,受害人无须证明加害人的过错,加害人亦不能通过证明自己无过错而免责,但原告应证明损害事实及其因果关系;其三,我国实行的是有条件的、相对的无过错责任原则,在出现某些法定免责事由时,有关当事人也可全部或部分免除其民事责任。如我国环境保护法规定,完全由于不可抗拒的自然灾害,并经及时采取合理措施,仍然不能避免造成环境污染损害的,免予承担责任。

(三)公平责任原则

公平责任原则,是指损害双方的当事人对损害结果的发生都没有过错,但如果受害人的损失得不到补偿又显失公平的情况下,由人民法院根据具体情况和公平的观念,要求当事人分担损害后果。《民法通则》第 132 条规定,当事人对造成损害都没有过错的,可以根据实际情况,由当事人分担民事责任。

适用公平责任的前提,必须是当事人既无过错,又不能推定其有过错的存在,同时也不存在法定的承担无过错责任的情况。如果可以适用过错责任、法定无过错责任或推定过错责任就不能适用公平责任。

当事人如何分担责任,由法官根据个案的具体情况,包括损害事实与各方当事人的经济能力进行综合衡量,力求公平。

根据《民法总则》的规定,可能适用公平责任原则的情形主要有:紧急避险致人损害的;在为对方利益或共同利益活动中致人损害等。因紧急避险造成他人损失的,如果险情是由自然原因引起,行为人采取的措施又无不当,则行为人不承担民事责任。受害人要求补偿的,可以责令受益人适当补偿。当事人对造成损害均无过错,但一方是在为对方的利益或者共同的利益进行活动的过程中受到损害的,可以责令对方或者受益人给予一定的经济补偿。

第二节 侵权责任的构成及责任承担

> **案例引导 4-2：旅游者受伤谁来赔？**
>
> 某旅行社导游李某带团游览一处地势险峻的景点时，众人争相拍照，李某未提示注意安全，该团游客崔某不慎将另一游客唐某撞下陡坡摔伤，花去医疗费3.6万元，因治疗耽误工作损失3800元。崔某向人民法院起诉要求赔偿其所花费的医疗费3.6万元及误工费3800元。
>
> 【问题】
> 1. 对于被侵权人唐某的损失，崔某是否要承担赔偿责任？
> 2. 旅行社是否要承担侵权责任，承担什么范围的侵权责任？为什么？

侵权责任分为一般侵权责任与特殊侵权责任，其责任构成要件不同。一般侵权责任的构成需要侵权行为人主观上有过错，而特殊侵权行为不要求侵权人主观上存在过错。

一、一般侵权责任的构成

在我国法律体系中，一起普通的侵权案件必须同时具备四项构成要件，才能认定由侵权行为人承担侵权责任。在民法理论上，根据《民法通则》的有关规定并结合侵权行为的归责原则理论，可将侵权行为分为一般侵权行为和特殊侵权行为两大基本类型。一般侵权行为是指行为人基于过错致人损害而应承担民事责任的行为。一般侵权行为的构成要件，是指在一般情况下，构成侵权行为所必须具备的因素。只有同时具备这些因素，侵权行为才能成立。《侵权责任法》没有具体规定侵权责任构成要件，但根据第6条第1款的规定，可以确认一般侵权损害赔偿责任构成要件有四个，即违法行为、损害事实、因果关系和主观过错。这四个要件缺一不可，否则就不能认定侵权损害赔偿的民事责任。

（一）违法行为

违法行为，是自然人或者法人以及其他组织违反法律规定，从而给被侵权人以及社会造成损害的行为。违法行为作为法律事实，具有以下几个特征。

(1) 违法行为是个人或社会组织的一种特定的活动。不是人或组织的一切活动都是构成违法的条件，只有行为才是，例如思维活动也是人的一种活动，但却不是法律意义上的行为，因而不构成违法。

(2) 违法行为是达到法律规定的一定年龄，从而有责任、能力、能够认识、控制自己行为的人以及具有法人资格的社会组织的行为。

(3) 违法行为是违反法律要求的行为，包括有某种特定的义务而不履行、滥用权利、违反

法律禁止等。

(4) 行为人主观上具有故意或过失。只有具备以上四个特征的行为，才是违法行为。违法行为有两种形式：一是作为的违法行为，凡是法律所禁止的行为，如果违反法律而作为，便是作为的违法行为。例如，法律禁止侵害公共财产，游客在旅游过程中对文物的破坏行为，就是作为的违法行为，应当承担损害赔偿的民事责任。二是不作为的违法行为。凡是法律要求人们在某种情况下必须作出某种行为时，如果负有这种义务的人不履行其义务，便是不作为的违法行为，对造成的损害，应当承担损害赔偿的责任。不作为违法行为的前提，是行为人负有某种特定作为义务。特定法律义务的来源主要有三种：一是来自法律的直接规定，二是来自职务上或者业务上的要求，三是来自行为人先前的行为。如果某导游带一个未成年人进入游乐场，他的这一行为就产生了保护这一未成年人安全的义务，这是第三种来源。

违法，是指行为在客观上与法律规定相悖，主要表现为违反法定义务、违反保护他人的法律和故意违背善良风俗致人损害。

(1) 违反法定义务。违反法定义务，是对法律规定的法定义务的不履行。主要表现为两种形式：一是绝对权的义务人违反其不可侵义务。自然人、法人作为绝对权法律关系中的义务主体，就是对他人享有的绝对权利负有义务的义务人，根据该法律关系负有不可侵的法定义务。如果该义务人侵害权利人的绝对权利，即违反了该法定的不可侵义务，构成违法性。二是相对权的第三人违反其不可侵义务。对于相对权即债权，按照债权相对性原则，本来只约束债权关系的双方当事人，并不约束债权关系之外的第三人。但是，第三人虽然不受债权债务关系的约束，却依据债权的不可侵原则，也负有不得侵害他人债权的义务。违反债权的不可侵义务，也构成违反法定义务的违法性。

(2) 违反保护他人的法律。法律所保护的利益，称之为法益。对于某一民事主体的法益，其他民事主体虽然与其并不构成权利义务关系，但是依据《民法通则》第5条的规定，也负有不可侵义务。任何人对法律保护的利益（法益）违反不可侵义务，侵害他人享有的法益，也构成违法。

(3) 故意违背善良风俗致人损害。违背善良风俗的违法性，本为不当，当故意以其为方法而加害他人时，构成违法，故有学说及有的立法例认其为不法。《民法通则》第7条规定的"社会公德"，就包含善良风俗的内容。一般认为，行为既不违反法定义务，亦不违反保护他人的法律，但故意违背社会公德（包括善良风俗）而直接或间接加害于他人的，亦构成违法。

上述三种违法方式，依据性质可分为两种。一是形式违法，包括违反法定义务和违反保护他人的法律两种违法，在形式上就违反法律；二是实质违法，即故意违背善良风俗，这种行为在形式上并不违法，但是在实质上是违法的。

旅游营业人的侵权违法行为主要表现为导游、领队不作为侵害游客的权益。不作为义务的产生往往源于作为。作为义务的来源主要包括以下方面：首先是说明、告知、解释、警示等安全保障义务。旅游营业人的安全保障义务是法律明确要求的，是一种法定义务。安全保障义务要求旅游营业人在出游前应当向游客提供在旅游计划中所涉及的各种必要的可能威胁游客的人身、财产安全的信息，并且要做好危险预防的准备工作。其次是特定情况下当事人的特别约定。再次是旅游活动的实际情况和一般常识。当然，法律不可能穷尽一切，合同的约定也是有限的，根据诚实信用原则以及民法的基本原则，经营者应当尽到保护消费者的人身和财产安全的义务。否则，应当作为而没有作为就存在过错，应当承担相应的侵权责任。

(二)损害事实

侵权损害赔偿的民事责任以损害事实的客观存在为前提,损害事实的客观存在,是侵权损害赔偿法律关系赖以发生的依据。也就是说,赔偿责任只有在造成了实际损害的条件下,才能发生。如果仅有违法行为而无损害的结果,那么,侵权损害赔偿的民事责任是无从产生的。按照我国《侵权责任法》第16条、第19条和第22条的规定,可以把损害事实分为以下三种类型。

1. 人身损害事实

人身损害事实,是指侵害身体权、健康权、生命权所造成的损害事实。通常情况下,人身损害事实是侵权人的不法行为侵害他人的身体权、健康权、生命权,使被侵权人伤残或死亡,并且造成了被侵权人及其亲属的财产损失,或者没有造成被侵权人身体上的伤害,但使被侵权人的精神利益受到损害的事实。

人身损害事实还包括以下两种特别情况:第一,在造成人身损害发生的财产损失之外,还造成了被侵权人的精神痛苦损害,因此,精神痛苦的损害也是人身损害事实。第二,侵害身体权的损害事实,多数不具有财产损失的后果,但侵害身体权造成精神痛苦的损害,也是人身损害事实。

2. 精神损害事实

精神损害事实包括损害姓名权、肖像权、名称权、名誉权、信用权、荣誉权、人身自由权、隐私权、性自主权等精神性人格权以及身份权造成的损害事实。这种损害也叫作人身无形损害,习惯上叫作精神损害,是侵权人的不法行为侵害了公民的肖像权、姓名权、名誉权、信用权、荣誉权、人身自由权、隐私权、性自主权以及身份权,或者法人的名称权、名誉权、荣誉权等人格权,而使被侵权人受到精神利益的损害。精神损害分为以下两种情况。

(1) 造成财产损失的。如某甲为报复某乙而在评工资时对乙进行了诽谤,致使乙的工资没有得到提升;又如甲厂以劣质产品假冒乙厂的名牌产品,造成恶劣影响,乙厂为挽回影响而支出的广告费和宣传费。

(2) 虽没有造成财产损失但造成了精神利益损害且情节严重的。例如,某甲捏造事实,以小字报进行宣传,致使被侵权人某乙名誉受到严重影响,精神受到严重折磨。这两种情况都是精神损害事实。

3. 财产损害事实

旅游侵权的损害后果包括财产性损害和非财产性损害。旅游不是一种经济活动而是一种精神活动,这种精神生活是通过美感享受而获得的,因此旅游又是一种审美获得,一种综合性的审美活动。[①] 旅游侵权行为的发生,损失的不仅仅是旅行者支付的相关费用,也使其耗费了时间和精神利益。

(三)违法行为与损害事实之间有因果关系

侵权民事责任构成中的因果关系要件,就是侵权法中的因果关系。它指的是违法行为作为原因,损害事实作为结果,在它们之间存在的前者引起后果、后者被前者所引起的客观联系。

---

① 王泽鉴.民法学说与判例研究(7)[M].北京:中国政法大学出版社,1997.

知识链接 4-1：侵权中的因果关系规则

（四）行为人主观上有过错

在一般侵权行为中，侵权行为的构成要求侵权人存在主观过错。主观过错，是指侵权人在实施侵权行为时对于损害后果的主观心理状态。过错分为两种基本形态，即故意和过失。

1. 故意

故意是行为人能够预见自己行为的结果，仍然希望它发生或者听任它发生的主观心理状态。

在侵权法中，故意包括直接故意和间接故意两种故意形式。其实有一个最简单的类比，就是过失都能够构成侵权责任，故意当然比过失的过错程度更重，肯定也应当构成侵权责任。确定故意，在侵权法理论上有意思主义和观念主义之争。意思主义强调故意必须有行为人对损害后果的"希望"或"意欲"，观念主义强调行为人认识或预见到行为的后果。这两种主张中，意思主义比观念主义要求更严。对此，应当采用折中主义的主张，即行为人应当认识或者预见到行为的结果，同时又希望或听任其发生。

2. 过失

过失包括疏忽和懈怠。行为人对自己行为的结果，应当预见或者能够预见而没有预见，为疏忽；行为人对自己行为的结果虽然预见了却轻信可以避免，为懈怠。疏忽和懈怠，都是过失，都是被侵权人对应负的注意义务的违反。因此，民法上的过失，就是行为人对被侵权人应负注意义务的疏忽或懈怠。

从原因上来讲，在旅游过程中，造成游客损害可能是由于旅游营业人的过错，也可能是旅游者自身的原因如身体突发疾病或对自己财物保管不善，或者是第三人的侵权或意外事件等原因造成。从平衡当事人利益关系的角度出发，应当本着这样一个原则：旅游营业人违反安全保障义务造成旅游者人身、财产损害的，仅在自己有过错的情况下承担责任，没有过错就不承担责任。就我国目前而言，一方面要保护消费者的利益，给予合理的补偿，另一方面又要考虑目前经济发展的实际状况，考虑到被告经营者的经济赔偿的承受限度。

二、特殊侵权责任

特殊侵权是指行为人违反法律的特别规定侵犯他人财产权或人身权致人损害的违法行为。特殊侵权行为的构成与一般侵权行为不同。特殊侵权行为不要求行为人存在主观过错。特殊侵权行为主要表现为产品责任、机动车交通事故责任、医疗损害责任、环境污染责任、高度危险责任、饲养动物损害责任和物件损害责任。

特殊侵权民事责任是特殊侵权行为产生的民事责任,即不仅要求具备一般侵权行为责任的全部要件,或者还须具备其他要件时,当事人才能承担的侵权民事责任。

(一)产品责任

产品责任又称"产品瑕疵责任",是指因产品瑕疵致消费者人身或财产损害时,依法由产品制造者和销售者承担的侵权责任。侵权法上所称的产品瑕疵既包括产品质量缺陷,也包括未经说明的产品使用危险缺陷。依我国和多数国家的法律,产品瑕疵致人损害时,产品制造者和销售者应当承担无过错责任和连带责任,但如该损害是由运输者或第三人过错造成时,连带责任人在承担责任后可向其追偿。

(二)机动车交通事故责任

机动车交通事故责任,是指机动车的所有人或者使用人在机动车发生交通事故造成他人人身伤害或者财产损失时所应承担的侵权损害赔偿责任。《侵权责任法》对于机动车交通事故责任设有专章,除明确规定有关机动车交通事故损害赔偿责任适用《道路交通安全法》的规定外,对于租赁、借用机动车发生交通事故的责任承担;已交付但未办理所有权转移登记的机动车发生交通事故致人损害时的责任承担;转让人和受让人对拼装或已达到报废标准的机动车致人损害的责任承担;盗窃、抢劫或者抢夺的机动车发生交通事故致人损害时的责任承担;发生交通事故的机动车驾驶人逃逸时损害赔偿责任的承担,分别作出了比较详细的规定。《侵权责任法》48条规定,机动车发生交通事故造成损害的,依照《道路交通安全法》的有关规定承担赔偿责任。

《道路交通安全法》第76条第1款规定,机动车发生交通事故造成人身伤亡、财产损失的,由保险公司在机动车第三者责任强制保险责任限额范围内予以赔偿;不足的部分,按照下列规定承担赔偿责任:①机动车之间发生交通事故的,由有过错的一方承担赔偿责任;双方都有错的,按照各自过错的比例分担责任;②机动车与非机动车驾驶人、行人之间发生交通事故,非机动车驾驶人、行人没有过错的,由机动车一方承担赔偿责任;有证据证明非机动车驾驶人、行人有过错的,根据过错程度适当减轻机动车一方的赔偿责任,机动车一方没有过错的,承担不超过百分之十的赔偿责任。第2款规定,交通事故的损失是由非机动车驾驶人、行人故意碰撞机动车造成的,机动车一方不承担赔偿责任。

(三)医疗损害责任

医疗损害责任,是指医疗机构及医务人员在医疗过程中因过失,或者在法律规定的情况下无论有无过失,造成患者人身损害或者其他损害,应当承担的以损害赔偿为主要方式的侵权责任。

《侵权责任法》第54条规定,患者在诊疗活动中受到损害,医疗机构及其医务人员有过错的,由医疗机构承担赔偿责任。

目前,与医疗损害责任的归责原则相关的规定主要是,《医疗事故处理条例》(以下简称《条例》)第2条规定,本条例所称医疗事故,是指医疗机构及其医务人员在医疗活动中,违反医疗卫生管理法律、行政法规、部门规章和诊疗护理规范、常规,过失造成患者人身损害的事故。同时,《条例》第5章规定了医疗事故的赔偿。可见《条例》体现的是过错责任原则的思路。2001年《最高人民法院关于民事诉讼证据的若干规定》第4条第8项规定,因医疗行为引起的侵权诉讼,由医疗机构就医疗行为与损害结果之间不存在因果关系及不存在医疗过错承担举证责任。依照最高人民法院这项司法解释处理医疗损害赔偿案件,可能产生等同于过错推定原则的适用效果。

《侵权责任法》第7章规定的"诊疗活动",包括诊断、治疗、护理等环节,对此可以参考《医疗机构管理条例实施细则》第88条的有关规定,即诊疗活动是指通过各种检查,使用药物、器械及手术等方法,对疾病作出判断和消除疾病、缓解病情、减轻痛苦、改善功能、延长生命、帮助患者恢复健康的活动。

《侵权责任法》第34条规定,用人单位的工作人员因执行工作任务造成他人损害的,由用人单位承担侵权责任。因此《侵权责任法》第54条规定患者在诊疗活动中受到损害,医疗机构及其医务人员有过错的,由医疗机构承担赔偿责任。

还有一点需要说明,患者在诊疗活动中受到损害,除了医疗机构及其医务人员有过错的条件外,医疗机构及其医务人员的过错还要与患者的损害具有因果关系,医疗机构才承担赔偿责任。因果关系的条件适用于各种侵权行为产生的侵权责任。《侵权责任法》第54条规定的患者在诊疗活动中受到的损害,指的就是与医疗机构及其医务人员的过错有因果关系的损害。

（四）环境污染责任

环境法律责任,是指环境法主体因违反其法律义务而应当依法承担的责任,具有强制性、否定性法律后果,按其性质可以分为环境行政责任、环境民事责任和环境刑事责任三种。行为人违反国家或地方环境法律、法规的规定,实施某一环境行为或相关行为,造成或可能造成干扰该国家或地方之环境行政管理,污染和破坏环境,危害公共或个人之财产或人身生命或健康的安全,所依法应当承担的行政、民事和刑事法律责任。一国或地区违反国际法规定、违背其应履行的环境保护国际义务,致使他国或地区的环境或国民遭受污染与破坏之危害,所应承担的国际环境法和其他相关法规定的经济赔偿责任和道义责任。

按照《环境保护法》第2条的规定,环境是指"影响人类生存和发展的各种天然的和经过人工改造的自然因素的总体,包括大气、水、海洋、土地、矿藏、森林、草原、野生生物、自然遗迹、人文遗迹、自然保护区、风景名胜区、城市和乡村等"。环境污染,是指由于人为的原因致使环境发生化学、物理、生物等特征上的不良变化,从而影响人类健康和生产生活,影响生物生存和发展的现象。

《侵权责任法》第65条规定,因污染环境造成损害的,污染者应当承担侵权责任。《民法通则》第124条规定,违反国家保护环境防止污染的规定,污染环境造成他人损害的,应当依法承担民事责任。我国在保护环境、防治污染方面制定了一系列法律,如《环境保护法》《海洋环境保护法》《水污染防治法》《大气污染防治法》《固体废物污染环境防治法》《环境噪声污染防治法》《放射性污染防治法》等。这一系列法律形成环境保护的法律体系,其中也规定了一些污染环境致人损害的侵权法规范。依据这些法律,因污染环境造成损害的,除法律明确规定的不承担责任的情形外,都属环境污染侵权行为,行为人应当对受害人承担赔偿损失等民事责任。这对于保护公民、法人的合法权益和生态环境不受环境污染的侵害,具有重要的意义。

（五）高度危险责任

高度危险作业既包括使用民用核设施、高速轨道运输工具和从事高压、高空、地下采掘等高度危险活动,也包括占有,使用易燃、易爆、剧毒和放射性等高度危险物的行为。《侵权责任法》第69条规定,从事高度危险作业造成他人损害的,应当承担侵权责任。这里调整范围采用了"高度危险作业"的表述,这是个开放性的概念,包括一切对周围环境产生高度危险的作业形式。

那么,如何理解"高度危险作业",或者说,实践中在法律明确规定的高度危险作业以外,还有哪些行为属于高度危险作业?在理论和司法实践中,一般认为,具体行为构成高度危险作业应具备以下三个条件:一是,作业本身具有高度的危险性。也就是说,危险性变为现实损害的概率很大,超过了一般人正常的防范意识,或者说超过了在一般条件下人们可以避免或者躲避的危险。二是,高度危险作业即使采取安全措施并尽到了相当的注意也无法避免损害。日常生活中,任何一种活动都可能对周围人们的财产或人身产生一定的危险性,但高度危险作业则具有不完全受人控制或者难以控制的危害性。三是,不考虑高度危险作业人对造成损害是否有过错。

(六)饲养动物损害责任

在各类侵权行为中,饲养动物致人损害是一种特殊的形式,其特殊性在于它是一种间接侵权引发的一种直接责任,其加害行为是人的行为与动物的行为的复合。人的行为是指人对动物的所有、占有、饲养或者管理。动物的行为是直接的加害行为。这两种行为相结合,才能构成侵权行为。

《侵权责任法》第78条规定,饲养的动物造成他人损害的,动物饲养人或者管理人应当承担侵权责任,但能够证明损害是因被侵权人故意或者重大过失造成的,可以不承担或者减轻责任。

(七)物件损害责任

《侵权责任法》第85条规定,建筑物、构筑物或者其他设施及其搁置物、悬挂物发生脱落、坠落造成他人损害。所有人、管理人或者使用人不能证明自己没有过错的,应当承担侵权责任。所有人、管理人或者使用人赔偿后,有其他责任人的,有权向其他责任人追偿。

建筑物、构筑物或者其他设施及其搁置物、悬挂物脱落、坠落造成他人损害责任,是侵权责任法中的重要制度。《民法通则》第126条规定,建筑物或者其他设施以及建筑物上的搁置物、悬挂物发生倒塌、脱落、坠落造成他人损害的,它的所有人或者管理人应当承担民事责任,但能够证明自己没有过错的除外。《最高人民法院关于审理人身损害赔偿案件适用法律若干问题的解释》第16条规定,道路、桥梁、隧道等人工建造的构筑物因维护、管理瑕疵致人损害的,适用《民法通则》第126条的规定,由所有人或者管理人承担赔偿责任,但能够证明自己没有过错的除外。《最高人民法院关于民事诉讼证据的若干规定》第4条规定,建筑物或者其他设施以及建筑物上的搁置物、悬挂物发生倒塌、脱落、坠落致人损害的侵权诉讼,由所有人或者管理人对其无过错承担举证责任。在民法通则、司法解释和司法实践经验的基础上,侵权责任法对建筑物、构筑物或者其他设施及其搁置物、悬挂物脱落、坠落造成他人损害责任作了规定。

三、旅游业侵权行为的表现及其责任承担

(一)旅游业侵权行为的表现

由于利益关系的驱使以及法律规范的欠缺,旅游经营者、旅游辅助服务者在旅游活动中经常会发生侵权行为。

(1)侵犯游客消费知情权。部分旅行社为了获得市场机会,以"零团费"甚至"负团费"吸

引游客,而实际上旅游过程中几乎全程购物,根本享受不到旅游的乐趣。

(2) 侵犯游客人格尊严。部分旅行社的导游为了挣取更多小费、佣金提成及回扣等收入,通常会采用各种方式向旅客索要小费,或要求旅客购买一定数额的特定景区或购物点的商品,如果旅客拒不支付小费或购买物品就冷嘲热讽、恶语相向,漫骂或侮辱旅客,甚至威胁不带游客到达指定旅游景点旅游。

(3) 侵犯游客自由交易权。旅行社安排购物往往是其提供的服务内容之一,但是有的旅行社却以各种方式强制或者干预游客购物。

(二)侵权行为民事责任的承担方式

侵权行为依法应当承担民事责任的方式主要有以下几种。

(1) 停止侵害。即指侵权行为人终止其正在进行或者延续的损害他人合法权益的行为。

(2) 消除危险。即指侵权行为人消除由其行为引起的现实存在的某种可能对他人合法权益造成损害的事实状态。

(3) 排除妨碍。即指侵权行为人在其行为对他人权利的正常行使和利益实现所构成的障碍采取措施予以消除。

(4) 消除影响。即指侵权行为人在其行为造成不良影响的范围内消除对受害人的不利后果。

(5) 恢复名誉。即指侵权行为人采取适当方式使受害人的名誉恢复到未受到损害之前的状态。

(6) 赔礼道歉。即指由侵权行为人以口头或书面的方式向受害人承认错误,表达歉意的承担责任方式。

(7) 赔偿损失。即指行为人违反民事义务致人损害后,以其财产赔偿受害人所受的损失。这是适用最广泛的承担责任方式。

四、关于责任主体的特殊规定

(一)公共场所管理人责任

1. 安全保障义务概述

安全保障义务,是指宾馆、商场、银行、车站、娱乐场所等公共场所的管理人或者群众性活动的组织者,所负有的在合理限度范围内保护他人人身和财产安全的义务。

《侵权责任法》第37条规定,宾馆、商场、银行、车站、娱乐场所等公共场所的管理人或者群众性活动的组织者,未尽到安全保障义务,造成他人损害的,应当承担侵权责任。因第三人的行为造成他人损害的,由第三人承担侵权责任;管理人或者组织者未尽到安全保障义务的,承担相应的补充责任。

2. 安全保障义务人的范围

侵权责任法明确安全保障义务人为以下两类人。

第一,宾馆、商场、银行、车站、娱乐场所等公共场所的管理人。公共场所包括以公众为对象进行商业性经营的场所,也包括对公众提供服务的场所。比如宾馆、商场、银行、车站、娱乐场所等,除此之外,机场、码头、公园、餐厅等也都属于公共场所。

第二,群众性活动的组织者。群众性活动是指法人或者其他组织面向社会公众举办的参加人数较多的活动,比如体育比赛活动,演唱会、音乐会等文艺演出活动,展览、展销等活动,游园、灯会、庙会、花会、焰火晚会等活动,人才招聘会、现场开奖的彩票销售等活动。

3. 保护对象的范围

安全保障义务所保护的对象与安全保障义务人之间应存在某种关系,但是否要在法律中作出明确规定有不同意见。在法律中明确哪些人属于保护对象较为困难,因此,《侵权责任法》对安全保障义务的保护对象规定为"他人",没有明确具体的范围,实践中哪些人属于保护对象应根据具体情况判断。

4. 安全保障义务的内容和判断标准

安全保障义务的目的是保护他人的人身和财产安全,其主要内容是作为,即要求义务人必须采取一定的行为来维护他人的人身或者财产免受侵害。这种义务的具体内容既可能基于法律的明确规定,也可能基于合同义务,也可能基于诚实信用原则而产生。由于安全保障义务人的范围很广,涉及多个行业、多类主体,不同义务人对不同保护对象所负有的安全保障义务是不同的,在法律中无法明确其具体内容。对于实践中需要确定义务人应当负有的具体安全保障义务的内容,进而判断安全保障义务人是否已经尽到安全保障义务的,可以参考该安全保障义务人所在行业的普遍情况、所在地区的具体条件、所组织活动的规模等各种因素,从侵权行为的性质和力度、义务人的保安能力以及发生侵权行为前后所采取的防范、制止侵权行为的状况等方面,根据实际情况综合判断。

5. 未尽到安全保障义务的侵权责任

根据安全保障义务的内容不同,可以将安全保障义务分为两类。一是防止他人遭受义务人侵害的安全保障义务。这是指安全保障义务人负有不因自己的行为而直接使得他人的人身或者财产受到侵害的义务。比如,宾馆负有不因自己提供的服务或者设施存在危险而使前来住宿的客人受伤的安全保障义务。二是防止他人遭受第三人侵害的安全保障义务。这是指安全保障义务人负有的不因自己的不作为而使他人的人身或者财产遭受自己之外的第三人侵害的义务。比如,宾馆对在本宾馆住宿的旅客负有使其人身或者财产安全免受第三人侵害的义务。他们之间的区别主要是造成损害后果的直接侵害人不同,未尽到前一类义务造成他人损害的,其直接加害人就是安全保障义务人,没有第三人的介入;未尽到后一类义务的并不必然导致他人的损害,只有当这种未尽到义务的行为与第三人的侵权行为相互结合时才导致了他人的损害。本条规定根据所未尽到的义务种类的不同,规定了安全保障义务人不同的侵权责任。

(1)安全保障义务人未尽到防止他人遭受义务人侵害的安全保障义务的,应当承担侵权责任。

根据《侵权责任法》第37条第1款的规定,宾馆、商场、银行、车站、娱乐场所等公共场所的管理人或者群众性活动的组织者未尽到安全保障义务,造成他人损害的,如果损害结果的发生没有第三人的介入,安全保障义务人就应当自己承担全部侵权责任。比如,顾客到餐厅吃饭,由于餐厅的地板有油渍导致顾客摔倒受伤的,餐厅就应当承担侵权责任。

(2)安全保障义务人未尽到防止他人遭受第三人侵害的安全保障义务的,应当承担相应的补充责任。

在实践中,存在不少第三人的侵权行为和安全保障义务人未尽到安全保障义务两个因素结合在一起而造成他人损害的情形,比如,储户到银行取钱或者存款,遭到第三人抢劫,银行的

保安人员未尽到安全保障义务,没有及时注意或者制止,导致储户钱款被抢或者人身受到伤害;又比如,宾馆没有完善的保安措施或者没有认真履行保安职责,导致住宿旅客被外来人员殴打等。在这种情形下,根据《侵权责任法》第37条第2款的规定,第三人的行为是造成损害的直接原因,应当首先由第三人承担侵权责任。在上述例子中,应当先由抢劫者和打人者承担侵权责任,安全保障义务人未尽到安全保障义务也是造成损害的因素,应当承担相应的补充责任。《最高人民法院关于审理人身损害赔偿案件适用法律若干问题的解释》第6条,从事住宿、餐饮、娱乐等经营活动或者其他社会活动的自然人、法人、其他组织,未尽合理限度范围内的安全保障义务致使他人遭受人身损害,赔偿权利人请求其承担相应赔偿责任的,人民法院应予支持。因第三人侵权导致损害结果发生的,由实施侵权行为的第三人承担赔偿责任。安全保障义务人有过错的,应当在其能够防止或者制止损害的范围内承担相应的补充赔偿责任。安全保障义务人承担责任后,可以向第三人追偿。赔偿权利人起诉安全保障义务人的,应当将第三人作为共同被告,但第三人不能确定的除外。

(二)监护人责任

1. 监护责任人概述

公民的民事行为能力是民事主体从事民事活动所具备的资格。只要达到一定的年龄,能够理智地处理自己事务的人,就具有民事行为能力。公民的民事行为能力依据其年龄和精神健康状况分为完全民事行为能力、限制民事行为能力和无民事行为能力。

首先,公民的民事行为能力可以从年龄上划分。根据《民法总则》第17条规定,十八周岁以上的自然人为成年人。不满十八周岁的自然人为未成年人。《民法总则》第18条规定,成年人为完全民事行为能力人,可以独立实施民事法律行为。十六周岁以上的未成年人,以自己的劳动收入为主要生活来源的,视为完全民事行为能力人。《民法总则》第19条规定,八周岁以上的未成年人为限制民事行为能力人,实施民事法律行为由其法定代理人代理或者经其法定代理人同意、追认,但是可以独立实施纯获利益的民事法律行为或者与其年龄、智力相适应的民事法律行为。其次,公民的民事行为能力也可以从精神状态上划分。根据《民法总则》规定,不能辨认自己行为的精神病人是无民事行为能力人,由他的法定代理人代理民事活动。不能完全辨认自己行为的精神病人是限制行为能力人,可以进行与他的精神健康状况相适应的民事活动;其他民事活动由他的法定代理人代理,或者征得他的法定代理人的同意。无民事行为能力人和限制民事行为能力人的监护人是他的法定代理人。未成年人的监护人按照以下顺序确定:第一顺序的监护人是未成年人的父母。第二顺序的监护人,包括未成年人的祖父母、外祖父母;兄、姐;关系密切的其他亲属或者愿意承担监护责任的朋友。第三顺序的监护人,包括未成年人父亲或者母亲的所在单位,未成年人住所地的居民委员会、村民委员会以及民政部门。无民事行为能力或者限制民事行为能力的精神病人的监护人按照以下顺序确定:第一顺序的监护人,为配偶、父母、成年子女及其他近亲属,关系密切的其他亲属或者朋友。第二顺序的监护人,包括精神病人的所在单位或者住所地的居民委员会、村民委员会或者民政部门。

设立监护制度的目的,是保护被监护人的人身、财产及其他合法权益不受损害,同时监护人也要承担起管教好未成年人和无行为能力人、限制行为能力的精神病人的责任,对于被监护人给他人造成损害的,监护人应当承担责任。

我国《民法通则》第 133 条第 1 款规定,无民事行为能力人、限制民事行为能力人造成他人损害的,由监护人承担民事责任。监护人尽了监护责任的,可以适当减轻他的民事责任。最高人民法院关于贯彻执行《民法通则》若干问题的意见,也对监护人的责任作了相关的规定。《侵权责任法》有关监护人责任的规定,基本沿袭了现行法律的规定。

无民事行为能力人和限制民事行为能力人造成他人损害的,由监护人承担民事责任,是由监护人的职责所决定的。由于大多数监护人与被监护人有着血缘等密切关系,监护人有责任通过教育、管理等方式来减少或者避免被监护人侵权行为的发生。监护人的责任不能简单地将其归为无过错责任或者过错推定责任。因为一方面监护人如果能够证明其尽到监护责任的,只能减轻其侵权责任,而不能免除,这不同于一般的过错推定责任;另一方面,无民事行为能力人和限制民事行为能力人的行为构成了侵权,监护人才承担相应责任,监护人不是对被监护人所有的行为都承担侵权责任。如果被监护人的行为对于完全民事行为能力人来说无须承担责任的话,那么在这种情况下,监护人也不需要承担责任。而且,监护人也不是对被监护人造成的所有损失都承担侵权责任,如果监护人能够证明其尽到了监护责任的,可以减轻其侵权责任,从这一点看,也有别于无过错责任。

2. 监护人的补充责任

《侵权责任法》第 32 条规定:"无民事行为能力人、限制民事行为能力人造成他人损害的,由监护人承担侵权责任。监护人尽到监护责任的,可以减轻其侵权责任。有财产的无民事行为能力人、限制民事行为能力人造成他人损害的,从本人财产中支付赔偿费用。不足部分,由监护人赔偿。"由此可见,监护人的责任是指无民事行为能力人或者限制民事行为能力人因自己的行为致人损害,由行为人的父母或者其他监护人承担赔偿责任的特殊侵权责任。监护人赔偿责任的法律适用的基本规则有以下四点。

(1) 监护人承担责任。这里施行的是过错推定原则,即从无民事行为能力人或者限制民事行为能力人致人损害的事实中,推定监护人有过错,推定成立的,就应当由监护人承担赔偿责任。

(2) 使用公平责任。监护人证明自己没有过失,也能够证明自己已经尽到监护责任的,可以减轻其侵权责任,由双方当事人分担损失。

(3) 被监护人自己有财产的自己赔偿。有财产的无民事行为能力人或者限制民事行为能力人造成他人损害的,从本人财产中支付赔偿费用。

(4) 监护人补充责任。如果行为人的财产不足以支付全部赔偿责任,则由监护人承担补充责任。这一规定,是完全的补充责任,只要行为人不能承担的部分,全部由监护人补充承担。

总而言之,监护人的赔偿责任及承担有两种形式:第一种是基本的赔偿责任方式,即由监护人单独承担替代责任,被监护的行为人不承担赔偿责任,也没有对行为人的追偿关系。第二种是特别的赔偿责任,是一种补充责任。当被监护的行为人本人有财产时,应由本人的财产支付赔偿费用,不足部分,再由监护人负补充责任,这种责任不是连带责任。

(三) 用人单位与雇主责任

1. 用人单位责任

用人单位的工作人员因工作造成他人损害的,由用人单位对外承担侵权责任,这种责任也在理论上被称为替代责任,即由他人对行为人的行为承担责任。由于工作人员是为用人单位

工作,用人单位可以从工作人员的工作中获取一定的利益,因此,工作人员因工作所产生的风险,需要用人单位承担。用人单位与工作人员相比,一般经济能力较强,让用人单位承担责任,有利于更好地保护被侵权人的合法权益,也有利于用人单位在选任工作人员时能尽到相当的谨慎和注意义务,加强对工作人员的监督和管理。

《侵权责任法》第34条规定,用人单位的工作人员因执行工作任务造成他人损害的,由用人单位承担侵权责任。劳务派遣期间,被派遣的工作人员因执行工作任务造成他人损害的,由接受劳务派遣的用工单位承担侵权责任;劳务派遣单位有过错的,承担相应的补充责任。

2. 劳务派遣中产生的侵权责任

《侵权责任法》第34条第2款规定了工作人员在劳务派遣期间造成他人伤害的,劳务派遣单位和接受劳务派遣的用工单位的责任。劳务派遣是指劳动派遣机构与员工签订劳务派遣合同后,将工作人员派遣到用工单位工作。劳务派遣的主要特点就是员工的雇用和使用分离。劳动派遣机构不是职业介绍机构,是与劳动者签订劳动合同的一方当事人。派遣的员工到用工单位工作,但不与用工单位签订劳动合同,产生劳动关系。

劳务派遣的用人形式不同于一般的用人单位,劳务派遣单位虽然与被派遣的员工签订了劳动合同,但不对被派遣员工进行使用和具体的管理。在劳务派遣期间,被派遣的工作人员是为接受劳务派遣的用工单位工作,接受用工单位的指示和管理,同时由用工单位为被派遣的工作人员提供相应的劳动条件和劳动保护,所以,被派遣的工作人员因工作造成他人损害的,其责任应当由用工单位承担。劳务派遣单位在派遣工作人员方面存在过错,应当承担相应的责任。劳务派遣单位承担的是相应的补充责任,即首先由用工单位承担赔偿责任,用工单位不能全部赔偿的,才由劳务派遣单位赔偿。用工单位是第一顺位的责任人,劳务派遣单位是第二顺位的责任人。在用工单位承担了全部赔偿责任的情况下,劳务派遣单位对被侵权人就不再承担赔偿责任。只有在用工单位财力不足,无法全部赔偿的情况下,剩余的部分才由劳务派遣单位来承担。不过劳务派遣单位不是对用工单位未赔偿的部分都承担赔偿责任,劳务派遣单位承担的是相应的补充责任,即仅在自己过错的范围内承担责任。

(四)网络用户与网络经营者责任

1. 网络侵权概述

随着计算机应用及通信技术的发展,网络已快速辐射到社会各个领域。在网络环境下,如何在保护权利人的合法权益与促进网络产业正常发展之间取得平衡,《侵权责任法》对网络侵权作了专条规定。

网络侵权是指发生在互联网上的各种侵害他人民事权益的行为,它不是指侵害某种特定权利(利益)的具体侵权行为,也不属于在构成要件方面具有某种特殊性的特殊侵权行为,而是指一切发生于互联网空间的侵权行为。没有网络,也就不存在网络侵权,网络侵权的现象正是伴随着网络技术的发展而不断出现的。相比传统侵权行为,网络侵权的特殊性也是由网络技术的特殊性决定的,而且还将不断发展变化。网络侵权的特殊性体现在主体的特殊性、客体的特殊性、损害后果的特殊性及管辖的特殊性。

2. 网络用户、网络服务提供者利用网络侵害他人民事权益

根据《侵权责任法》第36条第1款规定,网络用户、网络服务提供者利用网络侵害他人民事权益的,应当承担侵权责任。

(1) 网络用户利用网络侵害他人民事权益。

网络用户利用网络侵害他人民事权益,大体可以分为以下几种类型。

一是侵害人格权。主要表现为:①盗用或者假冒他人姓名,侵害姓名权;②未经许可使用他人肖像,侵害肖像权;③发表攻击、诽谤他人的文章,侵害名誉权;④非法侵入他人电脑、非法截取他人传输的信息、擅自披露他人个人信息、大量发送垃圾邮件,侵害隐私权。

二是侵害财产利益。基于网络活动的便捷性和商务性,通过网络侵害财产利益的情形较为常见,如窃取他人网络银行账户中的资金,而最典型的是侵害网络虚拟财产,如窃取他人网络游戏装备、虚拟货币等。

三是侵害知识产权。主要表现为侵犯他人著作权与商标权:①侵犯著作权,如擅自将他人作品进行数字化传输,规避技术措施,侵犯数据库等;②侵犯商标权,如在网站上使用他人商标,故意使消费者误以为该网站为商标权人的网站,恶意抢注与他人商标相同或相类似的域名等。

(2) 网络服务提供者利用网络侵害他人民事权益。

"网络服务提供者"一词内涵较广,不仅应当包括技术服务提供者,还应当包括内容服务提供者。

所谓技术服务提供者,主要指提供接入、缓存、信息存储空间、搜索以及链接等服务类型的网络主体。其不直接向网络用户提供信息,一般而言,除符合《侵权责任法》第36条第2款和第3款的规定,技术服务提供者无须对网络用户提供的信息侵犯他人民事权益承担责任。但技术服务提供者如果主动实施侵权行为,如破坏他人技术保护措施、利用技术手段攻击他人网络、窃取他人个人信息等,也要承担侵权责任。

所谓内容服务提供者,是指主动向网络用户提供内容的网络主体。其法律地位与出版者相同,应当对所上传内容的真实性与合法性负责,如果提供了侵权信息,如捏造虚假事实诽谤他人、发布侵犯著作权的影视作品等,应当承担侵权责任。

《侵权责任法》第36条第1款只对网络用户、网络服务提供者侵犯他人民事权益应当承担侵权责任作出了原则性规定。对于网络用户、网络服务提供者的行为是否构成侵权行为,是否应当承担侵权责任,还需要根据《侵权责任法》第6条以及《著作权法》的有关规定来判断。

3. 网络服务提供者对网络用户侵权行为承担侵权责任的情形

《侵权责任法》第36条第1款规范的是网络用户、网络服务提供者的直接侵权行为,第2款和第3款规范的是网络用户利用网络实施侵权行为时,网络服务提供者在何种情况下需要与网络用户承担连带责任。

(1) 适用范围。

《侵权责任法》第36条规定的适用范围是民事权益,不仅包括著作权,还包括名誉权、肖像权、隐私权等人身权益以及财产权益。

(2) 根据《侵权责任法》第36条第2款规定承担责任的要件。

《侵权责任法》第36条第2款规定了一个非常有特色的程序,即"通知与取下"程序。最高人民法院于2000年在《关于审理涉及计算机网络著作权纠纷案件适用法律若干问题的解释》中即对"通知与取下"程序作出了规定,提供内容服务的网络服务提供者,经著作权人提出确有证据的警告,但仍不采取移除侵权内容等措施以消除侵权后果的,人民法院应当根据《民法通则》第130条的规定,追究其与该网络用户的共同侵权责任。该司法解释虽经过两次修改,但

这一规定一直沿用至今。

国务院《信息网络传播权保护条例》对这一程序作出了更为详细的规定。该条例第14条规定,对提供信息存储空间或者提供搜索、链接服务的网络服务提供者,权利人认为其服务所涉及的作品、表演、录音录像制品,侵犯自己的信息网络传播权或者被删除、改变了自己的权利管理电子信息的,可以向该网络服务提供者提交书面通知,要求网络服务提供者删除该作品、表演、录音录像制品,或者断开与该作品、表演、录音录像制品的链接。通知书应当包含下列内容:①权利人的姓名(名称)、联系方式和地址;②要求删除或者断开链接的侵权作品、表演、录音录像制品的名称和网络地址;③构成侵权的初步证明材料。权利人应当对通知书的真实性负责。第15条规定,网络服务提供者接到权利人的通知书后,应当立即删除涉嫌侵权的作品、表演、录音录像制品,或者断开与涉嫌侵权的作品、表演、录音录像制品的链接,并同时将通知书转送提供作品、表演、录音录像制品的服务对象;服务对象网络地址不明、无法转送的,应当将通知书的内容同时在信息网络上公告。

《侵权责任法》第36条第2款规定首次从法律上对"通知与取下"程序进行了确认,但只作了原则性规定,侵权通知的形式、应当包括的内容以及发出该通知的程序可以适用国务院《信息网络传播权保护条例》中的有关规定。

根据《侵权责任法》第36条第2款规定,网络服务提供者在接到权利人发出的侵权通知后,应当及时采取删除、屏蔽或者断开链接等措施,阻止公众访问侵权信息。

法律保护正当的网络监督与言论自由,对于在网络上公布他人个人信息是否构成侵权行为,应当区别不同主体予以不同对待。公众人物的工作地点、办公电话、违法行为就不属于隐私,公众有知情权,即便公开了这些信息,也不能构成侵权行为,该公众人物无权要求网络服务提供者删除、屏蔽或者断开链接。

此外,根据所提供的技术服务的类型不同,不同类型的网络服务提供者在接到侵权通知后所应承担的义务也应当有所区别。对于提供信息存储空间、搜索、链接服务的网络服务提供者,其在接到侵权通知后,应当对侵权信息采取删除、屏蔽、断开链接等必要措施;对于提供接入、缓存服务的网络服务提供者,其在接到侵权通知后,应当在技术可能做到的范围内采取必要措施,如果采取这些措施会使其违反普遍服务义务,在技术和经济上增加不合理的负担,该网络服务提供者可以将侵权通知转送相应网站。由于所有网络信息都须经由接入服务进行传输,很多权利人都会要求接入服务提供者删除侵权信息,如果不对此类服务提供者采取必要措施的义务进行必要的限制,可能会妨碍网络产业的正常发展。

(3)根据《侵权责任法》第36条第3款规定承担责任的要件。

根据《侵权责任法》第36条第3款规定,当网络服务提供者知道网络用户通过其网络服务实施侵权行为时,应当承担侵权责任。这一款中"网络服务提供者"的含义与第2款相同,主要指的是提供技术服务的网络服务提供者。

(4)责任承担形式。

根据《侵权责任法》第36条第2款规定,网络服务提供者与网络用户对损害的扩大部分承担连带责任。网络用户是直接侵权行为人,应当对该侵权行为造成的全部损害承担侵权责任;而网络服务提供者在接到侵权通知后应当及时采取必要措施,阻止侵权信息进一步扩散,如果网络服务提供者未能尽到此项义务,应当对未及时采取必要措施而给受害人造成的损失承担侵权责任。

根据《侵权责任法》第 36 条第 3 款规定,网络服务提供者与网络用户承担连带责任。如果网络服务提供者明知网络用户利用其网络服务实施侵权行为,却不采取必要措施,可以认定为构成帮助侵权,应当对全部损害与网络用户承担连带责任。如果网络服务提供者实际上并不知道网络用户利用其网络服务实施侵权行为,而是疏于管理,没有意识到这种侵权行为的存在,只应对应当知道而没有知道侵权行为之时起的损害与网络用户共同承担侵权责任,之前的损害应当由网络用户单独承担责任。

(五)学校等教育机构责任

1. 幼儿园、学校和其他教育机构的侵权责任概述

幼儿园、学校和其他教育机构的侵权责任,是指在幼儿园、学校和其他教育机构的教育、教学活动中或者在其负有管理责任的校舍、场地、其他教育教学设施、生活设施中,由于幼儿园、学校或者其他教育机构未尽教育、管理职责,致使学习或者生活的无民事行为能力人和限制民事行为能力人遭受损害或者致他人损害的,学校、幼儿园或者其他教育机构应当承担的与其过错相应的侵权责任。

2. 我国现行规定

无民事行为能力人或者限制民事行为能力人在幼儿园、学校或者其他教育机构学习、生活期间受到人身损害的,幼儿园、学校或者其他教育机构在什么条件下需要承担侵权责任,我国法律、行政法规均未作出具体规定。

教育部 2002 年颁布了《学生伤害事故处理办法》,北京市、上海市、江苏省、湖南省、杭州市、福州市、郑州市、贵阳市、西安市、银川市、苏州市等地近几年均制定了中小学生人身伤害事故处理条例。这些部门规章和地方性法规对学校、幼儿园和其他教育机构需要承担的侵权责任作了较为详细的规定,但这些规定法律效力较低,且在侵权责任的确定、免责事由、赔偿标准等问题上规定不一。

最高人民法院 1988 年《关于贯彻执行〈中华人民共和国民法通则〉若干问题的意见(试行)》第 160 条规定:"在幼儿园、学校生活、学习的无民事行为能力人或者在精神病院治疗的精神病人,受到伤害或者给他人造成损害,单位有过错的,可以责令这些单位适当给予赔偿。" 2003 年《关于审理人身损害赔偿案件适用法律若干问题的解释》第 7 条规定:"对未成年人依法负有教育、管理、保护义务的学校、幼儿园或者其他教育机构,未尽职责范围内的相关义务致使未成年人遭受人身损害,或者未成年人致他人人身损害的,应当承担与其过错相应的赔偿责任。第三人侵权致未成年人遭受人身损害的,应当承担赔偿责任。学校、幼儿园等教育机构有过错的,应当承担相应的补充赔偿责任。"后一规定是目前司法审判实践中处理这类侵权案件的主要依据。

3.《侵权责任法》第 38 条规定的内容

根据《侵权责任法》第 38 条规定,无民事行为能力人在幼儿园、学校或者其他教育机构学习、生活期间受到人身损害的,幼儿园、学校或者其他教育机构应当证明自己已经尽到教育、管理职责,对该无民事行为能力人所发生的人身损害没有过错,否则就要承担责任。对无民事行为能力人的情况,采用过错推定原则,主要考虑是:无民事行为能力人智力发育还很不成熟,在对事物的认知和判断上存在较大不足,不能辨认或者不能充分理解自己行为的后果,必须加以特别保护,这就要求学校更多地履行保护孩子身心健康的义务。无民事行为能力人在幼儿园、

学校或者其他教育机构学习、生活期间,超越了监护人的控制范围,如果受到人身损害,基本无法对事故发生的情形准确地加以描述,此时要让无民事行为能力人或者其监护人来证明学校的过错,几乎是不可能的。采用过错推定原则,学校也能举证反驳,可以通过证明已经尽到了相当的注意并且实施了合理的行为,以达到免责的目的。同时,学校等教育机构更有可能通过保险等方式来向社会转移风险。

4. 第三人侵权时教育机构的侵权责任

《侵权责任法》第38条和第39条对未成年人在幼儿园、学校或者其他教育机构学习、生活期间遭受人身损害时幼儿园、学校或者其他教育机构的侵权责任,区分无民事行为能力人和限制民事行为能力人分别规定了不同的归责原则。第40条则区分造成损害的主体为幼儿园、学校或者其他教育机构以外的人员的情况,规定幼儿园、学校或者其他教育机构应当承担的侵权责任。

(1) 幼儿园、学校或者其他教育机构以外的人员承担的侵权责任。

幼儿园、学校或者其他教育机构以外的人员是指幼儿园、学校或者其他教育机构的教师、学生和其他工作人员以外的人员。

如果未成年人在幼儿园、学校或者其他教育机构学习、生活期间遭受人身损害,是由于幼儿园、学校或者其他教育机构本身的人员的行为造成的,幼儿园、学校或者其他教育机构未尽到教育、管理职责时,就要承担责任。

(2) 幼儿园、学校或者其他教育机构承担的相应补充责任。

无民事行为能力人或者限制民事行为能力人在幼儿园、学校或者其他教育机构学习、生活期间,受到幼儿园、学校或者其他教育机构以外的人员人身损害的,该人员作为侵权人应当承担侵权责任。但由于此时受到人身损害的无民事行为能力人或者限制民事行为能力人仍在幼儿园、学校或者其他教育机构监管之下,幼儿园、学校或者其他教育机构仍负有管理职责;如果幼儿园、学校或者其他教育机构未尽到管理职责的,对损害的发生也具有过错,其未尽到管理职责的行为是造成损害发生的间接原因,应当承担补充责任。幼儿园、学校或者其他教育机构是否尽到管理职责,要根据人身损害发生时的具体情况判断,如幼儿园、学校或者其他教育机构的安全管理制度是否有明显疏漏,或者是否管理混乱,存在重大安全隐患。如果幼儿园、学校或者其他教育机构的安全保卫工作存在过失,学校就应承担补充责任。

本章小结

在人们的日常法律关系或者说可能产生的法律关系中,因为侵权是仅次于合同的民事行为,所以对于公民来说并不陌生;又因为侵权的形成或者形式不可能预先设定,处理结果往往因为人的不同或认识或思维的基点的不同而迥异,所以较之合同行为和处理结果更复杂。本章包括侵权责任法的一般概述、一般侵权责任构成要件、旅游业常见的侵权行为等,高度概括和阐述了与旅游业相关的侵权立法规定。

关键概念

侵权责任法　侵权赔偿责任　归责原则　过错责任原则　过错推定　无过错责任原则　旅游侵权

 复习思考题

☐ 复习题：
1. 简述侵权责任法的归责原则体系。
2. 简述一般侵权责任的构成要件。
3. 简述旅游业侵权责任的承担方式。

☐ 思考题：
试思考作为游客应当在旅游侵权中维权的注意事项。

章末案例　旅行社的安全保障责任

第五章

旅游消费者权益保护法律制度

学习目标

通过本章的学习，需要学生了解消费者、旅游消费者及消费者权益保护法的概念，掌握旅游消费者的权利和义务，熟悉旅游经营者的义务，熟悉旅游消费者权益保护机构、争议解决的途径及侵犯旅游消费者合法权益行为的法律责任，具备确定赔偿责任主体的能力。

第一节 旅游消费者权益保护法律概述

案例引导 5-1：药材打粉有猫腻，旅游购物须谨慎

2015年8月31日，消费者周女士途经九寨沟旅游时，在四川省阿坝州松潘县某副食店（以下简称经营者）听闻铁皮石斛有很高的药用价值及保健作用，消费者咨询了价格后便挑选了一些铁皮石斛准备购买，但经营者在未向消费者确认重量的情况下，擅自将铁皮石斛打成粉末后称重，再向消费者报价7700元。消费者认为经营者应先经她确认重量，计算价格后再决定是否购买，但经营者则以石斛已磨成粉无法再次销售为由，强迫消费者购买。消费者遂于2015年9月1日向四川省阿坝州松潘县保护消费者权益委员会（以下简称阿坝州松潘县消委会）投诉，要求退货。

经查证，消费者反映的情况属实，经营者在销售过程中擅自增加了铁皮石斛的数量，最后未告知消费者所挑选铁皮石斛的重量，并以磨成粉末无法再销售为由强迫消费者购买。阿坝州松潘县消委会表示支持消费者的诉求，并组织调解，消费争议双方最终达成一致意见：由经营者为消费者办理退货手续并退还消费者7700元。至此，消费者和经营者双方之间的消费争议得到妥善解决。

（资料来源：中国消费者协会投诉和解监督平台。）

【问题】

1. 旅游消费者享有哪些合法权利？该案例中经营者侵犯了旅游消费者哪些权利？

2. 旅游消费者的权利遭到侵犯，应该通过什么途径来解决？

一、旅游消费者概述

（一）消费者与消费者权益

1. 消费者的概念

消费是社会经济运行中最终的、必不可少的环节，是社会再生产的重要环节，包括生产消费和生活消费两个方面。生产消费是物质资料生产过程中对原材料的消耗，生活消费是人们为了满足个人或家庭生活需要对各种产品和服务的消耗。《中华人民共和国消费者权益保护法》（以下简称《消费者权益保护法》）所指的消费是生活消费，而不包括生产消费。

消费者是消费的主体，根据《消费者权益保护法》第2条的规定，消费者为生活消费需要购买、使用商品或者接受服务，其权益受本法保护，消费者是指生活消费者。

2. 消费者的法律特征

（1）消费者是自然人。《消费者权益保护法》是基于个人在经济活动过程中的弱势地位而进行特殊立法保护的，因此消费主体限定为自然人，而企事业单位、社会组织不在该法保护之列。

（2）消费者的消费性质属于生活性消费。消费者的生活消费是为了满足个人或家庭的生活需要，包括物质产品消费和服务消费。我们日常生活中购买食物、手机、衣服等属于物质产品消费，出门旅游、看电影等属于服务消费。

（3）消费者消费的客体包括商品和服务。商品的表现形式是实物，如玉器、食物等，可以是成品，也可以是半成品或原料。服务不是以实物形式提供给消费者，而是以劳动的形式满足人们生活的需要，如餐饮服务、交通运输服务等。

（4）消费者的消费方式包括购买、使用（商品）和接受（服务）。购买、使用都是为了满足人们的生活消费。购买一般是人们按照商品价格以支付货币的形式来获得商品，但是支付货币也不是唯一支付手段，也可以通过提供其他等价支付形式，如劳力、提供便利条件等来实现消费。商品或服务的购买者与使用者未必是同一人，消费者既可以是购买并直接使用商品或接受服务的人，也可以只是购买者而由他人使用商品或接受服务，还可以是使用他人购买商品的人或者接受他人购买服务的人。

（5）消费者消费的客体是由经营者提供的。经营者是以营利为目的从事生产经营活动，向消费者提供产品或服务的公民、法人和其他经济组织。《消费者权益保护法》第3条规定："经营者为消费者提供其生产、销售的商品或者提供服务，应当遵守本法。"经营者是与消费者相对应的法律主体。

3. 消费者权益

消费者权益是指消费者依法享有的权利以及该权利受到保护时给消费者带来的应得的利

益。消费者权益可以理解为消费者权利与利益的合称,其核心是消费者的权利,并且在广义上,消费者的权利也包含了消费者的利益,消费者权利的有效实现是其利益实现的前提和基础。在我国,能够为消费者权利提供法律保障的主要是《消费者权益保护法》。

(二)旅游消费者的概念和法律特征

1. 旅游消费者的概念

旅游者是旅游活动的主体,旅游消费者是指在旅游活动中为满足个人发展与享受需要购买、使用旅游商品或接受旅游服务的人。

旅游消费者是在旅游活动领域进行生活消费的消费者,具有消费者的一般特征。旅游消费者是自然人,其消费性质属于生活性消费,旅游消费者在旅游活动过程中购买、使用的旅游商品或接受的旅游服务由旅游经营者提供。

2. 旅游消费者的特殊性

旅游消费者的消费行为是基于旅游活动产生的,旅游消费者除具备消费者的一般特征外,还具有其鲜明的特殊性。

(1)旅游消费者消费的时间地点具有特殊性。旅游活动具有异地性、短时性,旅游消费者是只有在参加旅游活动期间才具有的法律身份。对旅游地陌生、停留时间短导致旅游消费者很难很好地获得关于旅游商品或旅游服务的各种信息,旅游消费者比一般消费者承担更大的风险,合法权益更易被侵害。

(2)旅游消费者的消费对象具有特殊性。旅游消费者花费一定的时间、金钱和精力购买的是旅游经历和美好的体验,他们追求的是精神层次的享受,更注重精神产品的消费。在精神消费的同时,旅游消费者在旅游活动中也有对各种物质产品的消费,如购买旅游纪念品。

(3)旅游消费者维权难度大。旅游消费者往往是在旅游活动结束之后,才能判定旅游商品或旅游服务的好坏优劣,而当他们发现自己的合法权益受到侵害时,不能像一般消费品那样及时得到保修、保换或退赔,合法权益难以保障。

(4)旅游经营主体的复杂性。旅游活动六大要素食、住、行、游、娱、购的每一个环节中都有可能发生经营者侵害旅游消费者权益的行为,旅游经营者经常是通过委托、代理等方式在互相合作中共同为旅游消费者提供综合性的产品和服务,这也使得旅游消费者权益受到侵害时往往难以确定赔偿主体。

这些特点说明旅游消费者相对于其他消费者而言,在消费购买旅游产品与接受旅游服务过程中存在着很多不确定因素,合法权益更易受损。因此,保护旅游消费者的合法权益是促进旅游业发展所不能忽视的重要问题。

二、消费者权益保护法概述

(一)消费者权益保护法的概念及特征

1. 消费者权益保护法的概念

消费者权益保护法有广义和狭义两种理解,广义的理解是指调整在保护消费者权益过程中发生的经济关系的法律规范的总称,即指所有有关保护消费者权益的法律、法规。广义的概念实际上是指保护消费者权益的法律体系,包括《消费者权益保护法》《产品质量法》《价格法》《反不正当竞争法》等等。狭义的理解是指我国人大常委会颁布的《消费者权益保护法》,我们通常所说的是狭义的解释。《消费者权益保护法》是经济法的一个很重要的部门法。

我国现行的《消费者权益保护法》是1993年10月31日第八届全国人大常委会第四次会议通过，自1994年1月1日起施行的。2009年8月27日第十一届全国人民代表大会常务委员会第十次会议《关于修改部分法律的规定》进行了第一次修正。2013年10月25日，中华人民共和国第十二届全国人民代表大会常务委员会第五次会议通过《全国人民代表大会常务委员会关于修改的决定》第二次修正，该次修法主要从四个方面完善消费者权益保护制度，如强化经营者义务、规范网络购物等新的消费方式、建立消费公益诉讼制度等。2014年3月15日，由全国人大修订的新版《消费者权益保护法》正式实施。

2. 《消费者权益保护法》的特征

《消费者权益保护法》与其他法律相比较具有如下特征。

(1)《消费者权益保护法》专门对消费者权利进行特殊保护。该法保护的唯一主体是消费者，没有像其他法律遵从民法中权利义务对等的惯例，它只规定了消费者的权利，而对经营者只规定义务，充分体现了国家对消费者的特殊保护。这是《消费者权益保护法》区别于其他法律的重要特征。《消费者权益保护法》所保护的消费者权利包括两种：一是人身权利，即消费者对其生命、健康、名誉、安全等不受经营者非法侵害的权利；二是财产权利，即消费者所享有的财产在交易过程中不受非法侵害的权利。

(2)《消费者权益保护法》中多为强制性、禁止性规范。强制性规范是指法律规范所确定的权利、义务具有绝对肯定的形式，不允许当事人之间相互协议和任何一方予以变更。禁止性规范是指规定不得为一定行为的规范。《消费者权益保护法》以保护消费者利益为己任，通过采用强制性和禁止性规范的形式来体现这种倾斜。

(3)《消费者权益保护法》是一部集原则性规定与操作性规定、实体规范与程序规范于一体的综合性法律规范。该法既对消费者的权利、国家保护消费者的职责等作了原则性规定，又对保护消费者的规范作了具体可操作的规定；既有消费者权利和经营者义务的实体规定，又对消费纠纷的解决程序作了明确规定，在内容上是实体法与程序法的统一。

(二)《消费者权益保护法》的适用范围

《消费者权益保护法》的适用范围是指该法的效力所及的时间、空间和主体范围。根据我国《消费者权益保护法》第2条、第3条和第54条的规定，该法适用范围为以下几种情况。第一，消费者为生活消费需要购买、使用商品和接受服务，其权益受该法保护。第二，经营者为消费者提供其生产、销售的商品或者提供服务，应当遵守该法。第三，农民购买、使用直接用于农业生产的生产资料，参照该法执行。

(三)《消费者权益保护法》的基本原则

《消费者权益保护法》的基本原则是指贯彻于消费者权益保护法之中，保护消费者利益的基本准则。我国《消费者权益保护法》的基本原则包括以下几项。

1. 自愿、平等、公平、诚实信用原则

《消费者权益保护法》第4条规定："经营者与消费者进行交易，应当遵循自愿、平等、公平、诚实信用的原则。"这一原则主要是经营者在与消费者进行交易时，应当遵守的基本规则。《消费者权益保护法》要求双方在法律规定的原则下进行正常交易，尽量不发生或少发生消费者权益被侵害的问题。

2. 国家保护原则

《消费者权益保护法》第 5 条第 1、2 款规定："国家保护消费者合法权益不受侵害。国家采取措施,保障消费者依法行使权利,维护消费者合法权益。"保护消费者权益,除了立法上的倾斜外,更需要各部门严格执法作保障。

3. 合理消费原则

《消费者权益保护法》第 5 条第 3 款规定："国家倡导文明、健康、节约资源和保护环境的消费方式,反对浪费。"这一条主要针对人民生活水平提高后、铺张浪费不断增多的现象而制定。十八大以后,国家对生态文明建设有非常明确的要求,要求把节约资源、保护环境作为必须坚持的一项基本国策,节约环保已成为人们公认的消费新理念,这一原则体现了国家引导合理消费、反对浪费的立法思路。

4. 全社会共同保护消费者合法权益的原则

《消费者权益保护法》第 6 条规定："保护消费者的合法权益是全社会的共同责任。国家鼓励、支持一切组织和个人对损害消费者合法权益的行为进行社会监督。大众传播媒介应当做好维护消费者合法权益的宣传,对损害消费者合法权益的行为进行舆论监督。"

这一原则体现了保护消费者合法权益不仅需要行政监督,还需要社会监督。社会监督范围十分广泛,包括各种社会团体的监督、企事业单位的监督、各级消费者组织的监督、各种传播媒介的监督以及广大人民群众的监督,以切实保障消费者的合法权益不受侵害。消费者权益涉及社会经济生活的广泛领域,需要动员全社会的力量,发挥各方面的积极性,才能形成消费者权益保护的社会机制,使消费者权益保护法律制度落到实处。

第二节　旅游消费者的权利和义务

案例引导　5-2:游客入住酒店摔伤引纠纷

一、旅游消费者的权利

消费者权利是指消费者在购买、使用商品或者接受服务时依法享有的受法律保护的利益。消费者权利是法定权利,是法律基于消费者的弱者地位而特别赋予的。旅游消费者在旅游活动中购买、使用旅游商品或者接受旅游服务时,同样享有相关权利。

《消费者权益保护法》中规定了消费者享有安全保障权、知情权、自主选择权、公平交易权、索赔权、结社权、获取知识权、受尊重权、监督权共九项权利,同时《中华人民共和国旅游法》(以下简称《旅游法》)中也规定了旅游者享有的基本权利。

(一)安全保障权

《消费者权益保护法》第 7 条规定:"消费者在购买、使用商品和接受服务时享有人身、财产安全不受损害的权利。消费者有权要求经营者提供的商品和服务,符合保障人身、财产安全的要求。"

安全保障权是旅游消费者最基本的权利,包括人身安全权和财产安全权。旅游消费者的人身安全权是指生命安全权和健康安全权及人格、名誉和人身自由不受侵害的权利。旅游消费者的财产安全权是指财产不受损失的权利。财产损失有时表现为财产在外观上发生损毁,有时则表现为价值的减少。

旅游消费者的人身安全和财产安全是其顺利进行旅游活动的基础。旅游活动多在户外进行,自然灾害、事故灾难、公共卫生事件和社会安全事件等都可能对旅游消费者造成危险。旅游消费者在安全保障权受到侵犯时,有请求救助和保护的权利。《旅游法》第 12 条第 1 款规定:"旅游者在人身、财产安全遇有危险时,有请求救助和保护的权利。"《旅游法》第 82 条规定:"旅游者在人身、财产安全遇有危险时,有权请求旅游经营者、当地政府和相关机构进行及时救助。中国出境旅游者在境外陷于困境时,有权请求我国驻当地机构在其职责范围内给予协助和保护。旅游者接受相关组织或者机构的救助后,应当支付应由个人承担的费用。"

(二)知悉真情权

《消费者权益保护法》第 8 条规定:"消费者享有知悉其购买、使用的商品或者接受的服务的真实情况的权利。消费者有权根据商品或者服务的不同情况,要求经营者提供商品的价格、产地、生产者、用途、性能、规格、等级、主要成分、生产日期、有效期限、检验合格证明、使用方法说明书、售后服务,或者服务的内容、规格、费用等有关情况。"

知悉真情权又叫了解权、知情权,是指消费者所享有的知悉其购买、使用的商品或者所接受服务的真实情况的权利。这项权利的设定旨在消除消费者和经营者的信息不对称给消费者带来的不利影响。

《旅游法》第 9 条第 2 款规定:"旅游者有权知悉其购买的旅游产品和服务的真实情况。"对旅游消费者来说,知情是消费活动中必不可少的,其意义在于:①旅游活动经常跨地域进行,充分了解旅游商品或服务的真实情况,是旅游消费者决定购买某种商品、接受某项服务的前提,旅游者只有充分了解旅游产品和服务的真实情况,才能对旅游产品和服务是否能满足其现实需要作出正确判断,才能作出令自身满意的选择;②旅游消费者有必要了解旅游商品或服务的真实情况,再进行消费,以免上当受骗,同时有效地防止旅游安全事故。

旅游消费者对购买的旅游产品和服务享有知情权,具体包括以下几个方面:①旅游者有权要求旅游经营者宣传信息真实,经营者不得提供虚假情况或者作误导性陈述;②旅游者有权要求旅游经营者主体情况真实,旅游经营者应当向旅游者提供地接社、委托社的相关信息;③旅游者有权要求旅游经营者告知旅游产品和服务的真实情况,如旅游行程、旅游产品的价格、交通工具种类、自费项目及价格等。

(三)自主选择权

自主选择权是指消费者享有自主选择商品或者服务的权利。根据《消费者权益保护法》第 9 条的规定,消费者有权自主选择的内容包括:①自主选择商品或者服务的经营者;②自主选择商品品种或服务方式;③自主决定是否购买或接受服务;④自主选择商品或服务时,有权进行比较、鉴别和挑选。

《旅游法》第9条第1款规定:"旅游者有权自主选择旅游产品和服务,有权拒绝旅游经营者的强制交易行为。"旅游消费者的自主选择权主要是自主选择价格合理的旅游产品和服务。强制交易行为是指旅游经营者违背旅游者的意愿,强制或者限定旅游者购买其指定的旅游商品或者服务的行为。旅游经营者的强制交易行为包括限定旅游者只能购买和使用其附带提供的相关产品,而排斥其他同类商品;强制旅游者购买其提供的不必要的商品;强制旅游者购买其指定的经营者提供的不必要的商品;对不接受其不合理条件的旅游者拒绝、中断或减少其提供的相关服务等。强制交易行为剥夺了旅游消费者的自主选择权,对旅游者和其他旅游经营者的合法权益、对正常社会竞争秩序造成损害。实践中,损害旅游消费者自由选择权的现象主要是旅游经营者强迫旅游者购物、强制旅游者参加自费项目、擅自将旅游者转团、并团,甚至卖团等。

旅游消费者自主选择权的行使不排除旅游经营者的介绍和推荐行为,介绍、推荐有助于消费者更多了解商品和服务的真实情况,买与不买、接受与不接受取决于消费者的自由意志。

同步案例 5-1:纯玩团被强迫购物 "冒牌"旅行社欺诈消费者

(四)公平交易权

公平交易是指经营者与消费者之间的交易应在平等的基础上达到公正的结果。《消费者权益保护法》第10条规定:"消费者享有公平交易的权利。消费者购买商品或者接受服务时,有权获得质量保障、价格公平合理、计量准确无误等公平交易条件,有权拒绝经营者的强制交易。"

对于旅游消费者而言,公平交易权具体包括三个方面:①旅游消费者有权要求旅游商品和服务的质量符合国家规定的标准或者与旅游经营者约定的标准,如果旅游商品或者服务不符合规定的质量要求,消费者有权要求更换、退货等;②旅游消费者有权要求旅游经营者执行国家的价格政策、法规或按质论价,旅游商品和服务有公平、合理的价格;③旅游消费者有权要求经营者计量准确、足量,对不足分量者有权要求退货或退回多收的价款。

根据《旅游法》第9条第1款的规定,旅游消费者在购买旅游产品和服务时,享有与旅游经营者进行公平交易的权利,有权拒绝旅游经营者的强制交易行为。《旅游法》第9条第3款规定:"旅游者有权要求旅游经营者按照约定提供产品和服务。"旅游者与旅游经营者订立的旅游合同受法律保护,依法成立的合同对当事人具有法律约束力。旅游经营者违反合同约定,有擅自改变旅游行程、遗漏旅游景点、减少旅游服务项目、降低旅游服务标准等行为,旅游者可以要求旅游经营者赔偿未完成约定旅游服务项目等合理费用。为保障旅游消费者的公平交易权,旅游经营者应按照约定为旅游者提供有质量保证的旅游产品和服务。

（五）依法求偿权

《消费者权益保护法》第11条规定："消费者因购买、使用商品或者接受服务受到人身、财产损害的，享有依法获得赔偿的权利。"依法求偿权简称为求偿权，也称索赔权。

享有求偿权的主体是因购买、使用商品或者接受服务而受到人身、财产损害的消费者，包括以下几种类型：①商品的购买者；②商品的使用者；③服务的接受者；④第三人。第三人是指除商品的购买者、使用者或者服务的接受者之外的，因为偶然原因而在事故现场受到损害的其他人。

旅游消费者受到侵害，造成财产损失、人身损害、精神损害，均可纳入索赔的范围。旅游消费者行使求偿权的途径，可以是与责任者自行协商直接提出损失赔偿请求或者请求消协调解，也可以是向行政管理机关、司法机关或者根据与责任者达成的仲裁协议向仲裁机关提出损失赔偿请求。侵犯旅游消费者求偿权的行为有：旅游经营者对消费者所受伤害应得到的补偿不予负担；对消费者索取赔偿采取拖延方式，甚至使用暴力或威胁等手段。

由于旅游活动涉及食、住、行、游、购、娱多个环节，涉及众多经营者，因而旅游消费者受到侵害的因素和主体往往会比较复杂。在《旅游法》中也对各种情况做出了相应的规定。

《旅游法》第70条规定："旅行社不履行包价旅游合同义务或者履行合同义务不符合约定的，应当依法承担继续履行、采取补救措施或者赔偿损失等违约责任；造成旅游者人身损害、财产损失的，应当依法承担赔偿责任。旅行社具备履行条件，经旅游者要求仍拒绝履行合同，造成旅游者人身损害、滞留等严重后果的，旅游者还可以要求旅行社支付旅游费用一倍以上三倍以下的赔偿金。由于旅游者自身原因导致包价旅游合同不能履行或者不能按照约定履行，或者造成旅游者人身损害、财产损失的，旅行社不承担责任。在旅游者自行安排活动期间，旅行社未尽到安全提示、救助义务的，应当对旅游者的人身损害、财产损失承担相应责任。"

《旅游法》第54条规定："景区、住宿经营者将其部分经营项目或者场地交由他人从事住宿、餐饮、购物、游览、娱乐、旅游交通等经营的，应当对实际经营者的经营行为给旅游者造成的损害承担连带责任。"

《旅游法》第71条第2款规定："由于地接社、履行辅助人的原因造成旅游者人身损害、财产损失的，旅游者可以要求地接社、履行辅助人承担赔偿责任，也可以要求组团社承担赔偿责任；组团社承担责任后可以向地接社、履行辅助人追偿。但是，由于公共交通经营者的原因造成旅游者人身损害、财产损失的，由公共交通经营者依法承担赔偿责任，旅行社应当协助旅游者向公共交通经营者索赔。"

（六）结社权

《消费者权益保护法》第12条规定："消费者享有依法成立维护自身合法权益的社会团体的权利。"这种建立消费者组织的权利，被称为结社权。包括两个方面内容：一是有权要求国家建立代表消费者利益的职能机构；二是有权建立自己的组织，维护自身的合法权益。

我国宪法明确规定，公民享有结社的权利。消费者依法成立维护自身合法权益的社会团体，是公民结社权在消费者权益保护法中的具体化。赋予消费者结社权旨在使处于弱者地位的个体消费者变成一个合法存在的代表消费者群体利益的强有力的组织，这些作为消费者集合的社会团体参与到消费领域中会大大改变消费者与经营者之间的力量对比关系，从而有效地维护消费者的合法权益。

中国消费者协会和地方各级消费者协会是我国主要的消费者组织,是对旅游消费者合法权益进行保护的社团组织。消费者组织可以形成对商品和服务的广泛的社会监督,向消费者提供消费信息和咨询服务,受理消费者的投诉,充当沟通政府和消费者之间的桥梁,支持受损害的消费者提起诉讼等等。

(七)获得知识权

《消费者权益保护法》第13条规定:"消费者享有获得有关消费和消费者权益保护方面的知识的权利。消费者应当努力掌握所需商品或者服务的知识和使用技能,正确使用商品,提高自我保护意识。"获得知识权是消费者运动发展到一定程度的必然要求,是消费者自我觉醒的重要标志。

旅游消费者获得知识权的具体内容包括以下两个方面。

第一,获得旅游消费的有关知识。消费知识包括消费者如何正确地选购商品、商品的一般价格构成、如何合理地使用产品、在发生突发事故时应如何处置、接受服务有关的知识以及公平交易的知识。

第二,获得旅游消费者权益保护方面的知识。主要指消费者如何保护自己的法律知识,包括消费者权利、经营者义务、消费者在其权益受侵害时应如何维护其权益、消费者在行使权利过程中应该注意哪些问题等等。

(八)受尊重权

《消费者权益保护法》第14条规定:"消费者在购买、使用商品和接受服务时,享有人格尊严、民族风俗习惯得到尊重的权利,享有个人信息依法得到保护的权利。"

消费者的受尊重权分为消费者的人格尊严受尊重、民族风俗习惯受尊重和个人信息受保护三部分。人格尊严受尊重主要是指消费者在购买、使用商品和接受服务时所享有的姓名、名誉、荣誉、肖像等人格不受侵犯的权利。人格尊严不受侵犯是每一个公民依据《宪法》享有的神圣权利。消费者的民族风俗习惯获得尊重,是指在消费时其民族风俗习惯不受歧视、不受侵犯,并且经营者应当对其民族风俗习惯予以充分尊重和理解。我国是一个多民族的国家,各民族在长期发展中形成了独特的风俗习惯,消费者在消费过程中,其民族风俗习惯也应当受到尊重。个人信息保护是一项宪法权利,而非普通的民事权利。尊重消费者的人格尊严、民族习俗、保护个人信息,是社会文明进步的表现,也是尊重和保障人格的重要内容。

《旅游法》第10条规定:"旅游者的人格尊严、民族风俗习惯和宗教信仰应当得到尊重。"旅游消费者进行旅游活动是为了满足高层次的精神需求,是个体进行体验的经历,与旅游者的人格、习惯和信仰密切相关,因此尊重旅游者人格尊严、民族风俗习惯和宗教信仰更为重要,是旅游者基本权利的重要体现。

《旅游法》第11条规定:"残疾人、老年人、未成年人等旅游者在旅游活动中依照法律、法规和有关规定享受便利和优惠。"特殊人群是需要社会给予特殊关注和照顾的群体,他们有平等地充分参与社会生活的权利,有愿望、有条件参与旅游活动,便可享受应有的尊重和关照,共享社会物质文化成果,这也是社会文明的基本体现和要求。

(九)监督批评权

《消费者权益保护法》第15条规定:"消费者享有对商品和服务以及保护消费者权益工作

进行监督的权利。消费者有权检举、控告侵害消费者权益的行为和国家机关及其工作人员在保护消费者权益工作中的违法失职行为,有权对保护消费者权益工作提出批评、建议。"

旅游消费者的监督权利包括以下两个方面。

第一,对于国家有关部门执行政策法规不力,或者在日常工作中不注意维护消费者合法权益的,消费者有权提出质询、批评或建议。

第二,对于生产经营者从事有损消费者利益的行为,消费者有权要求国家有关机关依法查处。消费者的利益受到损害时,有权通过报刊、电台、电视台等大众传播媒介进行声援,对有关的生产经营者和国家机关的违法失职行为予以曝光,进行批评。

二、旅游消费者的义务

旅游消费者在旅游活动中享有相关权利的同时,也应依法承担相应的社会责任。旅游消费者依据旅游法律规范在旅游活动中履行相应的义务,共同创造良好的旅游环境,促进旅游业的健康发展,也是为了更好地实现更多旅游消费者的合法权益。《旅游法》中规定了旅游者应履行的义务,对旅游者的旅游行为进行了规范。

(一)文明旅游的义务

《旅游法》第13条规定:"旅游者在旅游活动中应当遵守社会公共秩序和社会公德,尊重当地的风俗习惯、文化传统和宗教信仰,爱护旅游资源,保护生态环境,遵守旅游文明行为规范。"

旅游者在旅游活动中的出行、住宿、餐饮、游览、购物、娱乐,都会涉及他人,涉及社会公共秩序。社会公德对于维护公众利益、公共秩序,保持社会稳定,具有十分重要的作用。为维护良好的社会公共秩序,促进旅游活动稳定有序进行,旅游者在旅游活动中应当遵守社会公共秩序和社会公德。

一个地方的风俗习惯、文化传统和宗教信仰,集中地反映了当地人们的精神、生活和经验。旅游者如果不尊重所到之地的风俗习惯、文化传统和宗教信仰,不仅容易引起争议和纠纷,还容易影响团结,旅游者在旅游活动中应当尊重当地的风俗习惯、文化传统和宗教信仰。

旅游资源是旅游业发展的前提,旅游资源受到破坏,旅游业的发展就必然受到影响。生态环境对人类的生存和发展有着长远的影响。而旅游者的游览、度假、休闲等旅游活动,与旅游资源和生态环境密切相关,旅游者的不当行为,可能会对旅游资源、生态环境造成破坏,旅游者在旅游活动中应当爱护旅游资源,保护生态环境。

营造文明、和谐的旅游环境,关系到每位游客的切身利益。文明旅游是每一位游客的义务和责任,文明旅游行为规范包括以下几个方面。

(1)维护环境卫生。不随地吐痰和口香糖,不乱扔废弃物,不在禁烟场所吸烟。

(2)遵守公共秩序。不喧哗吵闹,排队遵守秩序,不并行挡道,不在公众场所高声交谈。

(3)保护生态环境。不踩踏绿地,不摘折花木和果实,不追捉、投打、乱喂动物。

(4)保护文物古迹。不在文物古迹上涂刻,不攀爬触摸文物,拍照摄像遵守规定。

(5)爱惜公共设施。不污损客房用品,不损坏公用设施,不贪占小便宜,节约用水用电,用餐不浪费。

(6)尊重别人权利。不强行和外宾合影,不对着别人打喷嚏,不长期占用公共设施,尊重服务人员的劳动,尊重各民族宗教习俗。

(7)讲究以礼待人。衣着整洁得体,不在公共场所袒胸赤膊;礼让老幼病残,礼让女士;不讲粗话。

（8）提倡健康娱乐。抵制封建迷信活动，拒绝黄、赌、毒。

出境文明旅游行为规范包括："中国公民，出境旅游，注重礼仪，保持尊严。讲究卫生，爱护环境；衣着得体，请勿喧哗。尊老爱幼，助人为乐；女士优先，礼貌谦让。出行办事，遵守时间；排队有序，不越黄线。文明住宿，不损用品；安静用餐，请勿浪费。健康娱乐，有益身心；赌博色情，坚决拒绝。参观游览，遵守规定；习俗禁忌，切勿冒犯。遇有疑难，咨询领馆；文明出行，一路平安。"

2016年国家旅游局（现文化和旅游部）为了推进旅游诚信建设工作、提升公民文明出游意识制定《国家旅游局关于旅游不文明行为记录管理暂行办法》，其中第2条规定：中国游客在境内外旅游过程中发生的因违反境内外法律法规、公序良俗，造成严重社会不良影响的行为，纳入"旅游不文明行为记录"。主要包括：①扰乱航空器、车船或者其他公共交通工具秩序；②破坏公共环境卫生、公共设施；③违反旅游目的地社会风俗、民族生活习惯；④损毁、破坏旅游目的地文物古迹；⑤参与赌博、色情、涉毒活动；⑥不顾劝阻、警示从事危及自身以及他人人身财产安全的活动；⑦破坏生态环境，违反野生动植物保护规定；⑧违反旅游场所规定，严重扰乱旅游秩序；⑨国务院旅游主管部门认定的造成严重社会不良影响的其他行为。因监护人存在重大过错导致被监护人发生旅游不文明行为，将监护人纳入"旅游不文明行为记录"。

（二）不损害他人合法权益的义务

《旅游法》第14条规定："旅游者在旅游活动中或者在解决纠纷时，不得损害当地居民的合法权益，不得干扰他人的旅游活动，不得损害旅游经营者和旅游从业人员的合法权益。"

旅游消费者在旅游活动中，不可避免地会与其他旅游者、旅游经营者和旅游地居民产生各种接触和联系。实践中，有些旅游者在旅游活动中或者在解决纠纷时，会有损害他人权益的行为发生，如拒绝登机拖延时间造成整团行程耽误、强行拦车、辱骂旅游从业人员等，对于这些情况，《旅游法》第72条明确规定："旅游者在旅游活动中或者在解决纠纷时，损害旅行社、履行辅助人、旅游从业人员或者其他旅游者的合法权益的，依法承担赔偿责任。"

（三）如实告知信息的义务

《旅游法》第15条第1款规定："旅游者购买、接受旅游服务时，应当向旅游经营者如实告知与旅游活动相关的个人健康信息，遵守旅游活动中的安全警示规定。"

保障旅游安全不仅是旅游经营者和政府部门的责任，同时也需要旅游者尽到相应义务。旅游者在购买、接受旅游服务时，应当将自己的身体和心理是否有缺陷和疾病等个人健康信息的真实情况告诉旅游经营者，以使旅游经营者知晓。旅游活动丰富多彩，有些活动并不适合所有旅游者，如心脏病患者不适宜进行潜水等高风险活动，患有甲型肝炎等传染疾病也不适宜进行旅游活动。旅游者如实告知旅游经营者与旅游活动相关的个人健康信息，有助于旅游经营者判断是否接纳其参加相应活动，也有利于旅游经营者在必要时候给予关照和协助。

安全警示规定是由于存在损害旅游者人身、财产的风险，旅游经营者有针对性地对旅游者作出的警告、提示。遵守安全警示，能够有效避免风险，保证旅游者的人身及财产安全。旅游者在购买、接受服务时，应当履行遵守安全警示规定的义务。

根据《最高人民法院关于审理旅游纠纷案件适用法律若干问题的规定》，旅游者未按旅游经营者、旅游辅助服务者的要求提供与旅游活动相关的个人健康信息并履行如实告知义务，或者不听从旅游经营者、旅游辅助服务者的告知、警示,参加不适合自身条件的旅游活动,导致旅游过程中出现人身损害、财产损失,旅游者请求旅游经营者、旅游辅助服务者承担责任的,人民法院不予支持。

(四)配合安全措施的义务

《旅游法》第 15 条第 2、3 款规定:"旅游者对国家应对重大突发事件暂时限制旅游活动的措施以及有关部门、机构或者旅游经营者采取的安全防范和应急处置措施,应当予以配合。旅游者违反安全警示规定,或者对国家应对重大突发事件暂时限制旅游活动的措施、安全防范和应急处置措施不予配合的,依法承担相应责任。"

根据《中华人民共和国突发事件应对法》的规定,突发事件,是指突然发生,造成或者可能造成严重社会危害,需要采取应急处置措施予以应对的自然灾害、事故灾难、公共卫生事件和社会安全事件。按照社会危害程度、影响范围等因素,自然灾害、事故灾难、公共卫生事件分为特别重大、重大、较大和一般四级。突发事件发生后,发生地人民政府应当立即采取措施控制事态发展,组织开展应急救援和处置工作。旅游者在旅游活动中遇到突发事件时,为了保障安全,应当服从指挥,配合有关部门、机构或者旅游经营者采取的安全防范和应急处置措施,如疏散、撤离、封锁危险场所等。

(五)遵守出入境规定的义务

《旅游法》第 16 条规定:"出境旅游者不得在境外非法滞留,随团出境的旅游者不得擅自分团、脱团。"

出境旅游者前往其他国家或者地区,一般需要取得前往国签证或者其他入境许可证明。该签证或者其他入境许可证明上载有入境有效期、停留期间等事项,出境旅游者不得超出签证有效期、超出停留期间在境外非法滞留。有的出境旅游者是报名参加旅游团出境旅游的,根据现行规定,旅游团队须从国家开放口岸整团出入境。在境外进行旅游活动,持有团队旅游签证的旅游者须作为一个团队,不得擅自分团、脱团。

第三节 旅游经营者的义务

案例引导 5-3:游客一家三人溺亡三亚"夺命海滩" 景区被判赔

2015 年 8 月 15 日,易某一家七口从四川到三亚旅游,下午 5 时到大东海景区,其中 6 人绕过了军事管理区隔离带,走到海军度假村前面的沙滩。易某和妻女玩沙,下海游泳的两个侄儿、一个侄女则被海浪卷下海。最终,侄女获救,两个侄儿以及下海救人的易某溺亡。

家属随后向大东海经营管理公司提起诉讼,索赔 140 万元。2015 年 11 月 21 日,三亚市城郊人民法院一审判决驳回家属诉讼请求。法院认为,易某应当意识到军事管理区并非旅客旅游之处,依然绕过栅栏,走出大东海公司管理区域范围。同时,

部队已用栅栏将大东海公司管理区与军事管理区隔开,并在栅栏边上树立了军事管理区的牌子,大东海也在栅栏上用横幅的方式提醒游客"此处危险,禁止下海"。

易某家属随后提起上诉。2016年8月19日下午,三亚市中级人民法院二审宣判,认定游客承担80%责任,经营管理公司未尽合理的安全保障义务承担20%责任。二审判决认为,大东海旅游区是三亚对外旅游宣传的一张靓丽名片,应当为游客提供优质的旅游服务和人身财产安全保障,否则应对其疏忽管理造成游客人身财产损害承担相应的民事责任。与此同时,旅游者在旅游活动中因自身过错而造成损害的,也应根据其自身过错责任大小自行承担相应的责任。最终,法院判决,认定易某人身损害赔偿金共计66.2525万元,家属自行承担80%即53万元,大东海公司承担20%即13.2505万元,另承担1万元精神损害抚慰金。易某两个遇难侄儿的家属各获赔11.36万元。

(资料来源:http://news.ifeng.com/a/20160820/49810243_0.shtml.)

【问题】旅游经营者为保障旅游消费者人身和财产安全需要做哪些工作?

经营者的义务和消费者的权利是对立统一的概念。义务主体是经营者,具体包括生产者、销售者和提供服务者。经营者的义务是由法律规定的或者是与消费者约定的。经营者义务的履行由国家强制力保障,如果违背就要受到法律的制裁。

旅游经营者与消费者进行交易,应当遵循自愿、平等、公平、诚实信用的原则。

一、依法定或约定履行义务

《消费者权益保护法》第16条规定:"经营者向消费者提供商品或者服务,应当依照本法和其他有关法律、法规的规定履行义务。"

旅游经营者依法定或约定履行义务的具体内容包括以下两个方面。

第一,旅游经营者必须遵守相关法律规定,如《旅游法》《产品质量法》《食品安全法》《商标法》《广告法》《反不正当竞争法》等。

第二,旅游经营者应当履行与消费者的合同约定。经营者和消费者有约定的,应当按照约定履行义务,但双方的约定不得违背法律、法规的规定。这样规定的目的是保护消费者,因为经营者可能凭借自己的优势,制定一些不利于消费者的条款。

《旅游法》第69条第1款规定:"旅行社应当按照包价旅游合同的约定履行义务,不得擅自变更旅游行程安排。"包价旅游合同一旦签订,就对双方当事人产生法律约束力。旅行社应当严格按照旅游合同的约定履行义务,不得擅自变更旅游行程安排。旅行社因其主观原因擅自变更旅游行程安排的,应当承担违约责任。由于不可抗力如自然灾害、战争等原因致使旅行社不能按照约定的行程安排旅行的,应当允许旅行社对行程安排作合理的变更,但是应征得旅游者的同意。旅行社擅自变更行程安排或者旅游者不同意变更的,旅游者可以解除合同。

《旅游法》第49条规定:"为旅游者提供交通、住宿、餐饮、娱乐等服务的经营者,应当符合法律、法规规定的要求,按照合同约定履行义务。"旅游业中除旅行社外,还有大量提供旅游服务的经营者,它们都是旅游市场中的重要主体,它们的服务同样关系旅游者合法权益以及旅游业的发展。提供交通、住宿、餐饮、娱乐等服务的经营者,除了应当符合法律、法规的要求外,还应当按照合同约定履行义务。服务合同既包括经营者与组团社、地接社签订的服务合同,也包括经营者直接与旅游者签订的服务合同。经营者应当按照合同约定的标准、内容、时间、安排等内容提供交通、住宿、餐饮、娱乐等服务,同时还包括履行通知、协助、保密等附随义务。

二、接受消费者监督

《消费者权益保护法》第17条规定:"经营者应当听取消费者对其提供的商品或者服务的意见,接受消费者的监督。"为保障消费者监督批评权的实现,同时规定了经营者有接受消费者监督的义务。

旅游经营者接受旅游消费者监督的义务主要体现在以下两个方面。

第一,听取意见。旅游消费者不仅在购买商品时,即使在不购买商品时,也有权对旅游经营者提出意见和建议。旅游经营者应虚心听取意见,而且还应主动征求意见,并采取措施提高商品或服务的质量水平。

第二,接受监督。旅游经营者要接受旅游消费者的监督,还要接受社会监督。旅游消费者对旅游经营者提出意见、进行监督,不仅指旅游商品和服务本身,还包括对经营者及其工作人员进行监督。

旅游经营者应该虚心听取消费者对旅游商品和服务提出的意见和建议,努力提高旅游商品和服务的质量,更好地为广大旅游消费者服务。

三、保障人身和财产安全

消费者享有安全保障权,与之对应的,经营者有保障消费者的人身和财产安全不受侵害的义务,具体包括以下两个方面内容。

第一,《消费者权益保护法》第18条规定:"经营者应当保证其提供的商品或者服务符合保障人身、财产安全的要求。对可能危及人身、财产安全的商品和服务,应当向消费者作出真实的说明和明确的警示,并说明和标明正确使用商品或者接受服务的方法以及防止危害发生的方法。宾馆、商场、餐馆、银行、机场、车站、港口、影剧院等经营场所的经营者,应当对消费者尽到安全保障义务。"针对公共场所的人身伤害事件屡见不鲜,法律规定人员密集场所的经营者,应当对消费者尽到安全保障义务。这样规定有利于维护稳定和谐的社会秩序。

第二,《消费者权益保护法》第19条规定:"经营者发现其提供的商品或者服务存在缺陷,有危及人身、财产安全危险的,应当立即向有关行政部门报告和告知消费者,并采取停止销售、警示、召回、无害化处理、销毁、停止生产或者服务等措施。采取召回措施的,经营者应当承担消费者因商品被召回支出的必要费用。"

旅游消费者在参加旅游活动时,享有人身安全权和财产安全权。为保障旅游消费者安全保障权的实现,需要旅游经营者充分尽到安全保障的义务。《旅游法》第50条第1款规定:"旅游经营者应当保证其提供的商品和服务符合保障人身、财产安全的要求。"《旅游法》第79条规定:"旅游经营者应当严格执行安全生产管理和消防安全管理的法律、法规和国家标准、行业标准,具备相应的安全生产条件,制定旅游者安全保护制度和应急预案。旅游经营者应当对直接为旅游者提供服务的从业人员开展经常性应急救助技能培训,对提供的产品和服务进行安全检验、监测和评估,采取必要措施防止危害发生。旅游经营者组织、接待老年人、未成年人、残疾人等旅游者,应当采取相应的安全保障措施。"《旅游法》第80条规定:"旅游经营者应当就旅

游活动中的下列事项,以明示的方式事先向旅游者作出说明或者警示:正确使用相关设施、设备的方法;必要的安全防范和应急措施;未向旅游者开放的经营、服务场所和设施、设备;不适宜参加相关活动的群体;可能危及旅游者人身、财产安全的其他情形。"

首先,旅游经营者要保障消费者的人身安全权,要为消费者提供符合国家规定安全标准的旅游商品和服务,提供安全的旅游场所,进行有效的安全管理,并做好设施设备的安全检查。制定切实可行的突发事件应急处理预案,包括交通事故处置预案、治安事故处置预案、火灾事故处置预案、食物中毒处置预案、地震应急处理预案、水灾避险预案等。旅游经营者制定的突发事件应急预案应当与当地人民政府、旅游行政管理部门及相关部门的预案相衔接,并根据实际需要和情势变化适时修订;定期组织开展应急演练,强化应急值守制度,做好应对各类旅游突发事件的准备。其次,旅游经营者应当就可能危及旅游者人身、财产安全的事项向旅游者作出说明或者警示。再次,旅游经营者要保障消费者的财产安全权,旅游场所应设置专门的安保部门,并与当地公安机关配合,营造良好的治安环境。最后,发生突发事件后,旅游经营者应采取必要措施。《旅游法》第81条规定:"突发事件或者旅游安全事故发生后,旅游经营者应当立即采取必要的救助和处置措施,依法履行报告义务,并对旅游者作出妥善安排。"为了保障旅游消费者的安全保障权,《旅游法》第31条规定:"旅行社应当按照规定交纳旅游服务质量保证金,用于旅游者权益损害赔偿和垫付旅游者人身安全遇有危险时紧急救助的费用。"

四、提供真实信息

根据《消费者权益保护法》第20、21、28条的规定,经营者有向消费者提供真实信息的义务,这是为了保障消费者的知悉真实情况的权利。旅游经营者应向旅游消费者提供以下真实信息。

第一,旅游经营者向旅游消费者提供有关商品或者服务的质量、性能、用途、有效期限等信息,应当真实、全面,不得作虚假或者引人误解的宣传。旅游经营者对旅游消费者就其提供的商品或者服务的质量和使用方法等问题提出的询问,应当作出真实、明确的答复。

第二,旅游经营者提供商品或者服务应当明码标价。

第三,旅游经营者应当标明其真实名称和标记。名称和营业标记是区别商品和服务的重要特征,它代表着一定的商业信誉。法律要求经营者标明真实名称和标记,是为了保护消费者的知情权和选择权,制止不正当竞争行为。

第四,采用网络方式提供商品或者服务的旅游经营者,应当向消费者提供经营地址、联系方式、商品或者服务的数量和质量、价款或者费用、履行期限和方式、安全注意事项和风险警示、售后服务、民事责任等信息。

根据《旅游法》第58条的规定,订立包价旅游合同时,旅行社应当向旅游者详细说明旅行社、旅游者的基本信息;旅游行程安排;旅游团成团的最低人数;交通、住宿、餐饮等旅游服务安排和标准;游览、娱乐等项目的具体内容和时间;自由活动时间安排;旅游费用及其交纳的期限和方式;违约责任和解决纠纷的方式;法律、法规规定和双方约定的其他事项。同时,根据《旅游法》第62条的规定,旅行社应当向旅游者告知旅游者不适合参加旅游活动的情形;旅游活动中的安全注意事项;旅行社依法可以减免责任的信息;旅游者应当注意的旅游目的地相关法律、法规和风俗习惯、宗教禁忌,依照中国法律不宜参加的活动等;法律、法规规定的其他应当告知的事项。《旅行社条例》第29条也规定,旅行社在与旅游者签订旅游合同时,应当对旅游合同的具体内容作出真实、准确、完整的说明。

《旅游法》第32条规定:"旅行社为招徕、组织旅游者发布信息,必须真实、准确,不得进行虚假宣传,误导旅游者。"旅游消费者对旅游商品或服务正确地判断、评价、选择、使用、消费,均有赖于旅游经营者提供必要的信息。为了克服信息不对称给旅游消费者带来的不利影响,有必要要求旅游经营者承担真实信息提供义务。对于旅行社而言,依照诚实信用的原则,旅行社应当保证信息的真实、准确。

同步案例 5-2:菜单"图过其实" 顾客感觉被忽悠

五、出具相应的凭证和单据

《消费者权益保护法》第22条规定:"经营者提供商品或者服务,应当按照国家有关规定或者商业惯例向消费者出具发票等购货凭证或者服务单据;消费者索要发票等购货凭证或者服务单据的,经营者必须出具。"

旅游消费中购货凭证和服务单据通常表现为门票、发票、收据、保修单等形式,它是旅游经营者与旅游消费者之间签订的合同凭证,是旅游消费者借以享受有关权利以及在其合法利益受到侵害时向旅游经营者索赔的依据。在旅游消费者利益受到侵害的情况下,有关凭证、单据便可作为仲裁、诉讼程序中确定当事人责任的直接证据。

《旅游法》第58条规定:"包价旅游合同应当采用书面形式。"由于旅游活动涉及的环节比较多,在不同环节对旅游服务的要求不尽相同,容易发生纠纷,旅行社与旅游者订立包价旅游合同应当采用书面形式,这样便于发生纠纷时取证和分清责任。

《旅游法》第59条规定:"旅行社应当在旅游行程开始前向旅游者提供旅游行程单。旅游行程单是包价旅游合同的组成部分。"旅游行程单简称行程单或者行程表,是旅行社提供给游客的写明旅游线路的日程安排、服务标准、注意事项的一份文件,是旅游合同的必备附件,也是旅游合同的重要组成部分。旅游行程单应当对以下内容作出明确说明:旅游行程的出发地、途经地、目的地,线路行程时间和具体安排;旅游目的地地接旅行社的名称、地址、联系人和联系电话;交通、住宿、用餐服务安排及其标准;旅行社统一安排的游览项目的具体内容及时间;自由活动的时间和次数;购物安排;另行付费项目等。游客在报名前应当仔细阅读行程单的内容,并就相关事项详细咨询旅行社。

六、保证质量

商品、服务的质量是否符合法定或约定的要求,直接关系到消费者公平交易权能否实现。《消费者权益保护法》第23条规定了经营者保证商品和服务质量的义务。旅游经营者保证商

品和服务质量的义务体现在以下三个方面。

第一，旅游经营者应当保证在正常使用商品或者接受服务的情况下，其提供的商品或者服务应当具有的质量、性能、用途和有效期限；但旅游消费者在购买该商品或者接受该服务前已经知道其存在瑕疵，且存在该瑕疵不违反法律强制性规定的除外。

第二，旅游经营者以广告、产品说明、实物样品或者其他方式表明商品或者服务的质量状况的，应当保证其提供的商品或者服务的实际质量与表明的质量状况相符。

《旅游法》第50条第2款规定："旅游经营者取得相关质量标准等级的，其设施和服务不得低于相应标准；未取得质量标准等级的，不得使用相关质量等级的称谓和标识。"为了促进旅游质量的提高，国家对景区、酒店、游船等经营项目根据设施和服务水平等因素实施等级评定制度，一定的等级代表了相应的质量标准。旅游经营者依据标准或者规范，取得有关质量标准等级的，例如景区等级、酒店和游船星级等，其设施和服务不得低于相应标准。旅游经营者未取得质量标准等级的，而使用相关质量等级的称谓和标识，则属于欺诈行为。

《旅游法》第34条规定："旅行社组织旅游活动应当向合格的供应商订购产品和服务。"

旅游产品具有综合性，旅游经营者无法单独完成整个旅游产品的供给与销售，需要其他旅游经营者协作才能完成旅游产品的供给销售。旅行社在提供旅游服务时，必然会形成一个以旅行社为纽带联结旅游产业上下游的旅游产品和服务供应链。相关产品或者服务的供应商是否具有相应的资质，直接影响到旅行社能否为旅游消费者提供合格的产品或者服务。实践中存在部分旅行社为了谋取更多的利益，以低廉的价格向不合格的供应商订购产品和服务，既降低了服务质量，也为旅游活动带来了安全隐患。为了保证旅游产品和服务质量，旅行社组织旅游活动应当向合格的供应商订购产品和服务。

七、承担售后服务的责任

根据《消费者权益保护法》第24条的规定，旅游经营者需要承担售后服务的责任，旅游经营者提供的商品或者服务不符合质量要求的，旅游消费者可以依照国家规定、当事人约定退货，或者要求其履行更换、修理等义务。没有国家规定和当事人约定的，旅游消费者可以自收到商品之日起七日内退货；七日后符合法定解除合同条件的，消费者可以及时退货，不符合法定解除合同条件的，可以要求经营者履行更换、修理等义务，并由经营者承担运输等必要费用。旅游消费者退货的商品应当完好。经营者应当自收到退回商品之日起七日内返还消费者支付的商品价款。退回商品的运费由消费者承担，另有约定的，按照约定。

八、保证公平交易

根据《消费者权益保护法》第16条第3款和第26条的规定，旅游经营者有保证交易公平的义务，这是为了保障消费者的自主选择权和公平交易权。具体内容包括以下几个方面。

第一，旅游经营者向旅游消费者提供商品或者服务，应当恪守社会公德，诚信经营，保障旅游消费者的合法权益；不得设定不公平、不合理的交易条件，不得强制交易。

第二，旅游经营者在经营活动中使用格式条款的，应当以显著方式提请旅游消费者注意商品或者服务的数量和质量、价款或者费用、履行期限和方式、安全注意事项和风险警示、售后服务、民事责任等与消费者有重大利害关系的内容，并按照旅游消费者的要求予以说明。旅游经营者不得以格式条款、通知、声明、店堂告示等方式，作出排除或者限制消费者权利、减轻或者免除经营者责任、加重消费者责任等对消费者不公平、不合理的规定，不得利用格式条款并借助技术手段强制交易。格式条款、通知、声明、店堂告示等含有上述内容的,其内容无效。

《旅游法》第35条规定:"旅行社不得以不合理的低价组织旅游活动,诱骗旅游者,并通过安排购物或者另行付费旅游项目获取回扣等不正当利益。旅行社组织、接待旅游者,不得指定具体购物场所,不得安排另行付费旅游项目。但是,经双方协商一致或者旅游者要求,且不影响其他旅游者行程安排的除外。"旅行社以不合理的低价组织、招徕旅游者,再用虚假信息或者隐瞒真实信息欺骗旅游者的方式,安排购物或另行付费旅游项目来获取回扣等不正当利益,旅行社以此弥补不合理低价带来的损失并获取更高额的利润。旅行社以"零负团费"等低价组织旅游活动的行为实质是损害了旅游消费者的自主选择权和公平交易权。

九、尊重消费者人格权

《消费者权益保护法》第27条规定:"经营者不得对消费者进行侮辱、诽谤,不得搜查消费者的身体及其携带的物品,不得侵犯消费者的人身自由。"

根据《消费者权益保护法》第29条的规定,旅游经营者收集、使用旅游消费者个人信息,应当遵循合法、正当、必要的原则,明示收集、使用信息的目的、方式和范围,并经消费者同意。旅游经营者收集、使用旅游消费者个人信息,应当公开其收集、使用规则,不得违反法律、法规的规定和双方的约定收集、使用信息。旅游经营者及其工作人员对收集的旅游消费者个人信息必须严格保密,不得泄露、出售或者非法向他人提供。旅游经营者应当采取技术措施和其他必要措施,确保信息安全,防止旅游消费者个人信息泄露、丢失。在发生或者可能发生信息泄露、丢失的情况时,应当立即采取补救措施。同时,法律也规定,旅游经营者未经旅游消费者同意或者请求,或者旅游消费者明确表示拒绝的,不得向其发送商业性信息。

《旅游法》第52条规定:"旅游经营者对其在经营活动中知悉的旅游者个人信息,应当予以保密。"旅游经营活动中,旅游经营者不可避免地会收集、使用旅游者的个人信息。旅游经营者提供商品或服务时,应当充分告知并征得旅游者的同意,合理收集必要的旅游者个人信息,经营者不得向旅游者搜集与所提供旅游商品或者服务无关的个人信息。对已收集的旅游者个人信息,旅游经营者负有安全保管、合理使用、限期持有和妥善销毁义务。旅游经营者故意泄露旅游者的个人信息,或者因为保密措施不当导致旅游者的个人信息被他人非法获取,都属于违反诚实信用原则的行为。

第四节 旅游消费者权益的保护

案例引导 5-4:酒店洗澡不慎滑倒 消协调解最终获赔

一、旅游消费者合法权益的保护

(一)国家对旅游消费者权益的保护

国家是公共权力的代表,保护消费者合法权益是其应尽的职责。国家保护由立法机关、行政机关、司法机关根据授权采取相应措施实现。

1. 立法保护

根据《消费者权益保护法》第30条的规定,我国以立法的形式保护消费者的合法权益,表现在两个方面:①国家除制定《消费者权益保护法》外,还颁布了《中华人民共和国产品质量法》《中华人民共和国反不正当竞争法》《中华人民共和国食品安全法》等配套法律,并制定颁布了一系列法规、命令、规章等加强对消费者合法权益的保护;②国家制定有关消费者权益的法律、法规、规章和强制性标准,应当听取消费者和消费者协会等组织的意见。

2. 行政保护

行政保护是通过各级人民政府的行政执法和监督活动来实现的。各级人民政府是消费者权益保护的主要实施者,《消费者权益保护法》第31条规定:"各级人民政府应当加强领导,组织、协调、督促有关行政部门做好保护消费者合法权益的工作,落实保护消费者合法权益的职责。各级人民政府应当加强监督,预防危害消费者人身、财产安全行为的发生,及时制止危害消费者人身、财产安全的行为。"

《消费者权益保护法》第32条规定:"各级人民政府工商行政管理部门和其他有关行政部门应当依照法律、法规的规定,在各自的职责范围内,采取措施,保护消费者的合法权益。有关行政部门应当听取消费者和消费者协会等组织对经营者交易行为、商品和服务质量问题的意见,及时调查处理。"有关的行政部门在各自的职责范围内,通过行政执法来履行保护消费者合法权益的职责。工商行政管理部门是主要行政执法机关,物价管理部门、质量监督部门、卫生监督管理部门等在各自的职责范围内,采取措施,履行保护消费者合法权益的职责。

3. 司法保护

司法保护是指国家公安机关、检察机关和法院通过司法程序,对消费者的合法权益进行的保护。有关国家机关应当依照法律、法规的规定,惩处经营者在提供商品和服务中侵害消费者合法权益的违法犯罪行为。《消费者权益保护法》第35条规定:"人民法院应当采取措施,方便消费者提起诉讼。对符合《中华人民共和国民事诉讼法》起诉条件的消费者权益争议,必须受理,及时审理。"

(二)社会对旅游消费者权益的保护

保护消费者合法权益是全社会的共同职责,国家鼓励、支持一切组织和个人对损害消费者合法权益的行为进行社会监督。在社会保护中,消费者组织尤其是消费者协会在保护消费者合法权益中发挥着重要的作用,大众传媒应当发挥舆论监督的作用。

1. 消费者组织的保护

根据《消费者权益保护法》第36—38条的规定,消费者协会和其他消费者组织是依法成立的对商品和服务进行社会监督的保护消费者合法权益的社会组织。消费者协会履行下列公益性职责:向消费者提供消费信息和咨询服务;参与制定有关消费者权益的法律、法规、规章和强制性标准;参与有关行政部门对商品和服务的监督、检查;就有关消费者合法权益的问题,向有关部门反映、查询,提出建议;受理消费者的投诉,并对投诉事项进行调查、调解;投诉事项涉及商品和服务质量问题的,可以委托具备资格的鉴定人鉴定;就损害消费者合法权益的行为,支持受损害的消费者提起诉讼或者依法提起诉讼,通过大众传播媒介予以揭露、批评。消费者协会应当认真履行保护消费者合法权益的职责,听取消费者的意见和建议,接受社会监督。同时,消费者组织不得从事经营活动和营利性活动,不得以营利为目的向社会推荐商品和服务。

各种消费者组织是消费者依法结社权的具体体现,而这些消费者组织又能够帮助消费者更好地实现其获得知识权、依法求偿权、监督批评权等权利。当前消费者问题层出不穷,消费者组织发挥的作用也将越来越大。

2. 舆论监督

舆论监督主要表现为通过广播、电视、报刊和互联网等大众传播媒介,对侵害消费者合法权益的行为进行批评,揭露经营者的违法行为,对其他经营者可以起着到警示和教育作用。同时,大众媒体也会进行消费知识的普及。通过宣传,可以使广大消费者提高警惕,提高鉴别能力和自我保护能力。

二、旅游消费者权益争议的解决

(一)争议解决的途径

旅游消费者与经营者发生的消费者权益争议,从法律性质上看,属于平等主体之间的民事争议。根据《消费者权益保护法》第39条的规定,消费者和经营者发生消费者权益争议的,可以通过下列途径解决。

1. 与经营者协商和解

旅游消费者与经营者双方在平等自愿的基础上,互相交换意见,协商解决权益争议。

2. 请求消费者协会或者依法成立的其他调解组织调解

消费者协会是专门保护消费者利益的社团组织。旅游消费者利益受到侵害时,可以向消费者协会投诉,请求帮助。

3. 向有关行政部门投诉

旅游消费者与经营者发生争议后,在与经营者协商得不到解决时,可以直接向有关行政部门投诉。地方各级有关行政管理部门如工商、物价、技术监督、卫生等部门在各自的职责范围内,履行保护消费者合法权益的职责。消费者向有关行政部门投诉的,该部门应当自收到投诉之日起七个工作日内,予以处理并告知消费者。

4. 根据与经营者达成的仲裁协议提请仲裁机构仲裁

旅游消费者在合法权益受到损害时,还可以根据双方当事人之间达成的仲裁协议,将消费争议案件提交有关仲裁机构进行仲裁。

5. 向人民法院提起诉讼

向人民法院起诉是解决消费争议的司法手段。

(二)承担损害赔偿责任主体的确定

法律根据不同情况规定了赔偿主体及顺序。

1. 由生产者、销售者、服务者承担

有关生产者、销售者、服务者承担赔偿责任的规定在《消费者权益保护法》第40条做出了

规定。

(1)旅游消费者在购买、使用商品时,其合法权益受到损害的,可以向销售者要求赔偿。销售者赔偿后,属于生产者的责任或者属于向销售者提供商品的其他销售者的责任的,销售者有权向生产者或者其他销售者追偿。

(2)旅游消费者或者其他受害人因商品缺陷造成人身、财产损害的,可以向销售者要求赔偿,也可以向生产者要求赔偿。属于生产者责任的,销售者赔偿后,有权向生产者追偿。属于销售者责任的,生产者赔偿后,有权向销售者追偿。

(3)旅游消费者在接受服务时,其合法权益受到损害的,可以向服务者要求赔偿。

2. 由变更后的企业承担

根据《消费者权益保护法》第41条的规定,旅游消费者在购买、使用商品或者接受服务时,其合法权益受到损害,因原企业分立、合并的,可以向变更后承受其权利义务的企业要求赔偿。

3. 由营业执照的使用人或持有人承担

根据《消费者权益保护法》第42条规定,使用他人营业执照的违法经营者提供商品或者服务,损害旅游消费者合法权益的,消费者可以向其要求赔偿,也可以向营业执照的持有人要求赔偿。

4. 由展览会的举办者、柜台的出租者承担

根据《消费者权益保护法》第43条规定,消费者在展销会、租赁柜台购买商品或者接受服务,其合法权益受到损害的,可以向销售者或者服务者要求赔偿。展销会结束或者柜台租赁期满后,也可以向展览会的举办者、柜台的出租者要求赔偿。展销会的举办者、柜台的出租者赔偿后,有权向销售者或者服务者追偿。

5. 由网络交易平台提供者承担

根据《消费者权益保护法》第44条规定,消费者通过网络交易平台购买商品或者接受服务,其合法权益受到损害的,可以向销售者或者服务者要求赔偿。网络交易平台提供者不能提供销售者或者服务者的真实名称、地址和有效联系方式的,消费者也可以向网络交易平台提供者要求赔偿;网络交易平台提供者作出更有利于消费者的承诺的,应当履行承诺。网络交易平台提供者赔偿后,有权向销售者或者服务者追偿。网络交易平台提供者明知或者应知销售者或者服务者利用其平台侵害消费者合法权益,未采取必要措施的,依法与该销售者或者服务者承担连带责任。

6. 由从事虚假宣传行为的经营者、广告的经营者或其他主体承担

《消费者权益保护法》第45条规定,消费者因经营者利用虚假广告或者其他虚假宣传方式提供商品或者服务,其合法权益受到损害的,可以向经营者要求赔偿。广告经营者、发布者发布虚假广告的,消费者可以请求行政主管部门予以惩处。广告经营者、发布者不能提供经营者的真实名称、地址和有效联系方式的,应当承担赔偿责任。

广告经营者、发布者设计、制作、发布关系消费者生命健康商品或者服务的虚假广告,造成消费者损害的,应当与提供该商品或者服务的经营者承担连带责任。

社会团体或者其他组织、个人在关系消费者生命健康商品或者服务的虚假广告或者其他虚假宣传中向消费者推荐商品或者服务,造成消费者损害的,应当与提供该商品或者服务的经营者承担连带责任。

三、违反消费者权益保护法的法律责任

消费者权益保护法中的法律责任是经营者违反保护消费者的法律规定或违反经营者与消费者约定的义务而依法应当承担的法律后果。侵害旅游消费者合法权益的经营者、国家机关工作人员应当承担相应的民事责任、行政责任和刑事责任。

(一)经营者侵害消费者权益行为的民事责任

经营者和消费者同为平等的民事主体,经营者在经营过程中提供的商品或服务不符合约定,或者侵害消费者人身财产安全权利,应当向消费者承担的责任为民事责任。经营者应当承担的民事责任如下。

1. 侵犯消费者人身权应当承担的民事责任

(1)侵害消费者人身安全权的民事责任。《消费者权益保护法》第49条规定:"经营者提供商品或者服务,造成消费者或者其他受害人人身伤害的,应当赔偿医疗费、护理费、交通费等为治疗和康复支出的合理费用,以及因误工减少的收入。造成残疾的,还应当赔偿残疾生活辅助具费和残疾赔偿金。造成死亡的,还应当赔偿丧葬费和死亡赔偿金。"

(2)侵犯消费者人格尊严权的民事责任。根据《消费者权益保护法》第50—51条的规定,经营者侵害消费者的人格尊严、侵犯消费者人身自由或者侵害消费者个人信息依法得到保护的权利的,应当停止侵害、恢复名誉、消除影响、赔礼道歉,并赔偿损失。经营者有侮辱诽谤、搜查身体、侵犯人身自由等侵害消费者或者其他受害人人身权益的行为,造成严重精神损害的,受害人可以要求精神损害赔偿。

2. 侵犯消费者财产权应当承担的民事责任

(1)《消费者权益保护法》第52条规定:"经营者提供商品或者服务,造成消费者财产损害的,应当依照法律规定或者当事人约定承担修理、重作、更换、退货、补足商品数量、退还货款和服务费用或者赔偿损失等民事责任。"

(2)《消费者权益保护法》第53条规定:"经营者以预收款方式提供商品或者服务的,未按照约定提供的,应当按照消费者的要求履行约定或者退回预付款;并应当承担预付款的利息、消费者必须支付的合理费用。"

(3)《消费者权益保护法》第54条规定:"依法经有关行政部门认定为不合格的商品,消费者要求退货的,经营者应当负责退货。"

3. 欺诈应当承担的民事责任

《消费者权益保护法》第55条规定:"经营者提供商品或者服务有欺诈行为的,应当按照消费者的要求增加赔偿其受到的损失,增加赔偿的金额为消费者购买商品的价款或者接受服务的费用的三倍;增加赔偿的金额不足五百元的,为五百元。法律另有规定的,依照其规定。经营者明知商品或者服务存在缺陷,仍然向消费者提供,造成消费者或者其他受害人死亡或者健康严重损害的,受害人有权要求经营者按法律规定赔偿损失,并有权要求所受损失二倍以下的惩罚性赔偿。"

欺诈消费者的行为,是指经营者在提供商品或者服务中,采取虚假或者其他不正当手段欺骗、误导消费者,使消费者的合法权益受到损害。根据《侵害消费者权益行为处罚办法》第5条的规定,经营者提供商品或者服务不得有下列行为:"①销售的商品或者提供的服务不符合保

障人身、财产安全要求;②销售失效、变质的商品;③销售伪造产地、伪造或者冒用他人的厂名、厂址、篡改生产日期的商品;④销售伪造或者冒用认证标志等质量标志的商品;⑤销售的商品或者提供的服务侵犯他人注册商标专用权;⑥销售伪造或者冒用知名商品特有的名称、包装、装潢的商品;⑦在销售的商品中掺杂、掺假,以假充真,以次充好,以不合格商品冒充合格商品;⑧销售国家明令淘汰并停止销售的商品;⑨提供商品或者服务中故意使用不合格的计量器具或者破坏计量器具准确度;⑩骗取消费者价款或者费用而不提供或者不按照约定提供商品或者服务。"《侵害消费者权益行为处罚办法》第16条规定:"经营者有第五条第①项至第⑥项规定行为之一且不能证明自己并非欺骗、误导消费者而实施此种行为的,属于欺诈行为。经营者有第五条第⑦项至第⑩项、第六条和第十三条规定行为之一的,属于欺诈行为。"

同步案例 5-3:旅游购物遇假货 消协维权获赔偿

(二)经营者侵害消费者权益行为的行政责任

经营者侵害消费者权益的行为违反了有关法律的规定,如有在商品中掺杂、掺假、以假充真、以次充好的行为或者作引人误解的虚假宣传的行为,除承担相应的民事责任外,行政机关可以在自身职权的范围内,根据法律规定,追究经营者的行政责任。

根据《消费者权益保护法》第56条的规定,经营者承担行政责任的方式是:其他有关法律、法规对处罚机关和处罚方式有规定的,依照法律、法规的规定执行;法律、法规未作规定的,由工商行政管理部门或者其他有关行政部门责令改正,可以根据情节单处或者并处警告、没收违法所得、处以违法所得一倍以上十倍以下的罚款,没有违法所得的,处以五十万元以下的罚款;情节严重的,责令停业整顿、吊销营业执照。

除依照法律、法规规定予以处罚外,处罚机关应当记入信用档案,向社会公布。

《消费者权益保护法》第59条规定:"经营者对行政处罚决定不服的,可以依法申请行政复议或者提起行政诉讼。"

(三)侵害消费者权益行为的刑事责任

依据《消费者权益保护法》第57条、第60条和第61条的规定,追究经营者刑事责任的情况主要包括以下几种。

第一,经营者违法提供商品或者服务,侵害消费者合法权益,构成犯罪的,依法追究刑事责任。

第二,以暴力、威胁等方法阻碍有关行政部门工作人员依法执行职务的,依法追究刑事责任;拒绝、阻碍有关行政部门工作人员依法执行职务,未使用暴力、威胁方法的,由公安机关依照《中华人民共和国治安管理处罚法》的规定处罚。

第三,国家机关工作人员玩忽职守或者包庇经营者侵害消费者合法权益的行为的,由其所在单位或者上级机关给予行政处分;情节严重,构成犯罪的,依法追究刑事责任。

本章小结

旅游消费者权益保护法律制度包括旅游消费者的权利和义务、旅游经营者的义务、旅游消费者合法权益的保护、旅游消费者权益争议的解决以及违反消费者权益保护法的法律责任。通过本章的学习,希望培养学生运用所学理论知识分析和解决旅游消费法律问题的能力。

关键概念

旅游消费者　安全保障权　自主选择权　公平交易权　旅游消费者的义务　旅游经营者的义务

复习思考题

□复习题:
1. 旅游消费者有哪些合法权益?如何理解?
2. 旅游消费者在旅游活动中应履行哪些义务?
3. 国家和全社会如何实现对旅游消费者合法权益的保护?

□思考题:
旅游经营者应当如何保护消费者合法权益?

章末案例　欧洲团压缩行程狂购物　旅行社"不按合同出牌"遭投诉

第六章

旅游食宿行娱及安全管理制度

学习目标

通过本章的学习,掌握旅游食宿行娱以及旅游安全管理制度的主要内容,尤其是旅游交通法规中承运人的权利与义务,旅游饭店的权利与义务;熟悉旅游交通运输的概念,航空、铁路、道路、水路四种交通运输形式的相关法律法规的主要内容,熟悉旅游饭店的发展历史以及法律制度,熟悉娱乐场所管理法律制度;掌握旅游经营者的安全责任,了解旅游安全管理法律制度。

第一节 旅游交通管理制度

案例引导 6-1:飞机延误,游客拒乘,谁来承担责任?

2010年春节期间,重庆某公司员工14人共同组成旅游团参加某旅行社组织的"泰国7日游",因天气原因,飞往曼谷的飞机推迟了起飞时间,引起游客不满,领队劝说他们同其他游客登机待飞,而这14人拒绝登机,最终造成出国未成。事后14名游客投诉旅行社,要求旅行社返还全部费用,并赔偿违约金和相关费用。一审判决旅行社胜诉,游客不服提出上诉。

(资料来源:常晓芳的《旅游法规实务》。)

【问题】:游客的赔偿请求是否有法律依据?游客的赔偿请求会得到支持吗?

一、旅游交通概述

旅游交通,是旅游业三大支柱之一,也是旅游"六要素"中的基础要素之一,是帮助旅游者实现空间移动的主要手段。旅游业的蓬勃发展,与交通运输业的迅速发展有着密切联系。

(一)旅游交通的概念及特点

旅游交通是指在一定的时间期限内,利用一定的载运工具,借助一定的交通线路和机场、车站、港口等设施,向旅游者提供从居住地到旅游地空间移位的一种服务性经济活动。旅游交通包括航空运输、铁路运输、道路运输、水路运输等。

与公共交通相比,旅游交通具有游览性、舒适性与季节性的特点。

(二)旅游交通立法概况

随着现代旅游业的广泛发展,旅游交通运输业也得到了发展。为保障铁路、民航、公路、水路运输和建设的顺利进行,适应社会主义现代化建设和人民生活需要,国家先后颁布了一系列法律法规,为我国旅游交通依法管理打下了基础。

1. 航空运输立法

航空运输是中长途旅游活动常用的交通运输方式,也是出国出境旅游首选的交通运输方式。

为了维护国家领空主权与民用航空权利,保障民用航空活动安全有序进行,保护民用航空活动当事人各方的合法权益,促进民用航空事业发展,1995年10月30日第八届全国人民代表大会常务委员会第十六次会议通过《中华人民共和国民用航空法》(以下简称《航空法》),并于次年3月1日起生效。随后在2009年8月27日、2015年4月24日、2016年11月7日、2017年11月4日、2018年12月29日全国人民代表大会常务委员会做了五次修改,从法律上明确了航空运输承运人的权利、义务,以及违反义务的法律责任。

2. 铁路运输立法

铁路运输承担了中长距离的旅游运输活动,因其运载量大,污染少,伴随着高铁技术的广泛应用,选择铁路外出旅游依然是众多旅游者钟爱的旅游交通方式。

为了保障铁路运输和铁路建设的顺利进行,适应社会主义现代化建设和人民生活的需要,1990年9月7日第七届全国人民代表大会常务委员会第十五次会议通过《中华人民共和国铁路法》(以下简称《铁路法》),并于次年5月1日起生效。此后,2009年8月27日、2015年4月24日全国人民代表大会常务委员会做了两次修改,此间,国务院、铁道部相继发布了《铁路交通运输应急救援和调查处理条例》《铁路旅客运输规程》《铁路交通事故调查处理规则》《铁路安全管理条例》等法规、部门规章。这些法律法规规定了铁路运输中旅客与承运人的权利、义务,以及违反义务的法律责任。

3. 道路运输立法

道路运输是中短途旅游活动的主要交通方式,是满足时下自驾游活动的重要保障条件。为了加强我国公路运输和公路建设的组织管理,保护公路运输有关各方当事人的合法权益,促进公路运输业健康发展,1983年10月13日,国务院发布了《中华人民共和国公路管理条例》,2008年12月进行一次修订;此后,国务院、全国人大常务委员会、交通部相继发布、修订了《中华人民共和国公路管理条例实施细则》《中华人民共和国公路法》(此法于2016年11

月7日修订)、《中华人民共和国道路运输条例》(此法于2016年2月6日修订)(以下简称《道路运输条例》)等法律法规、部门规章。

4. 水路运输立法

国务院于1987年5月12日发布并多次修改《国内水路运输管理条例》(此法于2017年3月11日修订);此后,国务院、交通部又相继发布了《国内水路运输管理规定》(此法于2016年12月10日修订)等法规、部门规章,规范了我国水路运输管理,明确了水路旅客运输中承运人、港口经营人、旅客之间的权利和责任的界限,维护了水路运输各方当事人的合法权益。

二、航空运输法律制度

航空运输法律制度涉及内容众多,本章只围绕与旅客运输有关的民用航空运输展开学习。

(一)民用航空运输

旅客航空运输又称民用航空运输,分为国内航空运输与国际航空运输。国内航空运输是指根据当事人订立的航空运输合同,运输的出发地点、约定的经停地点和目的地点均在中华人民共和国境内的运输。国际航空运输是指根据当事人订立的航空运输合同,无论运输有无间断或者有无转运,运输的出发地点、目的地点或者约定的经停地点之一不在中华人民共和国境内的运输。

(二)旅客运输凭证

1. 客票

客票是航空旅客运输合同订立和运输合同条件的初步证据。旅客乘坐民用航空器,应当交验有效客票。

客票应当包括的内容由国务院民用航空主管部门规定,至少应当包括以下内容:①出发地点和目的地点;②出发地点和目的地点均在中华人民共和国境内,而在境外有一个或者数个约定的经停地点的,至少注明一个经停地点;③旅客航程的最终目的地点、出发地点或者约定的经停地点之一不在中华人民共和国境内,依照所适用的国际航空运输公约的规定,应当在客票上声明此项运输适用该公约的,客票上应当载有该项声明。

旅客忘记、遗失客票,或者客票不符合规定,旅客和承运人(航空公司)之间的运输合同依然存在。因为客票是旅客与承运人的运输合同的初步证据,旅客购买客票时,承运人至少已经将旅客的姓名、身份证号码输入了电脑,有据可查。

2. 行李票

行李票是行李托运和运输合同条件的初步证据。承运人载运托运行李时,行李票可以包含在客票之内或者与客票相结合。旅客未能出示行李票、行李票不符合规定或者行李票遗失,不影响运输合同的存在或者有效。

除《航空法》第110条的客票规定外,行李票还应当包括下列内容:①托运行李的件数和重量;②需要声明托运行李在目的地点交付时的利益的,注明声明金额。

在国内航空运输中,承运人载运托运行李而不出具行李票的,承运人无权援用《航空法》有关赔偿责任限制的规定。在国际航空运输中,承运人载运托运行李而不出具行李票的,或者行李票上未依照《航空法》的规定声明的,承运人无权援用《航空法》有关赔偿责任限制的规定。

(三)禁运规定

为保证航空运输的安全,我国对运输企业运送物品以及旅客航空运输携带行李、托运物品做出了明确规定。公共航空运输企业不得运输法律、行政法规规定的禁运物品。所谓禁运物品是指我国法律法规规定危害人民群众身体健康、社会公共秩序、社会经济秩序、社会道德水平的物品。具体包括:毒品(大麻、吗啡、鸦片、海洛因等)、黄色淫秽音像制品或书刊、反动宣传品、伪钞等。《航空法》第100条与101条规定:①公共航空运输企业未经国务院民用航空主管部门批准,不得运输作战军火、作战物资;②禁止旅客随身携带法律、行政法规规定的禁运物品乘坐民用航空器;③公共航空运输企业运输危险品,应当遵守国家有关规定;④禁止以非危险品品名托运危险品。⑤禁止旅客随身携带危险品乘坐民用航空器。除因执行公务并按照国家规定经过批准外,禁止旅客携带枪支、管制刀具乘坐民用航空器;禁止违反国务院民用航空主管部门的规定将危险品作为行李托运。所谓危险品是指对运输安全构成危险的易燃、易爆、剧毒、易腐蚀、易污染和放射性物品。危险品品名由国务院民用航空主管部门规定并公布。

同步案例 6-1:电影同款刀具能否随身携带带上飞机?

(四)公共航空运输企业的权利与义务

1. 权利

(1)拒载权。

旅客乘机前,需要接受航空运输企业对其人身及携带物品的安全检查。对拒绝接受安全检查的旅客,民航企业可以拒绝运输。对违反国家规定携带禁运物品或危险品的旅客,民航企业可以拒绝运输。

(2)验票、检查权。

民航企业可以查验旅客客票,对无票或持无效票乘机的旅客,可以拒绝乘机。公共航空运输企业必须按照国务院民用航空主管部门的规定,对承运的货物进行安全检查或者采取其他保证安全的措施。

(3)索赔权。

民航企业可以对因旅客过错造成航空公司损失的,可以要求旅客赔偿损失。

(4)减轻、免除赔偿责任权。

航空承运人如能证明旅客死亡、受伤是旅客自身健康状况造成的,或者是由于旅客本人重大过失或故意行为造成的,可以减轻或免除民航企业的责任。

2. 义务

(1).出具客票的义务。《航空法》第109条规定,承运人运送旅客,应当出具客票。

(2) 保证安全、正点的义务。《航空法》第95条规定,公共航空运输企业应当以保证飞行安全和航班正常,提供良好服务为准则,采取有效措施,提高运输服务质量。

(3) 告知义务。《航空法》第95条第3款规定,旅客运输航班延误的,应当在机场内及时通告有关情况。

(4) 补救义务。航班延误或取消时,承运人应优先安排旅客改乘后续航班或转签其他航班,或退票。

(5) 赔偿义务。对发生在民用航空器上或旅客上、下民用航空器过程中的事件,造成旅客人身伤亡的,承运人应承担赔偿责任。

(五)关于航空承运人的法律责任

1. 对旅客人身伤害的赔偿责任

《民航法》第124条规定,因发生在民用航空器上或者在旅客上、下民用航空器过程中的事件,造成旅客人身伤亡的,承运人应当承担责任;但是,如果旅客的人身伤亡完全是由于旅客本人的健康状况造成的,承运人不承担责任。

(1) 承运人的责任范围。

承运人不是对旅客的所有伤亡负责任,承运人只负责:①发生在民用航空器上的伤亡事故。比如发生了坠机事件、飞机在高空遇到强烈气流颠簸、飞机出现故障迫降等特殊情况,造成旅客的伤亡。②旅客上、下民用航空器的过程中发生的伤亡事故。由于旅客上、下飞机时,乘务员服务不周到等,也可能造成旅客的伤亡,承运人必须负责。但是,对那些患有严重高血压、心脏病的旅客,由于其身体健康条件不允许乘坐飞机,如果在飞机上旧病复发,导致伤亡,承运人不负责任。

(2) 承运人的免责理由。

对旅客在承运人责任期间发生的人身伤亡,有正当的免责理由,承运人可以不承担赔偿责任。①若该损失完全是因为旅客本人的健康状况造成的,承运人可以不承担赔偿责任。但是,若承运人的行为诱发了旅客在身体上的缺陷,因此导致损害的,即该损害是由于承运人的行为和旅客本人的健康状况共同导致的,承运人应当承担赔偿责任。②旅客本人有过错的,经承运人证明,损失是由受伤害的旅客的过错造成或者促成的,应当根据旅客造成或者促成此种损失的过错程度,相应免除或者减轻承运人的责任。比如,在民航飞机起降时,旅客未听从乘务员的劝告,自行在过道上行走;或者没有系上安全带造成了死亡或伤害,只要民航部门能够收集到有关目击者的证词,证明该起死亡或伤害事故确实是由旅客自己的原因造成的,就可以免除承运人责任。旅客家属就此提出赔偿请求,承运人可以依法予以拒绝。

(3) 承运人的赔偿责任限额。

承运人应当对旅客的人身伤亡承担赔偿责任的,承运人可以引用责任限额的规定。在国际航空运输中,赔偿责任限额因在不同的国家地区采用不同的国际公约而各不相同,如《华沙公约》《蒙特利尔公约》等。在国内航空运输中,承运人对每名旅客的人身赔偿责任限额为40万人民币。

若承运人对旅客的人身伤亡应当承担赔偿责任,承运人在责任限额范围内,按照旅客的实际损失进行赔偿;对旅客超出责任限额部分的损失,承运人有权不承担责任。法律规定的责任限额不适用的情形有:①旅客可以同承运人书面约定高于赔偿责任限额的赔偿数额,在约定成立的前提下,承运人应当按照双方的约定对旅客进行赔偿;②承运人同意旅客不经其出票而乘坐民用航空器的,承运人无权援用赔偿责任限额的规定;③航空运输中的损失是由于承运人或者其受雇人、代理人故意或者明知可能造成损失而轻率地作为或者不作为造成的,承运人无权援用赔偿责任限额的规定。

2. 对行李物品损坏的赔偿责任

(1) 承运人的责任范围。

《民航法》第125条第1款规定,因发生在民用航空器上或者在旅客上、下民用航空器过程中的事件,造成旅客随身携带行李物品毁灭、遗失或者损坏的,承运人应当承担责任。因发生在航空运输期间的事件,造成旅客随身携带物品毁灭、遗失或者损坏的,承运人应当承担责任。因发生在航空运输期间的事件,造成旅客的托运行李毁灭、遗失或者损坏的,承运人应当承担责任。这里所指的航空运输期间,是指在机场内,民用航空器上或者机场外降落的任何地点,托运行李处于承运人掌管之下的全部期间。

(2) 承运人的免责理由。

《民航法》第125条第2款规定,旅客随身携带行李物品或托运行李的毁灭、遗失或者损坏完全是由于行李本身的自然属性、质量或者缺陷造成的,这和承运人没有关系,承运人不必承担责任。

(3) 承运人的赔偿责任限额。

在国内航空运输中,对托运行李的赔偿责任限额,承运人按照每千克100元人民币承担责任;对每名旅客随身携带的物品,承运人的赔偿责任限额为每人3000元。承运人在责任赔偿限额范围内对旅客的行李物品承担责任。

(4) 行李声明价值服务。

承运人可以依据规定向旅客提供行李声明价值服务。旅客可对其超过承运人赔偿责任限额的托运行李办理声明价值,并支付声明价值附加费。对办理了声明价值交付托运的行李,承运人对旅客行李物品的损失,在声明价值的范围内进行赔偿,对超出声明价值的损失,承运人不承担责任。

3. 对运输延误的赔偿责任

《民航法》第126条规定,旅客、行李或者货物在航空运输中因延误造成的损失,承运人应当承担责任;但是,承运人证明本人或者其受雇人、代理人为了避免损失的发生,已经采取了一切必要措施或者不可能采取此种措施的,不承担责任。

(1) 承运人的责任范围。

承运人对旅客、行李延误运输的责任,仅限于因此给旅客造成的经济损失,旅客对自己所受的损失要负举证责任。如果该损失属于直接损失,则属于承运人的责任范围。对于旅客因延误运输遭受的间接损失,承运人是否承担赔偿责任,目前法律没有明确的规定。

(2) 承运人的免责理由。

对延误运输导致的责任,如果承运人能够证明该延误是不可避免的,承运人无需承担责任。不可避免的延误包括承运人已经采取了一切措施或者是无法采取措施防止的延误。对此,承运人应当负举证责任,如果承运人不能证明自己已经采取了一切措施或者是无法采取措施,承运人就应当承担延误运输的责任。但即使承运人无须因延误运输对旅客承担赔偿责任,也应当为旅客安排其他航班以及食宿。

为提高航班正常率,有效处置航班延误,提升民航服务质量,维护消费者合法权益和航空运输秩序,根据《中华人民共和国民用航空法》《消费者权益保护法》《民用机场管理条例》等有关法律、行政法规制定《航班正常管理规定》,由交通部于2016年5月20日发布,自2017年1月1日起施行。其中规定了航班出港延误的具体规定及措施。

发生航班出港延误或者取消后,承运人或者地面服务代理人应当按照下列情形为旅客提供食宿服务:①由于机务维护、航班调配、机组等承运人自身原因,造成航班在始发地出港延误或者取消,承运人应当向旅客提供餐食或者住宿等服务;②由于天气、突发事件、空中交通管制、安检以及旅客等非承运人原因,造成航班在始发地出港延误或者取消,承运人应当协助旅客安排餐食和住宿,费用由旅客自理;③国内航班在经停地延误或者取消,无论何种原因,承运人均应当向经停旅客提供餐食或者住宿服务;④国内航班发生备降,无论何种原因,承运人均应当向备降旅客提供餐食或者住宿服务;⑤航空器内延误,又称机上延误,超过2小时(含)的,应当为机上旅客提供饮用水和食品。

三、铁路运输法律制度

(一)铁路运输

根据《铁路法》规定,铁路运输企业必须坚持社会主义经营方向和为人民服务的宗旨,改善经营管理,切实改进路风,提高运输服务质量。

铁路运输是以铁道为交通线,旅客列车为交通工具,机车为动力的现代化交通旅游运输方式。在我国,铁路的类别包括国家铁路、地方铁路、专用铁路,以及铁路专用线等几类。

国务院铁路主管部门主管全国铁路工作,对国家铁路实行高度集中、统一指挥的运输管理体制,对地方铁路、专用铁路和铁路专用线进行指导、协调、监督和帮助。

(二)铁路运输凭证

车票是旅客乘车的凭证,同时是旅客加入铁路旅客意外伤害强制保险的凭证。车票票面(特殊票种除外)应当载明始发站和目的站站名,座别、车别,路径,票价,车次,乘车日期,有效期。

旅客乘车应持有有效车票。对无票乘车或者持失效车票乘车的,应当补收票款,并按照规定加收票款;拒不交付的,铁路运输企业可以责令其下车。

1. 持有有效车票

旅客持有效车票是指旅客按照所购买的车票,乘坐指定车次、日期、时间、座位列车。免费乘车的儿童一般不单独乘车,应随同成人一起乘坐。

2. 无票乘车

无票乘车是指没有购买有效车票,混入列车内;或者持有站台票,送客上车后没有及时下车;或者通过购买站台票,上车后有意乘车者。

3. 持失效票乘车

持失效票乘车是指有人持涂改后的过期票、假票乘车。

(三)铁路运输企业的权利与义务

1. 权利

铁路运输企业的基本权利有:①依照规定收取运输费用;②要求旅客遵守国家法令和铁路

规章制度,保证安全;③对损害他人的利益和铁路设备、设施的行为有权制止,消除危险和要求赔偿。

2. 义务

铁路运输企业作为承运人,其义务包括:①为旅客提供良好的旅行环境和服务设施,不断提高服务质量;②应当保证旅客和货物运输的安全;保证列车正点到达;③对运送期间发生的旅客身体损害进行赔偿,对运送期间因承运人过错造成的旅客随身携带物品的损失予以赔偿。

(四)关于铁路运输企业的法律责任

根据《铁路法》第10条规定,铁路运输企业应当保证旅客和货物运输的安全,做到列车正点到达。这一规定,包括以下三层含义:其一,必须保证旅客的乘车安全。铁路承运人在运送旅客过程中必须把保证旅客的生命财产安全放在首位,确保旅客列车的运行安全。其二,必须保证货物、行李的安全和完好。铁路运输企业运送货物、行李的主要义务是要保证这些物品的完整和安全,这是铁路运输企业必须做到的。其三,必须保证列车安全正点到达目的地。安全正点是铁路运输企业提供运输服务的基本义务之一,保证正点到达目的站的基本含义是要求铁路的旅客列车必须按列车运行图规定的时间开出始发站和到达目的站。

《铁路法》和《铁路旅客运输规程》规定了铁路运输企业对旅客及其所携带的行李物品应当承担的责任范围。

1. 对旅客人身伤害的赔偿责任

旅客在铁路运输过程中发生人身伤害,铁路运输企业应当予以赔偿。在运送期间因承运人过错给旅客造成身体损害时,铁路运输企业应当予以赔偿;经承运人证明事故是由承运人和旅客或托运人的共同过错所致,应根据各自过错的程度分别承担责任;因不可抗力或旅客自身疾病或自身过错导致的损失,承运人不承担责任。根据《铁路交通事故应急救援和调查处理条例》第32条规定,违章通过平交道口或者人行过道,或者在铁路线路上行走、坐卧造成的人身伤亡,属于受害人自身的原因造成的人身伤亡。

因第三方人责任造成旅客伤害时,应由第三方人负责。第三方人不明确或无赔偿能力,旅客要求承运人代为先行赔偿时,承运人应当先行代为赔偿。承运人代为赔偿后即取得向第三方人追偿的权利。

2. 对行李损毁的赔偿责任

(1)逾期运输导致的赔偿责任。

《铁路法》第16条规定,铁路运输企业应当按照合同约定的期限或者国务院铁路主管部门规定的期限,将货物、包裹、行李运到目的站;逾期运到的,铁路运输企业应当支付违约金。铁路运输企业逾期30天仍未将货物、包裹、行李交付收货人或者旅客的,托运人、收货人或者旅客有权按货物、包裹、行李灭失向铁路运输企业要求赔偿。

(2)行李灭失导致的赔偿责任。

《铁路法》第17条规定,铁路运输企业应当对承运的货物、包裹、行李自接受承运时起到交付时止发生的灭失、短少、变质、污染或者损坏,承担赔偿责任。

根据《铁路旅客运输规程》第72条规定,行李、包裹事故赔偿标准为:按保价运输办理的物品全部灭失时按实际损失赔偿,但最高不超过保价额。部分损失时,按损失部分所占的比例赔偿。分件报价的物品按所灭失该件的实际损失赔偿,最高不超过该件的声明价格。行李、包裹

全部或部分灭失时,退还全部或部分运费。

铁路运输企业对下列行李损失的情形,不承担赔偿责任。包括不可抗力;货物或者包裹、行李中的物品本身的自然属性,或者合理损耗;托运人、收货人或者旅客的过错。

(3) 其他法律责任。

携带危险品进站上车或者以非危险品品名托运危险品,导致发生重大事故的,将依照《刑法》的有关规定追究刑事责任。

在列车内,抢劫旅客财物,伤害旅客的,将依照《刑法》有关规定从重处罚。在列车内,寻衅滋事,侮辱妇女,情节恶劣的;敲诈勒索旅客财物的,将依照《刑法》的有关规定追究刑事责任。

四、道路运输法律制度

(一) 道路运输

道路运输,是一种在道路上进行运输活动的运输方式,道路运输不同于公路运输,公路运输属于道路运输中的一种。

旅游客运,是指以运送旅游者观光为目的,其线路必须有一端位于名胜古迹、风景区等旅游点的一种营运方式。提供旅游综合服务的旅游客车上一般备有矿泉水、常用药等服务性物品,并根据实际需要,装配御寒或降温设备,随车配有专职导游人员。

国务院交通主管部门主管全国道路运输管理工作。县级以上地方人民政府交通主管部门负责组织领导本行政区域的道路运输管理工作。县级以上道路运输管理机构负责具体实施道路运输管理工作。

(二) 道路运输企业的权利与义务

根据《道路运输条例》的规定,道路运输企业有如下权利与义务。

1. 权利

(1) 查验车票。旅客应当持有效客票乘车,遵守乘车秩序,讲究文明卫生。

(2) 检查行李。旅客不得携带国家规定的危险物品及其他禁止携带的物品乘车。

(3) 知情权。县级以上道路运输管理机构应当定期公布客运市场供求状况。

2. 义务

(1) 客运经营者应当为旅客提供良好的乘车环境,保持车辆清洁、卫生,并采取必要的措施防止在运输过程中发生侵害旅客人身、财产安全的违法行为。

(2) 从事包车客运的,应当按照约定的起始地、目的地和线路运输。从事旅游客运的,应当在旅游区域按照旅游线路运输。

(3) 班线客运经营者取得道路运输经营许可证后,应当向公众连续提供运输服务,不得擅自暂停、终止或者转让班线运输。

(4) 客运经营者不得强迫旅客乘车,不得甩客、敲诈旅客,不得擅自更换运输车辆。

(5) 客运经营者、货运经营者应当加强对从业人员的安全教育、职业道德教育,确保道路运输安全。道路运输从业人员应当遵守道路运输操作规程,不得违章作业。驾驶人员连续驾驶时间不得超过4个小时。

(6) 客运经营者、货运经营者应当使用符合国家规定标准的车辆从事道路运输经营。

(7) 客运经营者、货运经营者应当加强对车辆的维护和检测,确保车辆符合国家规定的技术标准;不得使用报废的、擅自改装的和其他不符合国家规定的车辆从事道路运输经营。

(8)客运经营者、货运经营者应当制定有关交通事故、自然灾害以及其他突发事件的道路运输应急预案。应急预案应当包括报告程序、应急指挥、应急车辆和设备的储备以及处置措施等内容。

(9)发生交通事故、自然灾害以及其他突发事件,客运经营者和货运经营者应当服从县级以上人民政府或者有关部门的统一调度、指挥。

(10)道路运输车辆应当随车携带车辆营运证,不得转让、出租。

(11)道路运输车辆运输旅客的,不得超过核定的人数,不得违反规定载货;运输货物的,不得运输旅客,运输的货物应当符合核定的载重量,严禁超载;载物的长、宽、高不得违反装载要求。

(12)客运经营者、危险货物运输经营者应当分别为旅客或者危险货物投保承运人责任险。

(三)道路运输企业的法律责任

1. 违反《道路运输条例》第64条的规定

未取得道路运输经营许可,擅自从事道路运输经营的,由县级以上道路运输管理机构责令停止经营;有违法所得的,没收违法所得,处违法所得2倍以上10倍以下的罚款;没有违法所得或者违法所得不足2万元的,处3万元以上10万元以下的罚款;构成犯罪的,依法追究刑事责任。

2. 不符合《道路运输条例》第9条、第23条规定条件的人员

驾驶道路运输经营车辆的,由县级以上道路运输管理机构责令改正,处200元以上2000元以下的罚款;构成犯罪的,依法追究刑事责任。

3. 违反《道路运输条例》第67条的规定

客运经营者、货运经营者、道路运输相关业务经营者非法转让、出租道路运输许可证件的,由县级以上道路运输管理机构责令停止违法行为,收缴有关证件,处2000元以上1万元以下的罚款;有违法所得的,没收违法所得。

4. 违反《道路运输条例》第68条的规定

客运经营者、危险货物运输经营者未按规定投保承运人责任险的,由县级以上道路运输管理机构责令限期投保;拒不投保的,由原许可机关吊销道路运输经营许可证。

5. 违反《道路运输条例》第68条的规定

客运经营者、货运经营者不按照规定携带车辆营运证的,由县级以上道路运输管理机构责令改正,处警告或者20元以上200元以下的罚款。

6. 违反《道路运输条例》第70条的规定

客运经营者、货运经营者有下列情形之一的,由县级以上道路运输管理机构责令改正,处1000元以上3000元以下的罚款;情节严重的,由原许可机关吊销道路运输经营许可证:①不按批准的客运站点停靠或者不按规定的线路、公布的班次行驶的;②强行招揽旅客、货物的;③在旅客运输途中擅自变更运输车辆或者将旅客移交他人运输的;④未报告原许可机关,擅自终止客运经营的;⑤没有采取必要措施防止货物脱落、扬撒的。

7. 违反《道路运输条例》第71条的规定

客运经营者、货运经营者不按规定维护和检测运输车辆的,由县级以上道路运输管理机构责令改正,处1000元以上5000元以下的罚款。若违反本条例的规定,客运经营者、货运经营者擅自改装已取得车辆营运证的车辆的,由县级以上道路运输管理机构责令改正,处5000元以上2万元以下的罚款。

8. 违反《道路运输条例》第72条第1款的规定

道路运输站(场)经营者允许无证经营的车辆进站从事经营活动以及超载车辆、未经安全检查的车辆出站或者无正当理由拒绝道路运输车辆进站从事经营活动的,由县级以上道路运输管理机构责令改正,处1万元以上3万元以下的罚款。

9. 违反《道路运输条例》第72条第2款的规定

道路运输站(场)经营者擅自改变道路运输站(场)的用途和服务功能,或者不公布运输线路、起止经停站点、运输班次、始发时间、票价的,由县级以上道路运输管理机构责令改正;拒不改正的,处3000元的罚款;有违法所得的,没收违法所得。

五、水路运输法律制度

(一)水路运输

水路运输是利用自然和人工水域作为航线,以船舶作为主要交通工具载客的一种旅游运输方式。根据航线不同,水路运输分为远洋航运、沿海航运和内河航运。

国内水路运输,又称水路运输,是指始发港、挂靠港和目的港均在中华人民共和国管辖的通航水域内的经营性旅客运输和货物运输。在此专指内河航运。

国务院交通运输主管部门主管全国水路运输管理工作。县级以上地方人民政府交通运输主管部门主管本行政区域的水路运输管理工作。县级以上地方人民政府负责水路运输管理的部门或者机构(以下统称负责水路运输管理的部门)承担本条例规定的水路运输管理工作。

(二)水路运输企业的权利与义务

根据《国内水路运输管理条例》的规定,水路运输企业拥有以下权利,履行相关义务。

1. 权利

(1)知情权。

交通运输部对水路运输市场进行监测,分析水路运输市场运力状况,定期公布监测结果。对特定的旅客班轮运输和散装液体危险货物运输航线、水域暂停新增运力许可的决定,应当依据水路运输市场监测分析结果作出。

(2)检查行李权。

水路旅客运输业务经营者应当拒绝携带国家规定的危险物品及其他禁止携带的物品的旅客乘船。船舶开航后发现旅客随船携带有危险品及其他禁止携带的物品时,应当妥善处理,旅客应当予以配合。

2. 义务

(1)水路运输经营者应当保持相应的经营资质条件,按照国内水路运输经营许可证规定的经营范围从事水路运输经营活动。

(2)水路运输经营者不得出租、出借水路运输经营许可证,或者以其他形式非法转让水路运输经营资格。

(3) 从事水路运输的船舶应当随船携带船舶营业运输证,不得转让、出租、出借或者涂改。船舶营业运输证遗失或者损毁的,应当及时向原配发机关申请补发。

(4) 水路运输经营者应该按照船舶营业运输证标定的载客定额、载运定额和经营范围从事旅客和货物运输,不得超载。

(5) 水路运输经营者使用客货船或者混装客船载运危险货物时,不得载运旅客,但按照相关规定随船押运货物的人员和混装车辆的司机除外。

(6) 水路运输经营者应当使用规范的、符合有关法律法规和交通运输部规定的客票和运输单证。

(7) 水路旅客班轮运输业务经营者应当自取得班轮航线经营许可之日起60日内开航,并在开航的15日前通过媒体并在该航线停靠的各客运站点的明显位置向社会公布所使用的船舶、班期、班次、票价等信息,同时报原许可机关备案。

(8) 旅客班轮运输应当按照公布的班期、班次运行;变更班期、班次、运价的,应当在15日前向社会公布;停止经营部分或者全部班轮航线的,应当在30日前向社会公布并报原许可机关备案。

(9) 水路旅客运输业务经营者应当以公布的票价销售客票,不得对相同条件的旅客实施不同的票价,不得以搭售、现金返还、加价等不正当方式变相变更公布的票价并获取不正当利益,不得低于客票载明的舱室或者席位等级安排旅客。

(10) 水路运输经营者从事水路运输经营活动,应当依法经营,诚实守信,禁止以不合理的运价或者其他不正当方式、不规范行为争抢客源、货源及提供运输服务。

(11) 水路旅客运输业务经营者应当就运输服务中的安全事项,以明示的方式向旅客做出说明或警示。

(三)水路运输企业的法律责任

1. 违反《国内水路运输管理条例》第46条的规定

水路运输经营者未按照本规定要求配备海务、机务管理人员的,由其所在地县级以上人民政府水路运输管理部门责令改正,处1万元以上3万元以下的罚款。

2. 违反《国内水路运输管理条例》第47条的规定

水路运输经营者或其船舶在规定期限内,经整改仍不符合本规定要求的经营资质条件的,由其所在地县级以上人民政府水路运输管理部门报原许可机关撤销其经营许可或者船舶营运证件。

3. 违反《国内水路运输管理条例》第48条的规定

从事水路运输经营的船舶超出《船舶营业运输证》核定的经营范围,或者擅自改装客船、危险品船增加《船舶营业运输证》核定的载客定额、载货定额或者变更从事散装液体危险货物运输种类的,按《国内水路运输管理条例》第34条第1款的规定予以处罚。

4. 违反《国内水路运输管理条例》第49条的规定

水路运输经营者违反本规定,有下列行为之一的,由其所在地县级以上人民政府水路运输管理部门责令改正,处2000元以上1万元以下的罚款;一年内累计三次以上违反的,处1万元以上3万元以下的罚款:①未履行备案义务;②未以公布的票价或者变相变更公布的票价销售客票;③进行虚假宣传,误导旅客或者托运人;④以不正当方式或者不规范行为争抢客源、货源及提供运输服务扰乱市场秩序;⑤使用的运输单证不符合有关规定。

5. 违反《国内水路运输管理条例》第50条的规定

水路运输经营者拒绝管理部门根据本规定进行的监督检查或者隐匿有关资料或瞒报、谎报有关情况的,由其所在地县级以上人民政府水路运输管理部门予以警告,并处2000元以上1万元以下的罚款。

第二节　旅游饭店管理制度

案例引导　6-2:旅游饭店的职责

一、旅游饭店的概念

(一)饭店的定义

"饭店"的定义有多种,一般来说,饭店是指为客人提供住宿、餐饮、娱乐及其他服务的,拥有建筑物和设施的公共场所。"饭店"一词在英语里为hotel,源于法语,是指法国贵族用于接待客人的地方。我国的饭店有各种称谓,如酒店、大酒店、大饭店、国宾馆、迎宾馆、旅馆、旅社、大厦、招待所、度假村、培训中心、会议中心、国际俱乐部等,但其性质是相同的。我国古代还把饭店称作亭驿、逆旅、私馆、客舍、客栈等。《大不列颠百科全书》对饭店的定义是:饭店是在商业性的基础上向公众提供住宿,也往往提供膳食的建筑物。

《美利坚百科全书》对饭店的定义是:饭店是一个装备了的公共住宿设施,它一般提供食品、酒水和其他服务。美国《饭店法》中关于饭店的定义是:饭店是为社会公众提供住宿的场所,它提供餐厅、客房服务、大厅服务、电话服务、洗衣服务,以及家具和设备等的使用。

综合上述定义,现代饭店应具备以下两个条件:①应当拥有一座或多座经国家批准的建筑物和住宿设施;②应当能够为客人和社会公众提供住宿、餐饮及其他有关服务。

(二)旅游饭店的定义

1997年的国家标准(GB/T 14308-1997)将旅游饭店称为"旅游涉外饭店",其定义是"能够接待观光客人、商务客人、度假客人以及各种会议的饭店"。2003年的国家标准(GB/T 14408-2003),将"涉外"二字去除,称为旅游饭店,其定义是"能够以夜作为时间单位向旅游客人提供配有餐饮及相关服务的住宿设施"。2010年新的国家标准(GB/T 14408-2010)将其定义为"以间(套)夜为单位出租客房,以住宿服务为主,并提供商务、会议、休闲、度假等相应服务的住宿设施,按不同习惯可能也被称为宾馆、酒店、旅馆、旅社、宾舍、度假村、俱乐部、大厦、中心等"(简单称为"饭店")。

二、饭店的设立与分类

(一)饭店的设立

饭店的设立即开办饭店。设立饭店,尤其是设立旅游饭店,要经办一系列的手续,涉及众多的部门,除了投资者和饭店所在系统的上级主管部门、旅游饭店管理部门外,还必须经以下单位和部门的同意和批准。

1. 项目的审批单位

(1) 合资饭店的《项目建议书》需由上级发改委、经委和外经委审批;内资饭店的《项目建议书》需由上级发改委或经委审批。

(2) 确定饭店的名称,并由当地工商局审核。

(3) 如果是涉外饭店,饭店的选址需经国家安全部门审批。

(4) 合资饭店的《可行性研究报告》需由上级计委、经委、外经委审批;内资饭店由计委或经委审批即可。

(5) 合资饭店的合同、章程由发改委、经委、外经委审批。

(6) 合资各方出资后,由中国注册会计师事务所进行验资并出具《验资报告》。

(7) 凭上述六项的报批材料向当地工商行政管理局申领营业执照。

2. 工程技术审批单位

(1) 向当地土地管理局办理《国有土地使用证》和《建设用地许可证》。

(2) 向城乡建设委员会规划部门办理《建设用地规划许可证》《用地红线图》和《建设工程规划许可证》《建筑红线图》。

(3) 扩初设计会审并形成会议纪要。参加会审的单位有发改委,经委(外经委),建委规划部门,建筑管理部门,旅游局饭店管理处,公安消防、治安、交警、外事部门,环保局,卫生防疫站,供电、供水部门,国家安全局,邮电局,广电局,白蚁防治站,文化市场管理办,劳动局锅炉压力容器安全监察部门,市政工程部门,环卫部门,设计单位,建设单位等。

(4) 工程招标、工程施工承发包合同应在建委招标监理部门、定额管理和合同管理部门、建设银行等单位指导下进行。

(5) 竣工验收基本上由扩初设计会审单位分别验收并签署验收合格证书或报告。

3. 公安部门对开办饭店的要求

《旅馆业治安管理办法》第4条规定,申请开办旅馆,应经主管部门审查批准,经当地公安机关签署意见,向工商行政管理部门申请登记,领取营业执照后,方准开业。经批准开业的旅馆,如有歇业、转业、合并、迁移、改变名称等情况,应当在工商行政管理部门办理变更登记后3日内,向当地的县、市公安局、公安分局备案。

《旅馆业治安管理办法》第3条规定,开办旅馆,其房屋建筑、消防设备、出入口和通道等,必须符合《中华人民共和国消防法》等有关规定,并且要具备必要的防盗安全设施。

4. 饭店经验的许可证制度

(1) 饭店设立的许可证制度。

饭店的许可证包括涉外营业许可证、特种行业经营许可证和卫生许可证等。

①涉外营业许可证。

涉外营业许可证是指依据有关规定,所有新建的饭店要从事涉外接待业务,必须取得相应的旅游行政主管部门依法给予的旅游涉外营业许可证,方可进行旅游涉外营业。如果新建饭店没有得到旅游行政主管部门批准,没有领取旅游涉外营业许可证,当地工商行政管理部门则不给予登记注册,即使登记注册,也不得经营旅游涉外接待业务。饭店没有按照规定领取涉外营业许可证而经营涉外旅游接待业务,有关部门要追究饭店经营者的法律责任。

②特种行业经营许可证。

特种行业经营许可证是指依据《旅游业治安管理办法》的规定,凡申请开办饭店,应该经主管部门审查批准,经当地公安部门批准发给特种行业许可证后,向工商行政管理部门申请登记,领取营业执照方可开业。

③卫生许可证。

依据《中华人民共和国食品安全法》,我国于 2009 年 6 月 1 日起正式启用《餐饮服务许可证》,取代沿用了几十年的《食品卫生许可证》,并由食品药品监管部门取代卫生监督部门,对餐饮服务环节进行监管。

自 2009 年 6 月 1 日起,对餐饮服务经营者申请新发、变更、延续、补发许可证的,各级餐饮服务监管部门严格按照《食品安全法》的要求,核发《餐饮服务许可证》。

(2) 开业前各类营业许可证的审批单位。

《营业执照》由工商局审批。

《饭店法人代码》由技术监督局审批。

《卫星收视许可证》由文化厅(局)审批。

《文化经营许可证》由文化厅(局)审批。

《电梯使用许可证》由质监局审批。

《锅炉使用许可证》由质监局审批。

《环保排污批准证书》由环保局审批。

《治安和特种行业许可证》由公安局审批。

《消防验收许可证》由消防队审批。

《价格许可证》由物价局审批。

《收费许可证》由物价局审批。

《税务登记许可证》由税务部门审批。

《涉外许可证》由旅游局审批。

《代办外汇兑换业务许可证》由中国银行办理。

《食品流通许可证》由工商部门审批。

《从业人员健康许可证》由卫生防疫站办理。

《餐饮服务许可证》由食品药品监管局审批。

(二)饭店的分类

饭店有各种不同的类型划分,按照规模划分,有特大型饭店(客房数在 500 间以上)、大型饭店(客房数为 300—499 间)、中型饭店(客房数为 200—299 间)、中小型饭店(客房数为 100—199 间)和小型饭店(客房数在 100 间以下);按照星级划分一般有一星级到五星级饭店五个标准。

三、旅游饭店星级评定制度

(一)旅游饭店星级评定制度概述

对旅游饭店进行星级评定,是国际饭店行业管理的惯例。旅游饭店星级评定标准的建立,其目的是通过一定的标志区分不同等级的饭店,达到旅游饭店管理的标准化和规范化。在我国,国家旅游局(现文化和旅游部)参照国际标准并结合我国国情,于1988年8月制定发布了《中华人民共和国评定旅游涉外饭店星级的规定》(以下简称《评定星级的规定》)及《中华人民共和国评定旅游涉外饭店星级标准》(《评定星级标准》),开始实施旅游饭店星级评定制度,并先后颁布了一系列关于星级评定的规范。

近年来,随着新型饭店的不断涌现,旅游住宿业的大环境发生了很大的变化,这使得《评定星级的规定》及《评定星级标准》中的一些内容必须做出调整,才能适应旅游住宿业市场环境的变化,于是国家旅游局(现文化和旅游部)和国家质量监督检验检疫总局于2003年6月2日修订发布了《旅游饭店星级的划分与评定》(GB/T 14408-2003),该项制度被2011年1月1日颁布的《旅游饭店星级划分与评定》(GB/T 14408-2010)(以下简称《划分与评定》)取代。此外,为增强饭店星级评定与复核工作的规范性和科学性,国家旅游局(现文化和旅游部)还发布了《〈旅游饭店星级划分与评定〉(GB/T 14408-2010)实施办法》(以下简称《办法》)。《划分与评定》与《办法》共同构成了旅游饭店星级评定制度的完整体系。

(二)旅游饭店星级评定制度的内容

1. 星级划分和标志

(1)星级。

旅游饭店星级指的是用星的数量表示旅游饭店的等级。星级分为五个等级,即一星级、二星级、三星级、四星级、五星级(含白金五星级)。星级越高,表示饭店的等级越高。

(2)标志。

星级标志由长城与五角星图案构成,用一颗五角星表示一星级,两颗五角星表示二星级,三颗五角星表示三星级,四颗五角星表示四星级,五颗五角星表示五星级,五颗白金五角星表示白金五星级。预备星级是星级的补充,其等级与星级相同。对于开业不足一年的饭店,可以申请预备星级,其有效期为一年。

2. 星级的评定总则

(1)由若干建筑物组成的饭店其管理使用权应该一致,饭店内包括出租营业区域在内的所有区域应该是一个整体,评定星级时不能因为某一区域财产权或经营权的分类而区别对待。

(2)饭店开业1年后可申请星级,经星级评定机构评定批复后,可以享有5年有效的星级及其标志使用权。开业不足1年的饭店可以申请预备星级,有效期为1年。

(3)除非本标准有更高要求,饭店的建筑、附属设备、服务项目和运行管理应符合安全、消防、卫生、环境保护等现行的国家有关法规和标准。

3. 星级评定机构及职权

旅游饭店星级评定工作由全国旅游饭店星级评定机构统筹负责,其责任是制定星级评定

工作的实施办法和检查细则,授权并督导省级以下旅游饭店星级评定机构开展星级评定工作,组织实施五星级饭店的评定与复核工作,保有对各级旅游饭店星级评定饭店星级的否决权。

省、自治区、直辖市旅游饭店星级评定机构按照全国旅游饭店星级评定机构的授权和督导,组织本地区旅游饭店的星级评定与复核工作,保有对本地区下级旅游饭店星级评定机构所评饭店的否决权,并承担推荐五星级饭店的责任。同时,负责将本地区所评星级饭店的批复和评定检查材料上报全国旅游饭店星级评定机构备案。

其他城市或行政区域旅游饭店星级评定机构按照全国旅游饭店星级评定机构的授权和所在地区省级旅游饭店星级评定机构的督导,实施本地区旅游饭店星级评定与复核工作,保有对本地区下级旅游饭店星级评定机构所评饭店星级的否决权,并承担推荐五星级饭店的责任。同时,负责将本地区所评星级饭店的批复和评定检查资料上报全国旅游饭店星级评定机构备案。

(三)旅游饭店星级评定的办法、原则及规程

1. 旅游饭店星级评定办法

根据中华人民共和国标准《旅游饭店星级的划分与评定》(GB/T 14308—2003)、旅游行业标准《星级饭店访查规范》(LB/T 006—2006)及文化和旅游部发布的《旅游饭店星级评定检查工作实施办法(试行)》进行评定。

星级评定检查工作的主要形式是明查和暗访,由持证评定员担任,无证则评定员身份无效。明查侧重检查饭店在必备和选择项目上的达标情况,并参照《旅游饭店星级的划分与评定》附录A据实给分,查阅附录D规定的制度性文件。暗访则侧重检查饭店的管理水平和服务质量,对照《旅游饭店星级的划分与评定》附录B、附录C和《星级饭店访查规范》,据实评定,检查饭店申请材料中列明的服务项目实际达标情况,体察饭店经营机制的运行和员工的礼节礼貌。

2. 旅游饭店星级评定原则

饭店所取得的星级表明该饭店所有建筑物、设施设备及服务项目均处于同一水准。如果饭店由若干座不同建筑水平或设施设备标准的建筑物组成,旅游饭店星级评定机构应按每座建筑物的实际标准评定星级,评定星级后,不同星级的建筑物不能继续使用相同的饭店名称。否则,旅游饭店星级评定机构应不予批复或收回星级标志和证书。

饭店取得星级后,因改造发生建筑规格、设施设备和服务项目的变化,关闭或取消原有设施设备、服务功能或项目,导致达不到原星级标准的,必须向原旅游饭店星级评定机构申报,接受复核或重新评定。否则,原旅游饭店星级评定机构应收回该饭店的星级证书和标志。

某些特色突出或极其个性化的饭店,若自身条件与本标准规定的条件有所区别,可以直接向全国旅游饭店星级评定机构申请星级。全国旅游饭店星级评定机构应在接到申请后1个月内安排评定检查,根据检查和评审结果给予评定星级的批复,并授予相应星级的证书和标志。

3. 旅游饭店星级评定程序

旅游饭店的星级评定工作必须遵守以下规程。

(1)受理。

接到饭店星级申请报告后,相应评定权限的旅游饭店星级评定机构应在核实申请材料的

基础上，于 14 天内做出受理与否的答复。对申请四星级以上的饭店，其所在地旅游饭店星级评定机构在逐级递交或转交申请材料时应提交推荐报告或转交报告。

(2) 检查。

受理申请或接到推荐报告后，相应评定权限的旅游饭店星级评定机构应在 1 个月内以明查和暗访的方式安排评定检查。检查合格与否，检查员均应提交检查报告。对检查未予以通过的饭店，相应星级评定机构应加强指导，待接到饭店整改完成并要求重新检查的报名后，于 1 个月内再次安排评定检查。对申请四星级以上的饭店，检查分为初检和终检。

初检由相应评定权限的旅游饭店星级评定机构组织，委派检查员以暗访或明查的形式实施检查，并将检查结果及整改意见记录在案，供终检时对照使用；初检合格，方可安排终检；终检由相应评定权限的旅游饭店星级评定机构组织，委派检查员对照初检结果及整改意见进行全面检查；终检合格，方可提交评审。

(3) 评审。

接到检查报告后 1 个月内，旅游饭店星级评定机构应根据检查员意见对申请星级的饭店进行评审。评审的主要内容有审定申请资格，核实申请报告，认定本标准的达标情况，查验违规及事故、投诉的处理情况等。

(4) 批复。

对于评审通过的饭店，旅游饭店星级评定机构应给予评定星级的批复，并授予相应星级的标志和证书。对于经评审认定达不到标准的饭店，旅游饭店星级评定机构不予批复。

饭店星级评定后，其星级标志须置于饭店前厅最明显位置。

(四)旅游饭店星级的复核及处理

星级复核是星级评定工作的重要补充部分，其目的是督促已取得星级的饭店持续达标，其责任划分完全依照星级评定的责任分工。国家旅游局(现文化和旅游部)于 2006 年 3 月 7 日发布的《星级饭店访查规范》(LB/T 006-2006)，规定了对已经评定星级的饭店进行质量检测活动的依据和要求。

1. 旅游饭店星级的复核

对已经评定星级的饭店，旅游饭店星级评定机构每年进行一次复核。复核工作应在饭店对照星级标准自查自纠，并将自查结果报告旅游饭店星级评定机构的基础上，由旅游饭店星级评定机构以明查或暗访的形式安排抽查验收。旅游饭店星级评定机构应于本地区复核工作结束后进行认真总结，并逐级上报复核结果。

2. 处理

对严重降低或复核认定达不到本标准相应星级的饭店，按以下办法处理。

(1) 旅游饭店星级评定机构根据情节轻重给予签发警告通知书、通报批评、降低或取消星级的处理，并在相应范围内公布处理结果。

(2) 凡在 1 年内接到警告通知书 3 次以上或通报批评两次以上的饭店，旅游饭店星级评定机构应降低或取消其星级，并向社会公布。

(3) 被降低或取消星级的饭店，自降低或取消星级之日起 1 年内，不予恢复或重新评定星级；1 年后，方可重新申请星级。

（4）已取得星级的饭店如发生重大事故，造成恶劣影响，其所在地旅游饭店星级评定机构应立即反映情况或在权限范围内做出降低或取消星级的处理。

（5）饭店接到警告通知书、通报批评、降低星级的通知后，必须认真整改并在规定期限内将整改情况报告处理机构。

（6）旅游饭店星级评定机构对星级饭店进行处理的责任分工依照星级评定的责任分工办理。全国旅游饭店星级评定机构保留对各星级饭店的直接处理权。

（7）凡经旅游饭店星级评定机构决定提升或降低、取消星级的饭店，应立即将原星级标志和证书交还授予机构，由旅游饭店星级评定机构做出更换或没收的处理。

四、旅游饭店行业规范

同步案例　6-2：百万"路虎"在酒店停车场内深夜被砸，责任由谁来负？

（一）旅游饭店的预订、登记、入住与收费制度

1. 预订、登记及入住

（1）旅游饭店应与客人共同履行住宿合同，除双方另有约定以外，因不可抗力不能履行双方住宿合同的，任何一方均应当及时通知对方。

（2）由于饭店出现超额预订而使客人不能入住的，饭店应当主动替客人安排本地同档次或高于本饭店档次的饭店入住，所产生的有关费用由饭店承担。

（3）饭店应当同团队、会议、长住客人签订住房合同。合同内容应包括客人进店和离店的时间、房间等级与价格、餐饮价格、付款方式、违约责任等款项。

（4）饭店在办理客人入住手续时，应当按照国家的有关规定，要求客人出示有效证件，并如实登记。

（5）饭店可以不予接待的情况是携带危害饭店安全的物品入店者；从事违法活动者；影响饭店形象者；无支付能力或曾有过逃账记录者；饭店客满；法律、法规规定的其他情况。

2. 饭店收费

（1）饭店应当将房价表置于总服务台显著位置，供客人参考。饭店如给予客人房价折扣，应当书面约定。

（2）饭店客房收费以"间/夜"为计算单位（钟点房除外）。按客人住一"间/夜"，计收房费。

（3）根据有关规定，饭店可以对客房、餐饮、洗衣、电话等服务项目加收服务费，但应当在房价表及有关服务价目单上注明。客人在饭店商城内购物，不应加收服务费。

(二)保护旅客人身和财产安全制度

1. 保护旅客人身、财产安全的一般法律规定

(1)为了保护旅客的人身和财产安全,饭店客房房门应当装置防盗链、门镜、应急疏散图,卫生间内应当采取有效的防滑措施。客房内应放置服务指南、住宿须知和防火指南。有条件的饭店应安装客房电子门锁和公共区域安全监控系统。

(2)饭店应当确保健身、娱乐等场所设施、设备的完好和安全。对不按使用说明及饭店员工指导进行操作而造成伤害的,饭店不承担责任。

(3)饭店对可能损害客人人身和财产安全的场所,应当采取防护、警示措施。警示牌应当中外文对照。

(4)饭店应当采取措施,防止客人放置在客房内的财物灭失、毁损。由于饭店的原因造成客人财物灭失、毁损的,饭店应当承担责任;由于客人自己的行为造成损害的,饭店不承担责任;双方均有过错的,应当各自承担相应的责任。

(5)饭店应当保护客人的隐私权。除日常清扫卫生、维修保养设施设备或者发生火灾紧急情况外,饭店员工未经客人许可不得随意进入客人下榻的房间。

2. 保管客人贵重物品与一般物品

(1)客人贵重物品的保管。

①饭店应当在前厅处设置有双锁的客人贵重物品保险箱。贵重物品保险箱的位置应当安全、方便、隐蔽,能够保护客人的隐私。饭店应当按照规定的时限免费提供住店客人贵重物品的保管服务。

②饭店应当对住店客人贵重物品的保管服务做出书面规定,并在客人办理入住登记时予以提示。违反上述两条规定,造成客人贵重物品灭失的,饭店应当承担赔偿责任。

③客人寄存贵重物品时,饭店应当要求客人填写贵重物品寄存单,并办理有关手续。

④客房内设置的保险箱仅为客人提供存放一般物品之用。对没有按规定存放在饭店前厅贵重物品保险箱内而在客房里灭失、毁损的客人的贵重物品,如果责任在饭店一方,可视为一般物品予以赔偿。

⑤在客人结账退房离开饭店以后,如无事先约定,饭店可以将客人寄存在贵重物品保险箱内的物品取出,并按照有关规定处理。饭店应当将此条规定在客人贵重物品寄存单上明示。

⑥客人如果遗失饭店贵重物品保险箱的钥匙,除赔偿钥匙成本费用外,饭店还可以要求客人承担维修保险箱的费用。

(2)客人一般物品的保管。

①饭店保管客人寄存在行李寄存处的行李物品时,应当检查其包装是否完好、安全,询问有无违禁物品,并经双方当面确认后签发给客人行李寄存牌。

②客人在餐饮、娱乐、前厅行李处等场所寄存物品时,饭店应当面询问客人物品中有无贵重物品。客人寄存的行李中有贵重物品的,应当向饭店声明,由饭店员工验收并交饭店贵重物品保管处免费保管;客人事先未声明或不同意核实而造成物品灭失、毁损,如果责任在饭店一方,饭店按照一般物品予以赔偿;客人对寄存物品没有提出需要采取特殊保管措施的,因为物品自身的原因造成毁损或损耗的,饭店不承担责任;由于客人没有事先说明寄存物的情况,

造成饭店损失的,饭店不承担赔偿责任;由于客人没有事先说明寄存物的情况,造成饭店损失的,除饭店知道或者应当知道而没有采取补救措施的以外,饭店可以要求客人承担其所受损的赔偿责任。

(三)有关旅游饭店的其他规定

1. 洗衣服务

(1)客人送洗衣物,饭店应当要求客人在洗衣单上注明洗涤种类及要求,并应当检查衣物状况有无破损。客人如有特殊要求或者饭店员工发现衣物破损的,双方应当事先确认并在洗衣单上注明;客人事先没有提出特殊要求,饭店按照常规进行洗涤,造成衣物损坏的,饭店不承担赔偿责任。客人衣物在洗涤后即时发现破损等问题,而饭店无法证明该衣物是在洗涤以前破损的,饭店承担相应责任。

(2)饭店应当在洗衣单上注明,要求客人将衣物内的物品取出。对洗涤后客人衣物内物品的灭失,饭店不承担责任。

2. 停车场管理

(1)饭店应当保护停车场内饭店客人的车辆安全。由于保管不善,造成车辆灭失或者毁损的,饭店应承担相应责任,但因为客人自身的原因造成车辆灭失或毁损的除外。双方均有过错的,应当各自承担相应的责任。

(2)饭店应当提示客人保管好放置在汽车内的物品,对汽车内放置的物品的灭失,饭店不承担责任。

3. 饭店的其他权利和义务

(1)饭店可以谢绝客人自带酒水和食品进入餐厅、酒吧、舞厅等场所享用,但应当将谢绝的告示设置于有关场所的显著位置。

(2)饭店有义务提醒客人在客房内遵守国家有关规定,不得私留他人住宿或者擅自将客房转让给他人使用及改变使用用途。对违反规定造成饭店损失的,饭店可以要求下榻该房间的客人承担相应的赔偿责任。

(3)饭店可以口头提示或书面通知客人不得自行对客房进行改造、装饰。未经饭店同意进行改造、装饰并因此造成损失的,饭店可以要求客人承担相应的赔偿责任。

(4)饭店有义务提示客人爱护饭店的财物。由于客人的原因造成损坏的,饭店可以要求客人承担赔偿责任;由于客人原因维修受损设施设备期间导致客房不能出租、场所不能开放而发生的营业损失,饭店可视其情况要求客人承担责任。

(5)对饮酒过量的客人,饭店应恰当、及时地劝阻,防止客人在店内醉酒。客人醉酒后在饭店内肇事造成损失的,饭店可以要求肇事者承担相应的赔偿责任。

(6)客人结账离店后,如有物品遗留在客房内,饭店应当设法同客人取得联系,将物品归还或寄还给客人,或替客人保管,所产生的费用由客人承担。3个月后无人认领的,饭店可以进行登记造册,按拾遗物品处理。

(7)饭店应当提供与本饭店档次相符的产品与服务,如果存在瑕疵,饭店应当采取措施及时加以改进。由于饭店的原因而给客人造成损失的,饭店应当根据损失程度向客人赔礼道歉,或给予相应的赔偿。

第三节 娱乐场所管理法律制度

案例引导 6-3：孩子在游乐园玩受伤,责任应该由谁来承担

一、概述

（一）娱乐场所及其管理

1. 娱乐场所

娱乐场所是指以营利为目的,并向公众开放、消费者自娱自乐的歌舞、游艺等场所。这表明：娱乐场所是营业性的,以营利为目的；是向公众开放的,不包括家庭和单位的娱乐活动场所；消费者自娱自乐,则不涵盖电影院、剧院等观赏场所；适用范围是歌舞、游艺等经营活动的场所。

2. 娱乐场所管理部门及其职责

县级以上人民政府文化行政主管部门负责对娱乐场所日常经营活动的监督管理；县级以上公安部门负责对娱乐场所消防、治安状况的监督管理。

（二）娱乐业立法

随着改革开放的不断深入,我国文化市场在满足人们日益增长的精神需求的同时,也为旅游业的发展提供了条件。文化市场的发展中,娱乐市场最为活跃、发展最为迅速,存在的问题也令人担忧：相当一部分娱乐场所内存在内容不健康、格调粗俗的娱乐活动；在经济利益的驱动下,娱乐业普遍存在高消费、高利润的现象,一些娱乐经营单位片面追求利润、无视社会责任；娱乐场所内治安问题日益严重；娱乐场所的空间布局在沿海和内地、城市与乡村之间严重失衡；娱乐行业立法工作严重滞后。

国家通过制定相应的法律、法规,调整旅游娱乐关系,规范旅游经营者和娱乐场所从业人员的行为,保护在我国境内旅游的中外旅游者享受健康文化的合法权益,保障旅游业蓬勃发展。1999年国务院发布《娱乐场所管理条例》(现已废止),为规范管理娱乐场所提供了法律武器。随着我国经济社会的迅速发展,针对娱乐场所出现的不少新情况、新问题,治安状况日趋复杂的现状,为加强对娱乐场所的管理,保障娱乐场所的健康发展,2006年1月29日,国务院总理温家宝签署第458号国务院令,公布了签订后并于同年3月1日起施行的《娱乐场所管理条例》(以下简称《管理条例》)(2016年修订)。《管理条例》规定了相应的法律制度、可操作性较强的法律责任,对于加强对娱乐场所的管理,保障娱乐场所的健康发展具有重大意义。

为加强娱乐场所治安管理、经营活动管理,维护娱乐场所经营者、消费者和从业人员的合法权益,维护社会治安秩序、娱乐场所健康发展,保障公共安全,满足人民群众文化娱乐消费需求,根据《治安管理处罚法》《管理条例》等法律、法规的规定,2008年4月21日公安部通过了自同年10月1日起施行的《娱乐场所治安管理办法》(以下简称《治安管理办法》);根据《娱乐场所管理条例》,文化部在2013年1月25日通过了自同年3月11日起施行的《娱乐场所管理办法》。

二、娱乐场所的设立

(一)设立娱乐场所经营单位应具备的条件

(1)有单位名称、场所、组织机构和章程。
(2)有确定的经营范围和娱乐项目。
(3)有与其提供的娱乐项目相适应的场地和器材设备。
(4)娱乐场所的安全、消防设施和卫生条件符合国家规定的标准。

(二)开办娱乐场所的限制要求

1. 人员要求

(1)国家机关、相关部门工作人员的禁止性规定。

国家机关及其工作人员不得开办娱乐场所,不得参与或者变相参与娱乐场所的经营活动。与文化主管部门、公安部门的工作人员有夫妻关系、直系血亲关系、三代以内旁系血亲关系以及近姻亲关系的亲属,不得开办娱乐场,不得参与或者变相参与娱乐场所的经营活动。

(2)特殊人员设立要求。

具有以下情形之一者,不得开办娱乐场所或者在娱乐场所内从业:①曾犯有组织、强迫、引诱、容留、介绍卖淫罪,制作、贩卖、传播淫秽物品罪,走私、贩卖、运输、制造毒品罪,强奸罪,强制猥亵、侮辱妇女罪,赌博罪,洗钱罪,组织、领导、参加黑社会性质组织罪的;②因犯罪曾被剥夺政治权利的;③因吸食、注射毒品曾被强制戒毒的;④因卖淫、嫖娼曾被处以行政拘留的。

(3)外国投资者设立要求。

外国投资者可以与中国投资者依法设立中外合资经营、中外合作经营的娱乐场所,不得设立外商独资经营的娱乐场所。

2. 场所要求

娱乐场所的设立场所必须符合相关规定,不得设在下列地点:居民楼、博物馆、图书馆和被核定为文物保护单位的建筑物内;居民住宅区和学校、医院、机关周围;车站、机场等人群密集的场所;建筑物地下一层以下;与危险化学品仓库毗连的区域。

此外,娱乐场所的噪声、使用面积、总量和布局也应符合国家相关规定的要求,边界噪声,应当符合国家规定的环境噪声标准;娱乐场所的使用面积,不得低于国务院文化主管部门规定的最低标准;设立含有电子游戏机的游艺娱乐场所,应当符合国务院文化主管部门关于总量与布局的要求。

(三)设立程序

1. 申请

娱乐场所申请从事娱乐经营活动,应当向所在地县级人民政府文化行政主管部门提出申请;中外合资经营、中外合作经营的娱乐场所申请从事娱乐经营活动,应当向所在地省级人民政府文化行政主管部门提出申请,①并提交证明其符合规定条件的书面声明。

2. 核查与颁证

受理申请的文化主管部门应当就书面声明向公安部门或者其他有关单位核查,经核查属实的进行实地检查,做出决定。予以核准的,颁发娱乐经营许可证,并根据文化部的规定核定娱乐场所容纳的消费者数量;不予批准的,应当书面通知申请人并说明理由。

3. 听证

文化主管部门审批娱乐场所应当举行听证会。

4. 登记与公安备案

娱乐场所依法取得营业执照和相关批准文件、许可证后,应当在15日内向所在地县级公安机关部门备案。《治安管理办法》对备案的时间、项目、材料以及变更备案作了明确规定。

文化主管部门应当建立娱乐场所的经营活动信用监管制度,建立健全信用约束机制,并及时公布行政处罚信息。

娱乐场所改建、扩建营业场所或者场地、主要设施设备、投资人员,或者变更娱乐经营许可证载明的事项的,应当向原颁证机关申请重新核发娱乐经营许可证,并向公安部门备案,需要办理变更登记的,应当依法向工商行政管理部门办理变更登记。

三、娱乐场所的管理

(一)经营管理

1. 娱乐场所禁止的活动内容

国家倡导弘扬民族优秀文化,禁止娱乐场所内的娱乐活动含有下列内容。

(1)违反宪法确定的基本原则的。
(2)危害国家统一、主权或者领土完整的。
(3)危害国家安全,或者损害国家荣誉、利益的。
(4)煽动民族仇恨、民族歧视,伤害民族感情或者侵害民族风俗、习惯,破坏民族团结的。
(5)违反国家宗教政策,宣扬邪教、迷信的。
(6)宣扬淫秽、赌博、暴力以及与毒品有关的违法犯罪活动,或者教唆犯罪的。
(7)违背社会公德或者民族优秀文化传统的。
(8)侮辱、诽谤他人,侵害他人合法权益的。

2. 娱乐场所人员禁止的行为

娱乐场所及其从业人员不得实施下列行为,不得为进入娱乐场所的人员实施下列行为提供条件。

(1)贩卖、提供毒品,或者组织、强迫、教唆、引诱、容留他人吸食、注射毒品。
(2)组织、强迫、引诱、容留、介绍他人卖淫、嫖娼。
(3)制作、贩卖、传播淫秽物品。

---

① 2002年,国务院下发了关于取消第一批行政审批项目的决定(国发〔2002〕24号),该决定中公布了公安部取消的37项行政审批项目,其中包括娱乐场所经营单位设立治安审核。

(4) 提供或者从事以营利为目的的陪侍。

(5) 赌博。

(6) 从事邪教、迷信活动。

(7) 其他违法犯罪行为。

同时要求娱乐场所的从业人员不得吸食、注射毒品,不得卖淫、嫖娼。

3. 娱乐场所设施设备要求

(1) 监控设备。

歌舞娱乐场所应当按照国务院公安部门的规定在营业场所的出入口、主要通道安装闭路电视监控设备,并应当保证闭路电视监控设备在营业期间正常运行,不得中断。歌舞娱乐场所应当将闭路电视监控录像资料留存30日备查,不得删改或者挪作他用。

(2) 包厢包间。

歌舞娱乐场所的包厢、包间内不得设置隔断,应当安装展现室内整体环境的透明门窗。包厢、包间的门不得有内锁装置。

(3) 产品版权。

娱乐场所使用的音像制品或者电子游戏应当是依法出版、生产或者进口的产品;歌舞娱乐场所播放的曲目和屏幕画面以及游艺娱乐场所的电子游戏机内的游戏项目,不得含有禁止从事的娱乐内容;歌舞娱乐场所使用的歌曲点播系统不得与境外的曲库连接。

(4) 游戏设备。

游艺娱乐场所不得设置具有赌博功能的电子游戏机机型、机种、电路板等游戏设施设备,不得以现金或者有价证券作为奖品,不得回购奖品。

(5) 消防设施。

娱乐场所的法定代表人或者主要负责人应当对娱乐场所的消防安全和其他安全负责;娱乐场所应当确保其建筑、设施符合国家安全标准和消防技术规范,定期检查消防设施状况,并及时维护、更新。

(6) 疏散设施。

营业期间,娱乐场所应当保证疏散通道和安全出口畅通,不得封堵、锁闭疏散通道和安全出口,不得在疏散和安全出口设置栅栏等影响疏散的障碍物;娱乐场所应当在疏散通道和安全出口设置明显指示标志,不得遮挡、覆盖指示标志。

4. 人员安全管理

(1) 接待人员管理。

任何人不得非法携带枪支、弹药、管制器具或者携带爆炸性、易燃性、毒害性、放射性、腐蚀性等危险物品和传染病病原体进入娱乐场所;迪斯科舞厅应当配备安全检查设备,对进入营业场所的人员进行安全检查;歌舞娱乐场所不得接纳未成年人。除国家法定节假日外,游艺娱乐场所设置的电子游戏机不得向未成年人提供。

(2) 从业人员管理。

娱乐场所不得招用未成年人;招用外国人的,应当按照国家有关规定为其办理外国人就业许可证;娱乐场所应当与从业人员签订文明服务责任书,并建立从业人员名簿;从业人员名簿应当包括从业人员的真实姓名、居民身份证复印件、外国人就业许可证复印件等内容;娱乐场所应当建立营业日志,记载营业期间从业人员的工作职责、工作时间、工作地点;营业日志不得删改,并应当留存60日备查;娱乐场所应当与保安服务企业签订保安服务合同,配备专业保安人员;不得聘用其他人员从事保安工作;营业期间,娱乐场所的从业人员应当统一着工作服,佩戴工作标志并携带居民身份证或者外国人就业许可证;从业人员应当遵守职业道德和卫生规范,诚实守信,礼貌待人,不得侵害消费者的人身和财产权利。

5. 经营时间管理

每日凌晨2点至上午8点,娱乐场所不得营业。

6. 信息明示管理

娱乐场所提供娱乐项目和出售商品,应当明码标价,并向消费者出示价目单;不得强迫、欺骗消费者接受服务、购买商品。娱乐场所应当在营业场所的大厅、包厢、包间内的明显位置悬挂含有禁毒、禁赌、禁止卖淫嫖娼等内容的警示标志、未成年人禁入或者限入标志。标志应当注明公安部门、文化主管部门的举报电话。

7. 巡查制度

娱乐场所应当建立巡查制度,发现娱乐场所内有违法犯罪活动的,应当立即向所在地公安部门、县级人民政府文化主管部门报告。

(二)监督管理

1. 监督部门权利

文化主管部门、公安部门和其他有关部门的工作人员依法履行监督检查职责时,有权进入娱乐场所。娱乐场所应当予以配合,不得拒绝、阻挠;文化主管部门、公安部门和其他有关部门的工作人员依法履行监督检查职责时,需要查阅闭路电视监控录像资料、从业人员名簿、营业日志等资料的,娱乐场所应当及时提供。

2. 监督信息公开

文化主管部门、公安部门和其他有关部门应当记录监督检查的情况和处理结果。监督检查记录由监督检查人员签字归档。公众有权查阅监督检查记录;文化主管部门、公安部门和其他有关部门应当建立娱乐场所违法行为警示记录系统;对列入警示记录的娱乐场所,应当及时向社会公布,并加大监督检查力度;文化主管部门、公安部门和其他有关部门应当建立相互间的信息通报制度,及时通报监督检查情况和处理结果。

3. 举报及监督管辖管理

任何单位或者个人发现娱乐场所内有违反《管理条例》行为的,有权向文化主管部门、公安部门等有关部门举报。

文化主管部门、公安部门等有关部门接到举报,应当记录,并及时依法调查、处理;对不属于本部门职责范围内的,应当及时移送有关部门;上级人民政府文化主管部门、公安部门在必要时,可以依照《管理条例》的规定调查、处理由下级人民政府文化主管部门、公安部门调查、处理的案件;下级人民政府文化主管部门、公安部门认为案件重大、复杂的,可以请求移送上级人民政府文化主管部门、公安部门调查、处理;文化主管部门、公安部门和其他有关部门及其工作人员违反《管理条例》规定的,任何单位或者个人可以向依法有权处理的本级或者上一级机关举报。接到举报的机关应当依法及时调查、处理。

四、娱乐场所法律责任

（一）违反从业规定的法律责任

1. 违反经营许可证制度的责任

未取得经营许可证擅自从事娱乐场所经营活动的，由工商行政管理部门、文化主管部门依法予以取缔；公安部门在查处治安、刑事案件时，发现擅自从事娱乐场所经营活动的，应当予以取缔。

变更有关事项，未按照《管理条例》规定申请重新核发娱乐经营许可证的，由县级人民政府文化主管部门责令改正，给予警告；情节严重的，责令停业整顿一个月至三个月。

娱乐场所取得营业执照后，未按照《管理条例》规定向公安部门备案的，由县级公安部门责令改正，予以警告；以欺骗等不正当手段取得娱乐经营许可证的，由原发证机关撤销娱乐经营许可证；娱乐场所违反《管理条例》规定被吊销或者撤销娱乐经营许可证的，应当依法到工商行政管理部门办理变更登记或者注销登记；逾期不办理的，吊销营业执照。

两年内被处以三次警告或者罚款又有违反《管理条例》的行为应受行政处罚的，由县级人民政府文化主管部门、县级公安部门依据法定职责责令停业整顿三个月至六个月；两年内被两次责令停业整顿又有违反管理条例的行为应受行政处罚的，由原发证机关吊销娱乐经营许可证。

2. 从业人员违反规定的责任

因擅自从事娱乐场所经营活动被依法取缔的，其投资人员和负责人终身不得投资开办娱乐场所或者担任娱乐场所的法定代表人、负责人。

娱乐场所因违反《管理条例》规定，被吊销或者撤销娱乐经营许可证的，自被吊销或者撤销之日起，其法定代表人、负责人5年内不得担任娱乐场所的法定代表人、负责人。

娱乐场所未按照《管理条例》规定建立从业人员名簿、营业日志，或者发现违法犯罪行为未按照条例规定报告的，由县级人民政府文化主管部门、县级公安部门依据法定职权责令改正，予以警告；情节严重的，责令停业整顿一个月至三个月。

从业人员在营业期间未统一着装并佩戴工作牌的，由县级人民政府文化主管部门责令改正，予以警告；情节严重的，责令停业整顿一个月至三个月；娱乐场所招用未成年人的，由劳动保障行政部门责令改正，并按照每招用一名未成年人每月处5000元罚款的标准予以处罚。

娱乐场所指使、纵容从业人员侵害消费者人身权利的，应当依法承担民事责任，并由县级公安部门责令停业整顿一个月至三个月；造成严重后果的，由原发证机关吊销娱乐经营许可证。

（二）违反经营管理的法律责任

1. 违反经营设施设备的责任

照明设施、包厢、包间的设置以及门窗的使用不符合《管理条例》规定的或未按照《管理条例》规定安装闭路电视监控设备或者中断使用的，由县级公安部门责令改正，给予警告；情节严重的，责令停业整顿一个月至三个月；娱乐场所未按照《管理条例》规定悬挂警示标志、未成年人禁入或者限入标志的，由县级人民政府文化主管部门、县级公安部门依据法定职权责令改正，给予警告；设置具有赌博功能的电子游戏机机型、机种、电路板等游戏设施设备的，由县级公安部门没收违法所得和非法财物,并处违法所得两倍以上、五倍以下的罚款;没有违法所得或者违法所得不足1万元的,处2万元以上、5万元以下的罚款;情节严重的,责令停业整顿一个月至三个月。

2. 违法经营内容的责任

娱乐场所实施下列行为或为进入娱乐场所的人员提供条件的,由县级公安部门没收违法所得和非法财物,责令停业整顿三个月至六个月;情节严重的,由原发证机关吊销娱乐经营许可证,对直接负责的主管人员和其他直接责任人员处1万元以上、2万元以下的罚款。

(1) 贩卖、提供毒品,或者组织、强迫、教唆、引诱、容留他人吸食、注射毒品。

(2) 组织、强迫、引诱、容留、介绍他人卖淫、嫖娼。

(3) 制作、贩卖、传播淫秽物品。

(4) 提供或者从事以营利为目的的陪侍。

(5) 赌博。

(6) 从事邪教、迷信活动。

(7) 其他违法犯罪行为。

娱乐场所有下列情形之一的,由县级公安部门责令改正,给予警告;情节严重的,责令停业整顿一个月至三个月。

(1) 未按照《管理条例》规定留存监控录像资料或者删改监控录像资料的。

(2) 未按照《管理条例》规定配备安全检查设备或者未对进入营业场所的人员进行安全检查的。

(3) 未按照《管理条例》规定配备保安人员的。

娱乐场所有下列情形之一的,由县级人民政府文化主管部门,没收违法所得和非法财物,并处违法所得一倍以上、三倍以下的罚款;没有违法所得或者违法所得不足1万元的,处1万元以上、3万元以下的罚款;情节严重的,责令停业整顿一个月至六个月。

(1) 歌舞娱乐场所使用的歌曲点播系统与境外的曲库连接的。

(2) 歌舞娱乐场所播放的曲目和屏幕画面以及游艺娱乐场所的电子游戏机内的游戏项目含有《管理条例》第13条禁止内容的。

(3) 歌舞娱乐场所接纳未成年人的。

(4) 游艺娱乐场所设置的电子游戏机在国家法定节假日外向未成年人提供的。

(5) 娱乐场所容纳的消费者超过核定人数的。

在禁止营业期间营业的,由县级人民政府文化主管部门责令改正,给予警告;情节严重的,责令停业整顿一个月至三个月。

(三) 违反其他法规的法律责任

娱乐场所违反有关治安管理或者消防管理法律、行政法规规定的,由县级公安部门依法予以处罚;构成犯罪的,依法追究刑事责任。

娱乐场所违反有关卫生、环境保护、价格、劳动等法律、行政法规规定的,由有关部门依法予以处罚;构成犯罪的,依法追究刑事责任。

娱乐场所及其从业人员与消费者发生争议的,应当依照消费者权益保护的法律规定解决;造成消费者人身、财产损害的,由娱乐场所依法予以赔偿。

(四)主管部门法律责任

1. 经营娱乐场所的责任

国家机关及其工作人员开办娱乐场所,参与或者变相参与娱乐场所的经营活动的,对直接负责的主管人员和其他直接责任人员依法给予撤职或者开除的行政处分。文化主管部门、公安部门的工作人员明知其亲属开办娱乐场所或者发现其亲属参与、变相参与娱乐场所的经营活动,不予以制止或者制止不力的,依法给予行政处分;情节严重的,依法给予撤职或者开除的行政处分。

2. 其他责任

文化主管部门、公安部门、工商行政管理部门和其他有关部门的工作人员有下列行为之一的,对直接负责的主管人员和其他直接责任人员依法给予行政处分;构成犯罪的,依法追究刑事责任。

(1)向不符合法定设立条件的单位颁发许可证、批准文件、营业执照的。

(2)不履行监督管理职责,或者发现擅自从事娱乐场所经营活动不依法取缔,或者发现违法行为不依法查处的。

(3)接到对违法行为的举报、通报后不依法查处的。

(4)利用职务之便,索取、收受他人财物或者牟取其他利益的。

(5)利用职务之便,参与、包庇违法行为,或者向有关单位、个人通风报信的。

(6)有其他滥用职权、玩忽职守、徇私舞弊行为的。

第四节 旅游安全管理制度

案例引导 6-4:斯里兰卡发生连环爆炸,中国使馆提醒游客谨慎前往

旅游安全是旅游者外出旅行首要考虑的问题。旅游安全是旅游业持续、健康、稳定发展的基础,加强旅游安全管理,保障旅游者人身、财物的安全,是旅游行政管理部门、旅游经营者以及旅游从业人员的义务和责任。

一、旅游安全管理制度概述

(一)旅游安全管理概念

旅游安全是指旅游活动可以容忍的风险程度,是对旅游活动处于平衡、稳定、正常状态的

一种统称。

旅游安全管理是指面向整个旅游行业,通过提高旅游行业的安全管理水平、预防和减少旅游突发事件,以保障旅游者和旅游从业人员的人身、财产安全,保障旅游企业安全运营为目标的各项工作的统称。

(二)我国旅游安全立法发展历程

我国一直以来都非常重视旅游安全工作。1990年2月20日,国务院旅游主管部门发布了《旅游安全管理暂行办法》,1993年又相继发布了《重大旅游安全事故报告制度试行办法》和《重大旅游安全事故处理程序试行办法》,1994年发布了《旅游安全管理暂行办法实施细则》等一系列配套或相关规范性文件,初步形成了旅游安全管理的基本制度,推动我国旅游安全管理步入法制化的轨道。然而,随着我国旅游业的快速发展和国内外安全形势的动态变化,急需根据新形势调整并出台新的旅游安全管理制度。2013年,国务院旅游主管部门发布了《中华人民共和国旅游法》(以下简称《旅游法》),在《旅游法》包含的十章内容中,专门设置了"旅游安全"一章,使旅游安全管理工作更加规范,这也为我国旅游安全管理制度体系提供了法律依据与基础。2016年9月7日,国务院旅游主管部门公布了《旅游安全管理办法》(以下简称《办法》),并于2016年12月1日起正式实施。《办法》是根据《旅游法》《安全生产法》《中华人民共和国突发事件应对法》《旅行社条例》和《生产安全事故报告和调查处理条例》等法律、行政法规制定,国务院旅游主管部门1990年2月20日发布的《旅游安全管理暂行办法》同时废止。《办法》共包含六章,基本覆盖了旅游安全管理的各项工作,分别是总则、经营安全、风险提示、安全管理、罚则与附则。

《办法》第2条规定,旅游经营者的安全生产、旅游主管部门的安全监督管理,以及旅游突发事件的应对,应当遵守有关法律、法规和本办法的规定。

二、旅游安全管理制度主要内容

(一)政府及其部门的安全职责

1. 政府的安全职责

根据《旅游法》第76条规定,县级以上人民政府统一负责旅游安全工作。县级以上人民政府有关部门依照法律、法规履行旅游安全监管职责。县级以上人民政府是旅游安全管理的统一领导者与负责人,督促有关部门履行旅游安全的监管职责,对旅游安全监管和应急管理中存在的重大问题及时予以协调解决,全面扎实推进旅游安全工作。

2. 部门的安全职责

旅游安全工作涉及县级以上人民政府安监、公安、消防、交通、卫生、质监、农林、旅游等众多管理部门。2015年8月,国务院安全生产委员会印发了《国务院安全生产委员会成员单位安全生产工作职责分工》,在文件中落实了国务院旅游主管部门的安全生产工作职责分工。具体包括以下内容。

(1)负责旅游安全监督管理工作,在职责范围内对旅游安全实施监督管理。指导地方对旅行社企业安全生产及应急管理工作进行监督检查,依法指导景区建立具备开放的安全条件。

(2)会同国家有关部门对旅游安全实行综合治理,配合有关部门加强旅游客运安全管理。

(3)负责全国旅游安全管理的宣传、教育、培训工作。

（4）负责旅游行业安全生产统计分析，依法参加有关事故的调查处理，按照职责分工对事故发生单位落实防范和整改措施的情况进行监督检查。

为贯彻该文件精神，《办法》第22条规定，旅游主管部门应当加强下列旅游安全日常管理工作。

（1）督促旅游经营者贯彻执行安全和应急管理的有关法律、法规，并引导其实施相关国家标准、行业标准或者地方标准，提高其安全经营和突发事件应对能力。

（2）指导旅游经营者组织开展从业人员的安全及应急管理培训，并通过新闻媒体等多种渠道，组织开展旅游安全及应急知识的宣传普及活动。

（3）统计分析本行政区域内发生旅游安全事故的情况。

（4）法律、法规规定的其他旅游安全管理工作。

（5）旅游主管部门应当加强对星级饭店和A级景区旅游安全和应急管理工作的指导。

（二）旅游经营者的安全责任

1. 旅游经营者的界定

《办法》第2条第2款规定，旅游经营者是指旅行社及地方性法规规定旅游主管部门负有行业监管职责的景区和饭店等单位。其对旅游经营者的限制规定能够明确旅游主管部门的有效安全监管对象，使监管对象的设立更加合理，更具有法律依据。

2. 旅游经营者的安全责任

旅游经营者应当承担旅游安全的主体责任，加强安全管理，建立、健全安全管理制度，关注安全风险预警和提示，妥善应对旅游突发事件。旅游从业人员应当严格遵守本单位的安全管理制度，接受安全生产教育和培训，增强旅游突发事件防范和应急处理能力。

旅游经营者作为旅游安全保障的责任主体，应该加强安全管理，建立安全管理体系，严格按照国家法律、法规和标准的要求开展经营活动。旅游从业人员是直接为旅游者提供服务的人员，其安全意识、素质和技能决定了旅游服务的安全程度，尤其是对旅游突发事件预防和应急救助技能更加重要。

3. 旅游经营者的安全义务

（1）安全管理与保障义务。

《旅游法》第79条规定，旅游经营者应当严格执行安全生产管理和消防安全管理的法律、法规和国家标准、行业标准，具备相应的安全生产条件，制定旅游者安全保护制度和应急预案。旅游经营者应当对直接为旅游者提供服务的从业人员开展经常性应急救助技能培训，对提供的产品和服务进行安全检验、监测和评估，采取必要措施防止危害发生。旅游经营者组织、接待老年人、未成年人、残疾人等旅游者，应当采取相应的安全保障措施。

《办法》在《旅游法》相关规定的基础上做了进一步补充规定。旅游经营者应当遵守下列要求：①服务场所、服务项目和设施设备符合有关安全法律、法规和强制性标准的要求；②配备必要的安全和救援人员、设施设备；③建立安全管理制度和责任体系；④保证安全工作的资金投入。第7条规定，旅游经营者应当定期检查本单位安全措施的落实情况，及时排除安全隐患；对可能发生的旅游突发事件及采取安全防范措施的情况，应当按照规定及时向所在地人民政府或者人民政府有关部门报告。

旅游从业人员与旅游服务履行辅助人在旅游过程中也应尽到安全管理与保障义务。一方面，旅游经营者应当对从业人员进行安全生产教育和培训，保证从业人员掌握必要的安全生产知识、规章制度、操作规程、岗位技能和应急处理措施,知悉自身在安全生产方面的权利和义务。旅游经营者建立安全生产教育和培训档案,如实记录安全生产教育和培训的时间、内容、参加人员以及考核结果等情况。未经安全生产教育和培训合格的旅游从业人员,不得上岗作业;特种作业人员必须按照国家有关规定经专门的安全作业培训,取得相应资格。另一方面,旅行社组织和接待旅游者,应当合理安排旅游行程,向合格的供应商订购产品和服务。旅行社及其从业人员发现履行辅助人提供的服务不符合法律、法规规定或者存在安全隐患的,应当予以制止或者更换。对经营高风险旅游项目或者向老年人、未成年人、残疾人提供旅游服务的旅游经营者,应当根据需要采取相应的安全保护措施。

(2) 说明或警示义务。

《旅游法》第80条规定,旅游经营者应当就旅游活动中的下列事项,以明示的方式事先向旅游者作出说明或者警示:①正确使用相关设施、设备的方法;②必要的安全防范和应急措施;③未向旅游者开放的经营、服务场所和设施、设备;④不适宜参加相关活动的群体;⑤可能危及旅游者人身、财产安全的其他情形。这一条规定既可以保证旅游消费者知情权的实现,也可以体现旅游经营者的安全保障义务。其中,"明示"主要是指旅游经营者或其从业人员应该使用准确的语言将需要安全说明或者安全警示的内容告知旅游者。告知可以通过口头明示、书面明示、警示牌标示等方式进行;"事先"主要是指先期防范,在旅游活动前,包括旅游行程开始前或某一具体旅游项目开始前。

关于合理履行说明或警示义务。在《办法》中也做了相关规定。

旅游经营者应当对其提供的产品和服务进行风险监测和安全评估,依法履行安全风险提示义务,必要时应当采取暂停服务、调整活动内容等措施。旅游经营者应当在旅游活动开始前主动询问与旅游活动相关的个人健康信息,要求旅游者按照明示的安全规程,使用旅游设施和接受服务,并要求旅游者对旅游经营者采取的安全防范措施予以配合。

旅行社组织出境旅游,应当为旅游者制作安全信息卡。安全信息卡应当包括旅游者姓名、出境证件号码和国籍,以及紧急情况下的联系人、联系方式等信息,使用中文和目的地官方语言(或者英文)填写。旅行社应当将安全信息卡交由旅游者随身携带,并告知其自行填写血型、过敏药物和重大疾病等信息。

(3) 安全救助、处置与报告义务。

旅游经营者作为旅游安全工作的责任主体,在突发事件或者旅游安全事故发生后,在第一现场、第一时间实施安全救助、处置,并报告相关情况,是其应当履行的基本义务。同时,这也为有关部门第一时间掌握事件情况,启动相应的旅游应急处置方案,合理安排人力、物力、财力,及时开展安全救援工作提供条件。

《旅游法》第81条规定,突发事件或者旅游安全事故发生后,旅游经营者应当立即采取必要的救助和处置措施,依法履行报告义务,并对旅游者作出妥善安排。《办法》严格贯彻落实《旅游法》精神,对安全救助、处置和报告的程序与内容进一步细化与补充。在旅游活动开始前,旅游经营者应当依法制定旅游突发事件应急预案,与所在地县级以上地方人民政府及其相关部门的应急预案相衔接,并定期组织演练。在旅游活动进行中遇到旅游突发事件后,旅游经营者及现场人员应当采取合理、必要的措施救助受害旅游者,控制事态发展,防止损害扩大。旅游经营者应当按照履行统一领导职责或者组织处置突发事件的人民政府的要求,配合其采取应急处置措施,并参与所在地人民政府组织的应急救援和善后处置工作。如果旅游突发事

件发生在境外的,旅行社及其领队应当在中国驻当地使领馆或者政府派出机构的指导下,全力做好突发事件应对处置工作。

旅游经营者需要履行报告义务。当旅游突发事件发生后,旅行社现场人员应当立即向本单位负责人报告,单位负责人接到报告后,应当于1小时内向发生地县级旅游主管部门、安全生产监督管理部门和负有安全生产监督管理职责的其他相关部门报告;旅行社负责人应当同时向单位所在地县级以上地方旅游主管部门报告。情况紧急或者发生重大、特别重大旅游突发事件时,现场有关人员可直接向发生地、旅行社所在地县级以上旅游主管部门、安全生产监督管理部门和负有安全生产监督管理职责的其他相关部门报告。旅游突发事件发生在境外的,旅游团队的领队应当立即向当地警方、中国驻当地使领馆或者政府派出机构,以及旅行社负责人报告。旅行社负责人应当在接到领队报告后1小时内,向单位所在地县级以上地方旅游主管部门报告。

(三)目的地安全风险提示制度

1. 概念

旅游目的地安全风险提示制度,主要是指预先发现境内外旅游目的地对旅游者的人身、财产可能造成损害的自然灾害、事故灾难、公共卫生事件和社会安全事件等潜在的或者已经存在的安全风险,运用定性与定量分析相结合的方法,识别旅游安全风险的类别、等级、提出旅游出行的建议,并按规定的权限和程序,向社会发布相关提示信息的制度。

2. 安全风险提示的等级

风险提示级别的划分标准,由文化和旅游部会同外交、卫生、公安、国土、交通、气象、地震和海洋等有关部门制定或者确定。根据可能对旅游者造成的危害程度、紧急程度和发展态势,风险提示级别分为一级(特别严重)、二级(严重)、三级(较重)和四级(一般),分别用红色、橙色、黄色和蓝色标示。国务院旅游主管部门应该会同有关部门按照《办法》规定,在综合各方面风险级别的基础上,划分旅游目的地的安全风险等级,并正式公开相关信息。

3. 安全风险提示的信息

风险提示信息,应当包括风险类别、提示级别、可能影响的区域、起始时间、注意事项、应采取的措施和发布机关等内容。一级、二级风险的结束时间能够与风险提示信息内容同时发布的,应当同时发布;无法同时发布的,待风险消失后通过原渠道补充发布。三级、四级风险提示可以不发布风险结束时间,待风险消失后自然结束。

4. 安全风险提示信息的应对措施

(1)旅行社的应对措施。

风险提示发布后,旅行社应当根据风险级别采取下列措施:①四级风险的,加强对旅游者的提示;②三级风险的,采取必要的安全防范措施;③二级风险的,停止组团或者带团前往风险区域;已在风险区域的,调整或者中止行程;④一级风险的,停止组团或者带团前往风险区域,组织已在风险区域的旅游者撤离。

(2)其他旅游经营者的应对措施。

其他旅游经营者应当根据风险提示的级别,加强对旅游者的风险提示,采取相应的安全防范措施,妥善安置旅游者,并根据政府或者有关部门的要求,暂停或者关闭易受风险危害的旅游项目或者场所。

(3) 旅游者的应对措施。

风险提示发布后,旅游者应当关注相关风险,加强个人安全防范,并配合国家应对风险暂时限制旅游活动的措施,以及有关部门、机构或者旅游经营者采取的安全防范和应急处置措施。

5. 安全风险提示信息的发布渠道与发布权限

(1) 发布渠道。

风险提示信息应当通过官方网站、手机短信及公众易查阅的媒体渠道对外发布。一级、二级风险提示应同时通报有关媒体。

(2) 发布权限。

文化和旅游部负责发布境外旅游目的地国家(地区),以及风险区域范围覆盖全国或者跨省级行政区域的风险提示。发布一级风险提示的,需经国务院批准;发布境外旅游目的地国家(地区)风险提示的,需经外交部门同意。

地方各级旅游主管部门应当及时转发上级旅游主管部门发布的风险提示,并负责发布前款规定之外涉及本辖区的风险提示。

(四)旅游突发事件的应急处理

1. 旅游突发事件的概念

旅游突发事件是指突然发生,造成或者可能造成旅游者人身伤亡、财产损失,需要采取应急处置措施予以应对的自然灾害、事故灾难、公共卫生事件和社会安全事件。

2. 旅游突发事件的分类

根据旅游突发事件的性质、危害程度、可控性以及造成或者可能造成的影响,旅游突发事件一般分为特别重大、重大、较大和一般四级(见表6-1)。

表 6-1　旅游突发事件分类一览表

旅游突发事件类别	具体情形
特别重大旅游突发事件	①造成或者可能造成人员死亡(含失踪)30人以上或者重伤100人以上; ②旅游者500人以上滞留超过24小时,并对当地生产生活秩序造成严重影响; ③其他在境内外产生特别重大影响,并对旅游者人身、财产安全造成特别重大威胁的事件
重大旅游突发事件	①造成或者可能造成人员死亡(含失踪)10人以上、30人以下或者重伤50人以上、100人以下; ②旅游者200人以上滞留超过24小时,对当地生产生活秩序造成较严重影响; ③其他在境内外产生重大影响,并对旅游者人身、财产安全造成重大威胁的事件
较大旅游突发事件	①造成或者可能造成人员死亡(含失踪)3人以上、10人以下或者重伤10人以上、50人以下; ②旅游者50人以上、200人以下滞留超过24小时,并对当地生产生活秩序造成较大影响; ③其他在境内外产生较大影响,并对旅游者人身、财产安全造成较大威胁的事件
一般旅游突发事件	①造成或者可能造成人员死亡(含失踪)3人以下或者重伤10人以下; ②旅游者50人以下滞留超过24小时,并对当地生产生活秩序造成一定影响; ③其他在境内外产生一定影响,并对旅游者人身、财产安全造成一定威胁的事件

(注:根据《办法》规定,自行整理。)

同步案例 6-3：中国游客普吉岛遇险，多方展开应急救援

3. 旅游突发事件的应急管理

旅游突发事件应对的基本要求是采取措施开展紧急救援，将危险与损失降低到最低限度，特殊要求是协助旅游者返回。

《旅游法》第78条规定，县级以上人民政府应当依法将旅游应急管理纳入政府应急管理体系，制定应急预案，建立旅游突发事件应对机制。突发事件发生后，当地人民政府及其有关部门和机构应当采取措施开展救援，并协助旅游者返回出发地或者旅游者指定的合理地点。

《办法》在《旅游法》的基础上，对旅游突发事件应急管理进行了进一步规定。旅游突发事件发生后，发生地县级以上旅游主管部门应当根据同级人民政府的要求和有关规定，启动旅游突发事件应急预案，并采取下列一项或者多项措施：①组织或者协同、配合相关部门开展对旅游者的救助及善后处置，防止次生、衍生事件；②协调医疗、救援和保险等机构对旅游者进行救助及善后处置；③按照同级人民政府的要求，统一、准确、及时发布有关事态发展和应急处置工作的信息，并公布咨询电话。

4. 旅游突发事件的调查、报告与通报

旅游突发事件发生后，发生地县级以上旅游主管部门应当根据同级人民政府的要求和有关规定，参与旅游突发事件的调查，配合相关部门依法对应当承担事件责任的旅游经营者及其责任人进行处理。

各级旅游主管部门应当建立旅游突发事件报告制度。旅游主管部门在接到旅游经营者依据《办法》第15条规定的报告后，应当向同级人民政府和上级旅游主管部门报告。一般旅游突发事件上报至该区的市级旅游主管部门；较大旅游突发事件逐级上报至省级旅游主管部门；重大和特别重大旅游突发事件逐级上报至文化和旅游部。向上级旅游主管部门报告旅游突发事件，应当包括下列内容。

(1) 事件发生的时间、地点、信息来源。

(2) 简要经过、伤亡人数、影响范围。

(3) 事件涉及的旅游经营者、其他有关单位的名称。

(4) 事件发生原因及发展趋势的初步判断。

(5) 采取的应急措施及处置情况。

(6) 需要支持协助的事项。

(7) 报告人姓名、单位及联系电话。前款所列内容暂时无法确定的，应当先报告已知情况;报告后出现新情况的,应当及时补报、续报。

各级旅游主管部门应当建立旅游突发事件信息通报制度。旅游突发事件发生后,旅游主管部门应当及时将有关信息通报相关行业主管部门。

5. 旅游突发事件总结报告的提交

在旅游突发事件处置结束后,发生地旅游主管部门应当及时查明突发事件的发生经过和原因,总结突发事件应急处置工作的经验教训,制定改进措施,并在30日内按照规定程序提交总结报告。一般旅游突发事件向该区的市级旅游主管部门提交;较大旅游突发事件逐级向省级旅游主管部门提交;重大和特别重大旅游突发事件逐级向文化和旅游部提交。若旅游团队在境外遇到突发事件的,由组团社所在地旅游主管部门提交总结报告。

省级旅游主管部门应当于每月5日前,将本地区上月发生的较大旅游突发事件报文化和旅游部备案,内容应当包括突发事件发生的时间、地点、原因及事件类型和伤亡人数等。

县级以上地方各级旅游主管部门应当定期统计分析本行政区域内发生旅游突发事件的情况,并于每年1月底前将上一年度相关情况逐级报文化和旅游部。

知识链接 6-1:相关罚则

1. 违反安全生产管理

《旅游法》第107条规定,旅游经营者违反有关安全生产管理和消防安全管理的法律、法规或者国家标准、行业标准的,由有关主管部门依照有关法律、法规的规定处罚。《办法》第33条也对此做了规定,旅游经营者及其主要负责人、旅游从业人员违反法律、法规有关安全生产和突发事件应对规定的,依照相关法律、法规处理。

2. 未制止履行辅助人的非法或不规范行为

《办法》第34条规定,旅行社违反本办法第11条第2款的规定,未制止履行辅助人的非法、不安全服务行为,或者未更换履行辅助人的,由旅游主管部门给予警告,并处2000元以下罚款;情节严重的,处2000元以上10000元以下罚款。

3. 未按要求制作安全信息卡

《办法》第35条规定,旅行社违反本办法第12条的规定,不按要求制作安全信息卡,未将安全信息卡交由旅游者,或者未告知旅游者相关信息的,由旅游主管部门给予警告,并处2000元以下罚款;情节严重的,处2000元以上10000元以下罚款。

4. 针对风险提示未采取相应措施

《办法》第36条规定,旅行社违反第18条规定,不采取相应措施的,由旅游主管部门处2000元以下罚款;情节严重的,处2000元以上10000元以下罚款。

5. 按标准评定的旅游经营者违法

《办法》第37条规定,按照旅游业国家标准、行业标准评定的旅游经营者违反本

办法规定的,由旅游主管部门建议评定组织依据相关标准作出处理。

6. 旅游主管部门及其工作人员违法

《办法》第38条规定,旅游主管部门及其工作人员违反相关法律、法规及本办法规定,玩忽职守,未履行安全管理职责的,由有关部门责令改正,对直接负责的主管人员和其他直接责任人依法给予处分。

本章小结

本章围绕旅游活动中的"食、住、行、娱"以及其中的"安全管理"法律法规展开学习。第一节主要介绍了我国在旅游交通方面的立法情况以及围绕"航空运输、铁路运输、公路运输以及水路运输"四大旅游交通方式分别阐述了相关的法律制度、权利与义务以及法律责任。第二节主要是旅游住宿、饭店有关法律规范,重点阐述了饭店与旅客之间的权利、义务关系以及旅游饭店星级评定制度。第三节主要是旅游娱乐业有关管理规定。第四节主要阐述了旅游活动中的安全法律法规,重点介绍了旅游经营者的安全责任与义务,旅游目的地的风险提示制度以及旅游突发事件应急管理。

关键概念

旅游交通　旅游饭店　旅游饭店星级评定划分　饭店对旅客的权利　饭店对旅客的义务　旅游娱乐场所　娱乐场所管理条例　旅游安全　旅游目的地安全风险提示制度　旅游突发事件

复习思考题

□复习题:

1. 民航运输中的禁运规定包括哪些内容?
2. 根据《民航法》规定,承运人如何承担赔偿责任?
3. 公共航空承运人的权利与义务有哪些?
4. 铁路运输企业如何承担赔偿责任?
5. 道路运输企业的权利与义务有哪些?
6. 水路运输企业的法律责任有哪些?

7. 饭店对旅客的权利和义务主要包括哪些内容?
8. 在旅游住宿企业经营中治安管理规定的主要内容有哪些?
9. 在我国旅游饭店星级评定的范围和依据是什么?
10. 设立娱乐场所,经营单位应当符合哪些条件? 设立的程序是怎样的?
11. 何为旅游安全?
12. 何为旅游突发事件? 简述旅游突发事件的分类。
13. 目的地安全风险提示级别有几级?
14. 旅游经营者的安全义务有哪些?

□思考题:
根据教材内容,请总结出旅游活动中食住行娱各环节中的安全管理要点。

章末案例 台湾突发阿里山小火车翻车,当地迅速展开救援工作

第七章

旅游出入境管理法律制度

学习目标

通过本章的学习,掌握中国公民出国旅游管理制度,熟悉中国旅游者出入境管理相关事宜,掌握外国旅游者入出境管理制度,同时,了解出入境检查、检疫法律制度。

第一节 中国公民出国旅游管理制度

案例引导 7-1:原告齐某等与被告王某旅游合同纠纷案

一、我国公民出国旅游基本情况

中国公民出境旅游发展迅速,近些年来呈平稳增长之势:2016年我国公民出境旅游人数达到1.22亿人次,比上年同期增长4.3%;2017年中国公民出境旅游人数13051万人次,比上年同期增长7.0%;2018年中国公民出境旅游人数14972万人次,比上年同期增长14.7%。目前已正式开展组团业务的出境旅游目的地国家(地区)总计130个。

"十三五"旅游业发展规划中提及"开放合作,构建旅游开放新格局"这一主要任务时,"有序发展出境旅游"也列入其中,未来我国将进一步加强与友好国家客源互送合作,更加注重保障我国公民出境旅游的合法权益。

二、出国旅游经营管理

（一）出国旅游目的地审批制度

根据《中国公民出国旅游管理办法》（2017年3月1日修订版，以下简称《办法》）第2条的规定，出国旅游的目的地国家，由国务院旅游行政部门会同国务院有关部门提出，报国务院批准后，由国务院旅游行政部门公布。

任何单位和个人不得组织中国公民到国务院旅游行政部门公布的出国旅游的目的地国家以外的国家旅游；组织中国公民到国务院旅游行政部门公布的出国旅游的目的地国家以外的国家进行涉及体育活动、文化活动等临时性专项旅游的，须经国务院旅游行政部门批准。

（二）组团社的审批制度

1. 旅行社经营出国旅游业务的条件

《办法》第3条规定，旅行社经营出国旅游业务，应当具备下列条件。

（1）取得国际旅行社资格满1年。

（2）经营入境旅游业务有突出业绩。

（3）经营期间无重大违法行为和重大服务质量问题。

2. 旅行社经营出国旅游业务的审批程序

《办法》第4条、第5条规定，申请经营出国旅游业务的旅行社，应当向省、自治区、直辖市旅游行政部门提出申请。省、自治区、直辖市旅游行政部门应当自受理申请之日起30个工作日内，依据本《办法》第3条规定的条件对申请审查完毕，经审查同意的，报国务院旅游行政部门批准；经审查不同意的，应当书面通知申请人并说明理由。

国务院旅游行政部门批准旅行社经营出国旅游业务，应当符合旅游业发展规划及合理布局的要求。

未经国务院旅游行政部门批准取得出国旅游业务经营资格的，任何单位和个人不得擅自经营或者以商务、考察、培训等方式变相经营出国旅游业务。

国务院旅游行政部门应当将取得出国旅游业务经营资格的旅行社（以下简称组团社）名单予以公布，并通报国务院有关部门。

（三）暂停或取消组团社经营出国旅游业务经营资格的规定

依据《办法》第25条规定，组团社有下列情形之一的，旅游行政部门可以暂停其经营出国旅游业务；情节严重的，取消其出国旅游业务经营资格。

（1）入境旅游业绩下降的。

（2）因自身原因，在1年内未能正常开展出国旅游业务的。

（3）因出国旅游服务质量问题被投诉并经查实的。

（4）有逃汇、非法套汇行为的。

（5）以旅游名义弄虚作假，骗取护照、签证等出入境证件或者送他人出境的。

（6）国务院旅游行政部门认定的影响中国公民出国旅游秩序的其他行为。

三、出国旅游总量的控制

（一）出国旅游人数的控制

考虑到资源的有效性、保证公民的体验性等诸多因素,国家确定了适度发展我国公民出国旅游的方针,提前确定本年度组织出国旅游的人数安排,以此来进行适当控制和配额管理。

《办法》第6条规定,国务院旅游行政部门根据上年度全国入境旅游的业绩、出国旅游目的地的增加情况和出国旅游的发展趋势,在每年的2月底以前确定本年度组织出国旅游的人数安排总量,并下达省、自治区、直辖市旅游行政部门。

省、自治区、直辖市旅游行政部门根据本行政区域内各组团社上年度经营入境旅游的业绩、经营能力、服务质量,按照公平、公正、公开的原则,在每年的3月底以前核定各组团社本年度组织出国旅游的人数安排。

国务院旅游行政部门应当对省、自治区、直辖市旅游行政部门核定组团社年度出国旅游人数安排及组团社组织公民出国旅游的情况进行监督。

（二）中国公民出国旅游团队名单表

为了贯彻上述出国旅游人数总量控制的原则,《办法》第7条、第8条的第1款、第2款规定,国务院旅游行政部门统一印制《中国公民出国旅游团队名单表》(以下简称《名单表》),在下达本年度出国旅游人数安排时编号发放给省、自治区、直辖市旅游行政部门,由省、自治区、直辖市旅游行政部门核发给组团社。

组团社应当按照核定的出国旅游人数安排组织出国旅游团队填写《名单表》。旅游者及领队首次出境或者再次出境,均应当填写在《名单表》中,经审核后的《名单表》不得增添人员。

《名单表》一式四联,分为:出境边防检查专用联、入境边防检查专用联、旅游行政部门审验专用联、旅行社自留专用联。

组团社应当按照有关规定,在旅游团队出境、入境时及旅游团队入境后,将《名单表》分别交有关部门查验、留存。

四、出国旅游团队出入境的规定

为保障旅游团队人员的人身安全,防止旅游者非法滞留现象的产生,《办法》第11条规定,旅游团队应当从国家开放口岸整团出入境。

旅游团队出入境时,应当接受边防检查站对护照、签证、《名单表》的查验。经国务院有关部门批准,旅游团队可以到旅游目的地国家按照该国有关规定办理签证或者免签证。

旅游团队出境前已确定分团入境的,组团社应当事先向出入境边防检查总站或者省级公安边防部门备案。

旅游团队出境后因不可抗力或者其他特殊原因确需分团入境的,领队应当及时通知组团社,组团社应当立即向有关出入境边防检查总站或者省级公安边防部门备案。

五、组团社和旅游团队领队的义务与责任

为规范出境旅游市场,保护旅游者的合法权益,《办法》与《中华人民共和国旅游法》(2018年10月26日修订版,以下简称《旅游法》)对经营出国旅游业务的旅行社与领队规定了一系列

的义务以及相应责任。

(一)组团社的义务与责任

(1)组团社应当为旅游者办理前往国签证等出境手续。

(2)旅行社招徕旅游者组团旅游,因未达到约定人数不能出团的,组团社可以解除合同,但是,出境旅游应当至少提前30日通知旅游者。

(3)组团社应当为旅游团队安排专职领队。

(4)组团社应当维护旅游者的合法权益。组团社向旅游者提供的出国旅游服务信息必须真实可靠,不得作虚假宣传,报价不得低于成本。

(5)组团社经营出国旅游业务,应当与旅游者订立书面旅游合同。旅游合同应当包括旅游起止时间、行程路线、价格、食宿、交通以及违约责任等内容。旅游合同由组团社和旅游者各持一份。

(6)组团社应当按照旅游合同约定的条件,为旅游者提供服务。组团社应当保证所提供的服务符合保障旅游者人身、财产安全的要求;对可能危及旅游者人身安全的情况,应当向旅游者作出真实说明和明确警示,并采取有效措施,防止危害的发生。

(7)组团社组织旅游者出国旅游,应当选择在目的地国家依法设立并具有良好信誉的旅行社(以下简称境外接待社),并与之订立书面合同后,方可委托其承担接待工作。

(8)组团社及其旅游团队领队应当要求境外接待社按照约定的团队活动计划安排旅游活动,并要求其不得组织旅游者参与涉及色情、赌博、毒品内容的活动或者危险性活动,不得擅自改变行程、减少旅游项目,不得强迫或者变相强迫旅游者参加额外付费项目。境外接待社违反组团社及其旅游团队领队根据前款规定提出的要求时,组团社及其旅游团队领队应当予以制止。

(9)因组团社或者其委托的境外接待社违约,使旅游者合法权益受到损害的,组团社应当依法对旅游者承担赔偿责任。

(二)旅游团队领队的义务与责任

(1)旅游团队领队应当向旅游者介绍旅游目的地国家的相关法律、风俗习惯以及其他有关注意事项,并尊重旅游者的人格尊严、宗教信仰、民族风俗和生活习惯。

(2)旅游团队领队在带领旅游者旅行、游览过程中,应当就可能危及旅游者人身安全的情况,向旅游者作出真实说明和明确警示,并按照组团社的要求采取有效措施,防止危害的发生。

(3)旅游团队在境外遇到特殊困难和安全问题时,领队应当及时向组团社和中国驻所在国家使领馆报告;组团社应当及时向旅游行政部门和公安机关报告。

(4)旅游团队领队不得与境外接待社、导游及为旅游者提供商品或者服务的其他经营者串通欺骗、胁迫旅游者消费,不得向境外接待社、导游及其他为旅游者提供商品或者服务的经营者索要回扣、提成或者收受其财物。

(5)旅游者在境外滞留不归的,旅游团队领队应当及时向组团社和中国驻所在国家使领馆报告,组团社应当及时向公安机关和旅游行政部门报告。有关部门处理有关事项时,组团社有义务予以协助。

六、旅游者的权利与义务

《办法》与《旅游法》赋予了旅游者相应的权利,同时也规定了其需要履行的义务。

（1）旅游者对组团社或者旅游团队领队违反本办法规定的行为，有权向旅游行政部门投诉。

（2）中国出境旅游者在境外陷于困境时，有权请求我国驻当地机构在其职责范围内给予协助和保护。旅游者接受相关组织或者机构的救助后，应当支付应由个人承担的费用。

（3）出国旅游兑换外汇，由旅游者个人按照国家有关规定办理。

（4）旅游者应当遵守旅游目的地国家的法律，尊重当地的风俗习惯，并服从旅游团队领队的统一管理。

（5）严禁旅游者在境外滞留不归。旅游者在境外滞留不归的，旅游团队领队应当及时向组团社和中国驻所在国家使领馆报告，组团社应当及时向公安机关和旅游行政部门报告。有关部门处理有关事项时，组团社有义务予以协助。

七、相应处罚措施

（1）任何单位和个人未经批准擅自经营或者以商务、考察、培训等方式变相经营出国旅游业务的，由旅游行政部门责令停止非法经营，没收违法所得，并处违法所得2倍以上5倍以下的罚款。

（2）组团社不为旅游团队安排专职领队的，由旅游行政部门责令改正，并处5000元以上2万元以下的罚款，可以暂停其出国旅游业务经营资格；多次不安排专职领队的，并取消其出国旅游业务经营资格。

（3）组团社向旅游者提供虚假服务信息或者低于成本报价的，由工商行政管理部门依照《中华人民共和国消费者权益保护法》《中华人民共和国反不正当竞争法》的有关规定给予处罚。

（4）组团社或者旅游团队领队对可能危及人身安全的情况未向旅游者作出真实说明和明确警示，或者未采取防止危害发生的措施的，由旅游行政部门责令改正，给予警告；情节严重的，对组团社暂停其出国旅游业务经营资格，并处5000元以上2万元以下的罚款，对旅游团队领队可以暂扣直至吊销其导游证；造成人身伤亡事故的，依法追究刑事责任，并承担赔偿责任。

（5）组团社或者旅游团队领队未要求境外接待社不得组织旅游者参与涉及色情、赌博、毒品内容的活动或者危险性活动，未要求其不得擅自改变行程、减少旅游项目、强迫或者变相强迫旅游者参加额外付费项目，或者在境外接待社违反前述要求时未制止的，由旅游行政部门对组团社处组织该旅游团队所收取费用2倍以上5倍以下的罚款，并暂停其出国旅游业务经营资格，对旅游团队领队暂扣其导游证；造成恶劣影响的，对组团社取消其出国旅游业务经营资格，对旅游团队领队吊销其导游证。

（6）旅游团队领队与境外接待社、导游及为旅游者提供商品或者服务的其他经营者串通欺骗、胁迫旅游者消费或者向境外接待社、导游和其他为旅游者提供商品或者服务的经营者索要回扣、提成或者收受其财物的，由旅游行政部门责令改正，没收索要的回扣、提成或者收受的财物，并处索要的回扣、提成或者收受的财物价值2倍以上5倍以下的罚款；情节严重的，并吊销其导游证。

（7）旅游者在境外滞留不归，旅游团队领队不及时向组团社和中国驻所在国家使领馆报告，或者组团社不及时向有关部门报告的，由旅游行政部门给予警告，对旅游团队领队可以暂扣其导游证，对组团社可以暂停其出国旅游业务经营资格。旅游者因滞留不归被遣返回国的，由公安机关吊销其护照。

第二节 中国旅游者出入境管理

案例引导 7-2:团费难比"押金"暴利 旅行社"黑金"业务揭秘

旅行社向游客收取押金已经成了业界不成文的行规,但规定的合理性却遭到了业内人士的质疑,上海中国旅行社也因为"收取押金"惹上了官司。一个福建青年想通过出境旅游的形式偷渡澳大利亚打工,并先后向承办人和旅行社交纳了近7万元的费用,其中包括5万元的押金。但由于护照照片问题未能遂愿,被边检人员抓获。在受到相应的处罚后,该青年想通过法律途径从旅行社要回通过高利贷借取的5万元押金,遂诉至法院。

(资料来源:http://news.cri.cn/gb/1827/2004/04/21/521@136243.htm.)

【问题】旅行社该不该收出境押金?法院应当如何处理本案?

出入境不仅关系到国家的主权、安全、人民的健康等,而且直接关系到旅游者的合法权益,为了规范出入境管理,促进对外交往和对外开放的发展,每个国家都制定了出入境管理的法律、法规,以确保和维护国家主权、安全和利益。出入境法律、法规制度是与旅游业发展密切的相关法律制度的重要组成部分,主要涉及证件管理、旅游者出入境权利和义务、边防检查、卫生检疫等制度,以及违反这些法律制度所应当承当的法律责任。

1985年11月22日,由六届全国人大常委会第十三次会议通过《中华人民共和国公民出境入境管理法》,1986年2月1日起施行。1986年12月26日,公安部、外交部、原交通部共同发布了《中华人民共和国公民出境入境管理法实施细则》。2012年6月30日,第十一届全国人民代表大会常务委员会第二十七次会议通过《中华人民共和国出境入境管理法》,并于2013年7月1日起施行,同时废止已经实施27年的《中华人民共和国公民出境入境管理法》。此外,《中华人民共和国海关法》《中华人民共和国公民出境入境边防检查条例》《中华人民共和国护照法》等法律、法规也是规范我国旅游者出入境的重要法律制度。

一、中国旅游者出入境的有效证件

同步案例 7-1:随手一撕,竟撕丢了一个"欧洲七日游"

出入境证件，是指政府有关主管部门颁发给旅游者的，用于在旅行、旅游过程中证明旅游者合法身份的有效证件。我国与出入境旅游直接相关的旅行证件主要有护照、旅行证、出入境通行证、签证等。

(一) 护照

《护照法》第2条规定，中华人民共和国护照是中华人民共和国公民出入国境和在国外证明国籍和身份的证件。任何组织或者个人不得伪造、变造、转让、故意损毁或者非法扣押护照。据此，护照是主权国家政府发给本国公民出入国境和在国外居留、旅行等合法的身份证件，以其证明该公民的国籍、身份及出国目的。

自2005年起，中国在全国大中城市实现公民凭身份证、户口簿按需要申请领取护照，彻底告别在中国实行了五十多年的"按事由审批护照"的时代。按照《中华人民共和国护照法》(以下简称《护照法》)的规定，从2007年1月1日起，公民护照有效期以16周岁为界，16周岁以上的公民，考虑到已经成年，个人容貌特征方面不会发生大的变化，因此将其护照有效期定为10年；但对16周岁以下的未成年人，则继续沿用原5年有效期的规定。此外还删除了护照有效期可以延长的规定。

1. 护照的分类

依照《护照法》第3条的规定，护照分为普通护照、外交护照和公务护照。

(1) 普通护照：公民因前往外国定居、探亲、学习、就业、旅行、从事商务活动等非公务原因出国的，由本人向户籍所在地的县级以上地方人民政府公安机关出入境管理机构申请普通护照。普通护照由公安部出入境管理机构或者公安部委托的县级以上地方人民政府公安机关出入境管理机构以及中华人民共和国驻外使馆、领馆和外交部委托的其他驻外机构签发。

(2) 外交护照：外交官员、领事官员及其随行配偶、未成年子女和外交信使持用外交护照。外交护照由外交部签发。

(3) 公务护照：在中华人民共和国驻外使馆、领馆或者联合国、联合国专门机构以及其他政府间国际组织中工作的中国政府派出的职员及其随行配偶、未成年子女持用公务护照。公务护照由外交部、中华人民共和国驻外使馆、领馆或外交部委托的其他驻外机构以及外交部委托的省、自治区、直辖市和设区的市人民政府外事部门签发。

2. 护照申请、签发的程序

《护照法》第6条对护照的申请、签发程序做了具体的规定。

(1) 申请：公民应当提交本人的居民身份证、户口簿、近期免冠照片以及申请事由的相关材料。其中国家工作人员还应当按照国家有关规定提交相关证明文件。

(2) 签发：签发机关应当自收到申请材料之日起十五日内签发；在偏远地区或者交通不便的地区或者因特殊情况，不能按期签发护照的，经护照签发机关负责人批准，签发时间可以延长至三十日。公民因合理紧急事由请求加急办理的，公安机关出入境管理机构应当及时办理。对不符合规定不予签发的，应当书面说明理由，并告知申请人享有依法申请行政复议或者提起行政诉讼的权利。

3. 申请换发或者补发护照的情形

《护照法》第11条规定，有下列情形之一的，护照持有人可以按照规定申请换发或者补发护照。

(1) 护照有效期即将届满的。
(2) 护照签证页即将使用完毕的。
(3) 护照损毁不能使用的。
(4) 护照遗失或者被盗的。
(5) 有正当理由需要换发或者补发护照的其他情形。

护照持有人申请换发或者补发普通护照,在国内,由本人向户籍所在地的县级以上地方人民政府公安机关出入境管理机构提出;在国外,由本人向中华人民共和国驻外使馆、领馆或者外交部委托的其他驻外机构提出。定居国外的中国公民回国后申请换发或者补发普通护照的,由本人向暂住地的县级以上地方人民政府公安机关出入境管理机构提出。外交护照、公务护照的换发或者补发,按照外交部的有关规定办理。

4. 不予签发护照的情形

《护照法》第13条规定,申请人有下列情形之一的,护照签发机关不予签发护照。
(1) 不具有中华人民共和国国籍的。
(2) 无法证明身份的。
(3) 在申请过程中弄虚作假的。
(4) 被判处刑罚正在服刑的。
(5) 人民法院通知有未了结的民事案件不能出境的。
(6) 属于刑事案件被告人或者犯罪嫌疑人的。
(7) 国务院有关主管部门认为出境后将对国家安全造成危害或者对国家利益造成重大损失的。

5. 一定期限内不予签发护照的情形。

《护照法》第14条规定,申请人有下列情形之一的,护照签发机关自其刑罚执行完毕或者被遣返回国之日起六个月至三年以内不予签发护照。
(1) 因妨害国(边)境管理受到刑事处罚的。
(2) 因非法出境、非法居留、非法就业被遣返回国的。

(二)中华人民共和国旅行证

短期出国的公民在国外遗失护照或者护照被盗,以及发生损毁不能使用等情形时,依据《护照法》第23条规定,该公民应当向中华人民共和国驻外使馆、领馆或者外交部委托的其他驻外机构申请中华人民共和国旅行证。

(三)中华人民共和国出入境通行证

依据《护照法》第24条规定,公民从事边境贸易、边境旅游服务或者参加边境旅游时,应向公安部委托的县级以上地方人民政府公安机关出入境管理机构申请出入境通行证。出入境通行证与护照的最大区别是其只适用于国家特定的边境地区。

(四)签证

签证是一国官方机构对本国和外国公民出入境,在另一国家停留、过境、居住的许可证明。指外交、领事、公安机关或由上述机关授权的其他机关,根据本国公民和外国人要求出入境的申请,依照有关规定在其所持的证件(护照)等上签注、盖印,表示准其入出本国国境的手续。

中国公民出入中国国境,无须办理签证,只凭有效的护照或其他证件即可。但中国公民如果前往、经过、停留某国,则需办理去该国的签证。前往与我国订有互免签证协议的国家,可以免办入境签证。前往与我国订有落地签证协议的国家,中国公民可以在前往国的入境口岸办理签证。

(五)其他证件

1. 港澳通行证

港澳通行证(中华人民共和国往来港澳通行证)俗称双程证,是由国家移民管理局签发给中国内地居民因私往来我国香港或澳门地区旅游、探亲、从事商务、培训、就业、留学等非公务活动的旅行证件。内地居民来港澳前,必须取得内地公安部门签发的有关来港澳目的的签注(如团队旅游、个人旅游、商务或其他签注等)。

港澳通行证的有效期分为5年和10年。内地居民往来港澳签注分为6个种类,即个人旅游(G)、探亲(T)、商务(S)、团队旅游(L)、其他(Q)、逗留(D),根据申请事由分类签发。其中香港G签和L签的有效期都为:3个月1次、3个月2次、1年1次、1年2次四种有效签注。澳门签注只有3个月1次、1年1次申请。签注规定每次在香港或者澳门逗留时间不超过7天,一进一出算一次。

2. 台湾通行证

台湾通行证(大陆居民往来台湾通行证)是中华人民共和国公安部发给大陆居民前往台湾地区的旅行通行证件。大陆居民前往台湾地区需凭公安出入境管理部门签发的大陆居民往来台湾通行证及有效签注前往。

台湾通行证的有效期为5年和10年。个人旅游签注(G签注)的有效期为6个月,持证人在台湾停留时间自入境台湾次日起不得超过15日。

二、中国旅游者出入境权利、义务及其限制

(一)权利

中国公民出入境的权利主要包括:①要求公安机关在规定的期限内对自己出入境申请做出答复,对不服的审批结果进行申诉或者上诉;②保存、使用合法的出入境证件;③按有关规定缴纳办证费用;④出入中国国境时无须办理签证;⑤合法权益受中国和前往国家法律保护等。

(二)义务

中国公民出入境的义务主要包括:①从对外开放的或指定的口岸通行,接受边防检查机关的检查;②出境后不得有危害社会安全、荣誉和利益的行为等。

(三)限制

依据《中华人民共和国出境入境管理法》第12条规定,中国公民有下列情形之一的,不准出境。

(1)未持有效出境入境证件或者拒绝、逃避接受边防检查的。

(2)被判处刑罚尚未执行完毕或者属于刑事案件被告人、犯罪嫌疑人的。

(3)有未了结的民事案件,人民法院决定不准出境的。

(4)因妨害国(边)境管理受到刑事处罚或者因非法出境、非法居留、非法就业被其他国家或者地区遣返,未满不准出境规定年限的。

(5)可能危害国家安全和利益,国务院有关主管部门决定不准出境的。

(6)法律、行政法规规定不准出境的其他情形。

三、法律责任

(一)违反《中华人民共和国护照法》的法律责任

(1)弄虚作假骗取护照的,由护照签发机关收缴护照或者宣布护照作废;由公安机关处二千元以上五千元以下罚款;构成犯罪的,依法追究刑事责任。

(2)为他人提供伪造、变造的护照,或者出售护照的,依法追究刑事责任;尚不够刑事处罚的,由公安机关没收违法所得,处十日以上十五日以下拘留,并处二千元以上五千元以下罚款;非法护照及其印制设备由公安机关收缴。

(3)持用伪造或者变造的护照或者冒用他人护照出入国(边)境的,由公安机关依照出境入境管理的法律规定予以处罚;非法护照由公安机关收缴。

(二)违反《中华人民共和国出境入境管理法》的法律责任

(1)有下列行为之一的,处一千元以上五千元以下罚款;情节严重的,处五日以上十日以下拘留,可以并处二千元以上一万元以下罚款。

①持用伪造、变造、骗取的出境入境证件出境入境的。

②冒用他人出境入境证件出境入境的。

③逃避出境入境边防检查的。

④以其他方式非法出境入境的。

(2)协助他人非法出境入境的,处二千元以上一万元以下罚款;情节严重的,处十日以上十五日以下拘留,并处五千元以上二万元以下罚款,有违法所得的,没收违法所得。单位有前款行为的,处一万元以上五万元以下罚款,有违法所得的,没收违法所得,并对其直接负责的主管人员和其他直接责任人员依照前款规定予以处罚。

(3)弄虚作假骗取签证、停留居留证件等出境入境证件的,处二千元以上五千元以下罚款;情节严重的,处十日以上十五日以下拘留,并处五千元以上二万元以下罚款。单位有前款行为的,处一万元以上五万元以下罚款,并对其直接负责的主管人员和其他直接责任人员依照前款规定予以处罚。

(4)违反本法规定,为外国人出具邀请函件或者其他申请材料的,处五千元以上一万元以下罚款,有违法所得的,没收违法所得,并责令其承担所邀请外国人的出境费用。单位有前款行为的,处一万元以上五万元以下罚款,有违法所得的,没收违法所得,并责令其承担所邀请外国人的出境费用,对其直接负责的主管人员和其他直接责任人员依照前款规定予以处罚。

(5)中国公民出境后非法前往其他国家或者地区被遣返的,出入境边防检查机关应当收缴其出境入境证件,出境入境证件签发机关自其被遣返之日起六个月至三年以内不予签发出境入境证件。

第三节 外国旅游者入出境管理

案例引导 7-3：误解签证有效期，法国旅客被遣返

某日一位法国旅客持有已经使用过一次的"一次有效"中国签证入境，被边检民警告知签证无效。经了解，该旅客因签证上标注"有效期至 2011 年 12 月 25 日"字样，就误以为只要在该日期之前就可以入境。边检民警向其解释：此中国签证的签发期为 2011 年 9 月 25 日，有效期至 2011 年 12 月 25 日，入境次数为"一次有效"，是指旅客在 2011 年 9 月 25 日至 12 月 25 日之间，可以一次入境中国。因其已经在 2011 年 10 月使用此签证入境中国一次，所以此签证是无效签证。无奈之下，该旅客只能乘原机回国。

（资料来源：http://www.360doc.com/content/19/0502/09/63812228_832853582.shtml.）

【问题】如何理解中国签证上写的"一次有效""两次有效"和"多次有效"，以及"签证签发日期"和"签证有效期至"的字样？

一、外国旅游者入出境管理概述

为了规范出境入境管理，维护中华人民共和国的主权、安全和社会秩序，促进对外交往和对外开放，中华人民共和国第十一届全国人民代表大会常务委员会第二十七次会议于 2012 年 6 月 30 日通过并公布了《中华人民共和国出境入境管理法》（以下简称《出境入境管理法》），其中对外国人入境出境以及在中国境内停留居留作出了明确规定。为了规范签证的签发和外国人在中国境内停留居留的服务和管理，根据出境入境管理法，2013 年 7 月 3 日国务院第 15 次常务会议通过了《中华人民共和国外国人入境出境管理条例》，并于 7 月 12 日发布，9 月 1 日起实施。

出境，是指由中国内地前往其他国家或者地区，由中国内地前往香港特别行政区、澳门特别行政区，由中国大陆前往台湾地区。入境，是指由其他国家或者地区进入中国内地，由香港特别行政区、澳门特别行政区进入中国内地，由台湾地区进入中国大陆。外国旅游者，是指不具有中国国籍的旅游者。

二、外国旅游者入境出境管理机制

（一）统一的入境出境管理信息平台

国家建立外国人入境出境服务和管理工作协调机制，加强外国人入境出境服务和管理工作的统筹、协调与配合。省、自治区、直辖市人民政府可以根据需要建立外国人入境出境服务和管理工作协调机制,加强信息交流与协调配合,做好本行政区域的外国人入境出境服务和管理工作。

公安部应当会同国务院有关部门建立外国人入境出境服务和管理信息平台,实现有关信息的共享。在签证签发管理和外国人在中国境内停留居留管理工作中,外交部、公安部等国务院部门应当在部门门户网站、受理出境入境证件申请的地点等场所,提供外国人入境出境管理法律法规和其他需要外国人知悉的信息。

(二)公安部、外交部各司其职

中华人民共和国驻外使馆、领馆或者外交部委托的其他驻外机构(以下称驻外签证机关)负责在境外签发外国人入境签证。

出入境边防检查机关负责实施出境入境边防检查。

县级以上地方人民政府公安机关及其出入境管理机构负责外国人停留居留管理。

公安部、外交部可以在各自职责范围内委托县级以上地方人民政府公安机关出入境管理机构、县级以上地方人民政府外事部门受理外国人入境、停留居留申请。

公安部、外交部在出境入境事务管理中,应当加强沟通配合,并与国务院有关部门密切合作,按照各自职责分工,依法行使职权,承担责任。

经外交部批准,驻外签证机关可以委托当地有关机构承办外国人签证申请的接件、录入、咨询等服务性事务。

签证的式样由外交部会同公安部规定。停留居留证件的式样由公安部规定。

《中华人民共和国出境入境管理法》第6章规定的当场盘问、继续盘问、拘留审查、限制活动范围、遣送出境措施,由县级以上地方人民政府公安机关或者出入境边防检查机关实施。

(三)设立出入境边防检查机关

中国公民、外国人以及交通运输工具应当从对外开放的口岸出境入境,特殊情况下,可以从国务院或者国务院授权的部门批准的地点出境入境。出境入境人员和交通运输工具应当接受出境入境边防检查。

出入境边防检查机关负责对口岸限定区域实施管理。根据维护国家安全和出境入境管理秩序的需要,出入境边防检查机关可以对出境入境人员携带的物品实施边防检查。必要时,出入境边防检查机关可以对出境入境交通运输工具载运的货物实施边防检查,但是应当通知海关。

三、外国旅游者入境所需的有效证件

《出境入境管理法》第24条规定,外国人入境,应当向出入境边防检查机关交验本人的护照或者其他国际旅行证件、签证或者其他入境许可证明,履行规定的手续,经查验准许,方可入境。

(一)护照

护照是用来证明公民的身份、国籍和出国目的的,由主权国家发给本国公民出入国境和在外国居留、旅行等的合法证件。护照由所在国的外交主管机关或公安机关颁发。

护照包括外交护照、公务护照和普通护照三种。有的国家采取颁发通行证或旅行证代替护照证件的做法,例如法国颁发通行证,英国颁发旅行证。而有些国家则对旅游团等集体出国人员只办理团体护照。凡外国人入境,应当向出入境边防检查机关交验本人的护照或者其他国际旅行证件、签证或者其他入境许可证明,履行规定的手续,经查验准许,方可入境。

(二)签证

《出境入境管理法》第15条规定,外国人入境,应当向驻外签证机关申请办理签证,但是本法另有规定的除外。第92条规定,外国人申请办理签证、外国人停留居留证件等出境入境证件或者申请办理证件延期、变更的,应当按照规定缴纳签证费、证件费。《中华人民共和国外国人入境出境管理条例》第9条规定,签证机关经审查认为符合签发条件的,签发相应类别签证。对入境后需要办理居留证件的,签证机关应当在签证上注明入境后办理居留证件的时限。

1. 签证的种类

签证分为外交签证、礼遇签证、公务签证、普通签证。

外交签证,对因外交事由入境的外国人,签发外交签证。

礼遇签证,对因身份特殊需要给予礼遇的外国人,签发礼遇签证。

公务签证,对因公务事由入境的外国人,签发公务签证。

普通签证,对因工作、学习、探亲、旅游、商务活动、人才引进等非外交、公务事由入境的外国人,签发相应类别的普通签证。

知识链接 7-1:普通签证的类别

2. 签证的登记项目

签证的登记项目包括签证种类、持有人姓名、性别、出生日期、入境次数、入境有效期、停留期限、签发日期、地点、护照或者其他国际旅行证件号码等。

入境次数是指持证人在签证入境有效期内可以入境的次数。

入境有效期是指持证人所持签证入境的有效时间范围。非经签发机关注明,签证自签发之日起生效,于有效期满当日北京时间24时失效。

停留期限是指持证人每次入境后被准许停留的时限,自入境次日开始计算。

3. 办理签证所需证件

外国人申请办理签证,应当填写申请表,应当向驻外签证机关提交本人的护照或者其他国际旅行证件以及符合规定的照片和申请事由的相关材料。签证机关可以根据具体情况要求外国人提交其他申请材料。

《出境入境管理法》第19条规定,外国人申请办理签证需要提供中国境内的单位或者个人出具的邀请函件的,申请人应当按照驻外签证机关的要求提供。出具邀请函件的单位或者个人应当对邀请内容的真实性负责。《中华人民共和国外国人入境出境管理条例》第20条规定,公安机关出入境管理机构可以通过面谈、电话询问、实地调查等方式核实申请事由的真实性,申请人以及出具邀请函件、证明材料的单位或者个人应当予以配合。

4. 办理签证需接受面谈的情形

外国人有下列情形之一的,应当按照驻外签证机关要求接受面谈。

(1) 申请入境居留的。

(2) 个人身份信息、入境事由需要进一步核实的。

(3) 曾有不准入境、被限期出境记录的。

(4) 有必要进行面谈的其他情形。

驻外签证机关签发签证需要向中国境内有关部门、单位核实有关信息的,中国境内有关部门、单位应当予以配合。

5. 不予签发签证的情形

外国人有下列情形之一的,不予签发签证。

(1) 被处驱逐出境或者被决定遣送出境,未满不准入境规定年限的。

(2) 患有严重精神障碍、传染性肺结核病或者有可能对公共卫生造成重大危害的其他传染病的。

(3) 可能危害中国国家安全和利益、破坏社会公共秩序或者从事其他违法犯罪活动的。

(4) 在申请签证过程中弄虚作假或者不能保障在中国境内期间所需费用的。

(5) 不能提交签证机关要求提交的相关材料的。

(6) 签证机关认为不宜签发签证的其他情形。

对不予签发签证的,签证机关可以不说明理由。

6. 可以免办签证的条件

外国人有下列情形之一的,可以免办签证。

(1) 根据中国政府与其他国家政府签订的互免签证协议,属于免办签证人员的。

(2) 持有效的外国人居留证件的。

(3) 持联程客票搭乘国际航行的航空器、船舶、列车从中国过境前往第三国或者地区,在中国境内停留不超过二十四小时且不离开口岸,或者在国务院批准的特定区域内停留不超过规定时限的。

(4) 国务院规定的可以免办签证的其他情形。

7. 申请换发、补发签证

外国人持签证入境后,按照国家规定可以变更停留事由、给予入境便利的,或者因使用新护照、持团体签证入境后由于客观原因需要分团停留的,可以向停留地县级以上地方人民政府公安机关出入境管理机构申请换发签证。外国人申请签证的换发,应当填写申请表,提交本人的护照或者其他国际旅行证件以及符合规定的照片和申请事由的相关材料。对于符合受理规定的,公安机关出入境管理机构应当出具有效期不超过7日的受理回执,并在受理回执有效期内作出是否签发的决定。对于不符合受理规定的,公安机关出入境管理机构应当一次性告知申请人需要履行的手续和补正的申请材料。

在中国境内的外国人所持签证遗失、损毁、被盗抢的,应当及时向停留地县级以上地方人民政府公安机关出入境管理机构申请补发签证。外国人申请签证的补发,应当填写申请表,提

交本人的护照或者其他国际旅行证件以及符合规定的照片和申请事由的相关材料。对于符合受理规定的,公安机关出入境管理机构应当出具有效期不超过7日的受理回执,并在受理回执有效期内作出是否签发的决定。对于不符合受理规定的,公安机关出入境管理机构应当一次性告知申请人需要履行的手续和补正的申请材料。

《中华人民共和国外国人入境出境管理条例》第23条规定,在中国境内的外国人因证件遗失、损毁、被盗抢等原因未持有效护照或者国际旅行证件,无法在本国驻中国有关机构补办的,可以向停留居留地县级以上地方人民政府公安机关出入境管理机构申请办理出境手续。

四、外国旅游者在中国境内的权利、义务与法律责任

(一)权利

在中国境内的外国人的合法权益受法律保护。

(二)义务

在中国境内的外国人应当遵守中国法律,不得危害中国国家安全、损害社会公共利益、破坏社会公共秩序。

(三)法律限制

1. 外国旅游者不准入境的情形

《出境入境管理法》第24条规定,外国人入境,应当向出入境边防检查机关交验本人的护照或者其他国际旅行证件、签证或者其他入境许可证明,履行规定的手续,经查验准许,方可入境。

外国人有下列情形之一的,不准入境。

(1) 未持有效出境入境证件或者拒绝、逃避接受边防检查的。

(2) 被处驱逐出境或者被决定遣送出境,未满不准入境规定年限的。

(3) 患有严重精神障碍、传染性肺结核病或者有可能对公共卫生造成重大危害的其他传染病的。

(4) 可能危害中国国家安全和利益、破坏社会公共秩序或者从事其他违法犯罪活动的。

(5) 在申请签证过程中弄虚作假或者不能保障在中国境内期间所需费用的。

(6) 入境后可能从事与签证种类不符的活动的。

(7) 法律、行政法规规定不准入境的其他情形。

对不准入境的,出入境边防检查机关可以不说明理由。

《出境入境管理法》第26条规定,对未被准许入境的外国人,出入境边防检查机关应当责令其返回;对拒不返回的,强制其返回。外国人等待返回期间,不得离开限定的区域。

2. 外国旅游者不准出境的情形

《出境入境管理法》第27条规定,外国人出境,应当向出入境边防检查机关交验本人的护照或者其他国际旅行证件等出境入境证件,履行规定的手续,经查验准许,方可出境。

外国人有下列情形之一的,不准出境。

(1) 被判处刑罚尚未执行完毕或者属于刑事案件被告人、犯罪嫌疑人的,但是按照中国与外国签订的有关协议,移管被判刑人的除外。

(2) 有未了结的民事案件,人民法院决定不准出境的。

(3) 拖欠劳动者的劳动报酬,经国务院有关部门或者省、自治区、直辖市人民政府决定不

准出境的。

(4) 法律、行政法规规定不准出境的其他情形。

五、在中国停留和住宿的管理规定

(一)停留

年满十六周岁的外国人在中国境内停留居留,应当随身携带本人的护照或者其他国际旅行证件,或者外国人停留居留证件,接受公安机关的查验。

外国人所持签证注明的停留期限不超过一百八十日的,持证人凭签证并按照签证注明的停留期限在中国境内停留。

申请人所持护照或者其他国际旅行证件因办理证件被收存期间,可以凭受理回执在中国境内合法停留。

1. 需要办理停留证件的情形

外国人有下列情形之一的,应当按照规定办理外国人停留证件。

(1) 免办签证入境的外国人需要超过免签期限在中国境内停留的。

(2) 外国船员及其随行家属在中国境内停留需要离开港口所在城市的。

(3) 具有需要办理外国人停留证件其他情形的。

2. 停留证件的有效期限

外国人停留证件的有效期最长为一百八十日。

3. 申请延长停留期限

需要延长签证停留期限的,应当在签证注明的停留期限届满七日前向停留地县级以上地方人民政府公安机关出入境管理机构申请,按照要求填写申请表,提交本人的护照或者其他国际旅行证件以及符合规定的照片和申请事由的相关材料。经审查,延期理由合理、充分的,准予延长停留期限;不予延长停留期限的,应当按期离境。

符合受理规定的,公安机关出入境管理机构应当出具有效期不超过7日的受理回执,并在受理回执有效期内作出是否签发的决定。不符合规定的,公安机关出入境管理机构应当一次性告知申请人需要履行的手续和补正的申请材料。

延长签证停留期限,累计不得超过签证原注明的停留期限。

公安机关出入境管理机构作出的延长签证停留期限决定,仅对本次入境有效,不影响签证的入境次数和入境有效期,并且累计延长的停留期限不得超过原签证注明的停留期限。

签证停留期限延长后,外国人应当按照原签证规定的事由和延长的期限停留。

4. 不予签发停留证件的情形

公安机关出入境管理机构对有下列情形之一的外国人,不予签发停留证件。

(1) 不能按照规定提供申请材料的。

(2) 在申请过程中弄虚作假的。

(3) 违反中国有关法律、行政法规规定,不适合在中国境内停留居留的。

(4) 不宜批准签证和居留证件的延期、换发、补发或者签发停留证件的其他情形。

(二)住宿

外国人在中国境内旅馆住宿的,旅馆应当按照旅馆业治安管理的有关规定为其办理住宿

登记,并向所在地公安机关报送外国人住宿登记信息。

外国人在旅馆以外的其他住所居住或者住宿的,应当在入住后二十四小时内由本人或者留宿人,向居住地的公安机关办理登记。

六、相关法律责任

《出境入境管理法》第74条规定,违反本法规定,为外国人出具邀请函件或者其他申请材料的,处五千元以上一万元以下罚款,有违法所得的,没收违法所得,并责令其承担所邀请外国人的出境费用。单位有前款行为的,处一万元以上五万元以下罚款,有违法所得的,没收违法所得,并责令其承担所邀请外国人的出境费用,对其直接负责的主管人员和其他直接责任人员依照前款规定予以处罚。

《出境入境管理法》第76条规定,有下列情形之一的,给予警告,可以并处二千元以下罚款。

（1）外国人拒不接受公安机关查验其出境入境证件的。

（2）外国人拒不交验居留证件的。

（3）未按照规定办理外国人出生登记、死亡申报的。

（4）外国人居留证件登记事项发生变更,未按照规定办理变更的。

（5）在中国境内的外国人冒用他人出境入境证件的。

（6）在旅馆以外的其他住所居住或者住宿的外国人未在入住后二十四小时内由本人或者留宿人,向居住地的公安机关办理登记。

旅馆未按照规定办理外国人住宿登记的,依照《中华人民共和国治安管理处罚法》的有关规定予以处罚;未按照规定向公安机关报送外国人住宿登记信息的,给予警告;情节严重的,处一千元以上五千元以下罚款。

《出境入境管理法》第77条规定,外国人未经批准,擅自进入限制外国人进入的区域,责令立即离开;情节严重的,处五日以上十日以下拘留。对外国人非法获取的文字记录、音像资料、电子数据和其他物品,予以收缴或者销毁,所用工具予以收缴。外国人、外国机构违反本法规定,拒不执行公安机关、国家安全机关限期迁离决定的,给予警告并强制迁离;情节严重的,对有关责任人员处五日以上十五日以下拘留。

第四节 出入境检查、检疫法律制度

案例引导 7-4:出入境禁忌:携带过量现金

出入境检查、检疫法律制度是指主权国家的国家机关对出入境游客的证件、行李物品等进行检查的一项制度。为了保障国家安全和发展利益,也为了便于出境、入境人员和交通工具的安全顺利通行,我国国家机关在我国对外开放的口岸(港口)、机场、国境车站和通道,以及特许的进出口岸实施"一关四检"的检查制度。"一关"是指海关检查,"四检"是指安全检查、边防检查、卫生检疫和动植物检疫制度。

一、海关检查制度

(一)海关

海关是主权国家设立的,对进出国境的货物、运输工具、旅客行李、邮递物品、货币、金银等执行监督管理、稽查关税、查禁走私的国家行政机关,分为海关和陆关,但统称为海关。我国海关设立在对外开放的口岸和海关监管业务集中的地点,由国务院设立的海关总署统一管理全国海关,海关依法独立行使职权,不受行政区划限制,向海关总署负责。

世界各国都制定了海关法。为了维护国家的主权和利益,加强海关监督管理,促进对外经济贸易和科技文化交往,保障社会主义现代化建设,我国于1987年1月22日的第六届全国人民代表大会常务委员会第十九次会议通过了《中华人民共和国海关法》,1987年7月1日起施行,先后进行了五次修订,并于2017年11月4日的第十二届全国人民代表大会常务委员会第三十次会议上颁布了《中华人民共和国海关法》(以下简称《海关法》)。

(二)海关检查的主要内容

根据《中华人民共和国海关法》的规定,我国海关检查的主要内容分为三类,即进出境物品、进出境货物和进出境运输工具,其主要内容如下。

1. 进出境物品规定

《海关法》规定,个人携带进出境的行李物品、邮寄进出境的物品,应当以自用、合理数量为限,并接受海关监管。进出境物品的所有人应当向海关如实申报,并接受海关查验。海关加施的封志,任何人不得擅自开启或者损毁;经海关登记准予暂时免税进境或者暂时免税出境的物品,应当由本人复带出境或者复带进境;享有外交特权和豁免的外国机构或者人员的公务用品或者自用物品进出境,依照有关法律、行政法规的规定办理。

知识链接 7-2:中国籍旅客进出境行李物品管理规定

2. 进出境货物规定

《海关法》规定,进口货物的收货人、出口货物的发货人应当向海关如实申报,交验进出口许可证件和有关单证,国家限制进出口的货物,没有进出口许可证件的,不予放行,具体处理办

法由国务院规定;进口货物的收货人应当自运输工具申报进境之日起十四日内,出口货物的发货人除海关特准的外应当在货物运抵海关监管区后、装货的二十四小时以前,向海关申报;按照法律、行政法规、国务院或者海关总署规定暂时进口或者暂时出口的货物,应当在六个月内复运出境或者复运进境;需要延长复运出境或者复运进境期限的,应当根据海关总署的规定办理延期手续。

3. 进出境运输工具规定

《海关法》规定,进出境船舶、火车、航空器到达和驶离时间、停留地点、停留期间更换地点以及装卸货物、物品时间,运输工具负责人或者有关交通运输部门应当事先通知海关;运输工具装卸进出境货物、物品或者上下进出境旅客,应当接受海关监管;货物、物品装卸完毕,运输工具负责人应当向海关递交反映实际装卸情况的交接单据和记录;上下进出境运输工具的人员携带物品的,应当向海关如实申报,并接受海关检查。

(三)"红绿通道"制度

"红绿通道"制度亦称申报或无申报通道通关制度,是国际上许多国家的海关对旅客行李通用的一种验放制度,是出入境旅客在海关规定范围内自行申报并选择通道办理海关手续的一种制度。实施红绿通道通关制度的海关,在旅客行李物品检查场所设置通道,在通道前,用中英文分别标明"红色通道"(申报通道,Goods to Declare)和"绿色通道"(无申报通道,Nothing to Declare),前者标志为"红色正方形",后者标志为"绿色正方形"。凡在实施"红绿通道"验放制度的海关检查场所,出入境旅客均应按照《中华人民共和国海关关于进出境旅客选择"红绿通道"通关的规定》申报所带行李物品和选择通道,出示本人护照(或其他有效旅行证件)和身份证件,接受海关检查。

(1)下列入境旅客应选择"红色通道"通关。

①携带海关征税或限量免税的物品者。

②携带旅行自用物品超出照相机、便携式收录音机、小型摄影机、手提式摄录机、手提式文字处理机每种一件范围者。

③携带货物、货样以及携带物品超出旅客行李范围者。

④携带五千美元以上或等值的其他货币现钞,或五十克以上金饰者。

⑤有分离运输行李物品者。

⑥携带其他须办理手续的物品者。

上述旅客应按规定填写《旅客行李申报单》或其他申报单证,并持有关必备文件,连同有关物品一起交海关办理手续。

(2)应选择"红色通道"通关。

①携带需复带进境的旅行自用物品者。

②携带文物、货物、货样以及其他须办理出境验放手续的物品者。

③未将应复带出境物品原物带出或本次暂时进境物品未办结海关手续者。

④携带货币、金银及其制品未按规定取得有关出境许可凭证或超出本次进境申报数额者。

⑤携带出境物品超出海关规定的限值、限量或其他限制规定者。

上述旅客中除携带需复带进境的旅行自用物品者应填写《旅客行李申报单》或其他申报单证交海关办理验核登记手续外,均可免填《旅客行李申报单》或其他申报单证,但应主动向海关口头申报并将有关证明文件或本次进境的申报单证等必备文件,连同有关物品一起交办手续。

(3) 不明海关规定或不知如何选择通道的旅客,应选择"红色通道"通关。

(4) 下列进境和出境旅客可以选择"绿色通道"通关。

①有中国主管部门给予的外交、礼遇签证的非居民旅客。

②上一款以外的海关给予免检礼遇的旅客。

③上述规定以外的其他旅客。

二、安全检查制度

安全检查制度是指中国海关和边防检查站为保证旅客生命和财产安全,禁止携带武器、凶器和爆炸物品,采用安全门磁性检测、红外线透视、搜身、开箱检查等方法,对旅客进行的安全检查。

三、边防检查制度

根据《中华人民共和国出境入境边防检查条例》规定,我国的出境、入境边防检查工作由公安部主管,在对外开放的港口、航空港、车站和边境通道等口岸设立出境入境边防检查站(以下简称边防检查站)。出境、入境的人员和交通运输工具,必须经对外开放口岸或者主管机关特许的地点通行,接受边防检查、监护和管理。出境、入境的人员,必须遵守中华人民共和国的法律、行政法规。

(一)边防检查站的职责

(1) 对出境、入境的人员及其行李物品、交通运输工具及其载运的货物实施边防检查。

(2) 按照国家有关规定对出境、入境的交通运输工具进行监护。

(3) 对口岸的限定区域进行警戒,维护出境、入境秩序。

(4) 执行主管机关赋予的和其他法律、行政法规规定的任务。

(二)边防检查站人员的检查和管理

根据《中华人民共和国出境入境边防检查条例》的规定,边防检查站人员的检查和管理具体如下。

(1) 出境、入境的人员必须按照规定填写出境、入境登记卡,向边防检查站交验本人的有效护照或者其他出境、入境证件(以下简称出境、入境证件),经查验核准后,方可出境、入境。

(2) 对交通运输工具的随行服务员工出境、入境的边防检查、管理,适用本条例的规定,但是,中华人民共和国与有关国家或者地区订有协议的,按照协议办理。

(3) 抵达中华人民共和国口岸的船舶的外国籍船员及其随行家属和中国香港、澳门、台湾船员及其随行家属,要求在港口城市登陆、住宿的,应当由船长或者其代理人向边防检查站申请办理登陆、住宿手续。经批准登陆、住宿的船员及其随行家属,必须按照规定的时间返回船舶。登陆后有违法行为,尚未构成犯罪的,责令立即返回船舶,并不得再次登陆。从事国际航行船舶上的中国船员,凭本人的出境、入境证件登陆、住宿。

(4) 申请登陆的人员有本条例第 8 条所列情形之一的,边防检查站有权拒绝其登陆。

(5) 上下外国船舶的人员,必须向边防检查人员交验出境、入境证件或者其他规定的证件,经许可后,方可上船、下船。口岸检查、检验单位的人员需要登船执行公务的,应当着制服并出示证件。

(6)中华人民共和国与毗邻国家(地区)接壤地区的双方公务人员、边境居民临时出境、入境的边防检查,双方订有协议的,按照协议执行;没有协议的,适用本条例的规定。毗邻国家的边境居民按照协议临时入境的,限于在协议规定范围内活动;需要到协议规定范围以外活动的,应当事先办理入境手续。

(7)边防检查站认为必要时,可以对出境、入境的人员进行人身检查。人身检查应当由两名与受检查人同性别的边防检查人员进行。

(三)禁止出入境的情形

(1)未持出境、入境证件的。

(2)持有无效出境、入境证件的。

(3)持用他人出境、入境证件的。

(4)持用伪造或者涂改的出境、入境证件的。

(5)拒绝接受边防检查的。

(6)未在限定口岸通行的。

(7)国务院公安部门、国家安全部门通知不准出境、入境的。

(8)法律、行政法规规定不准出境、入境的。

出境、入境的人员有前款第3项、第4项或者中国公民有前款第7项、第8项所列情形之一的,边防检查站可以扣留或者收缴其出境、入境证件。

(四)限制出入境的情形

(1)有持用他人出境、入境证件嫌疑的。

(2)有持用伪造或者涂改的出境、入境证件嫌疑的。

(3)国务院公安部门、国家安全部门和省、自治区、直辖市公安机关、国家安全机关通知有犯罪嫌疑的。

(4)有危害国家安全、利益和社会秩序嫌疑的。

(五)处罚

据《中华人民共和国出境入境边防检查条例》的规定,违反边防条例的处罚主要如下。

(1)协助他人非法出境、入境,情节轻微尚不构成犯罪的,处以2000至10000元的罚款;有非法所得的,没收非法所得。

(2)出境、入境的船舶、航空器,由于不可预见的紧急情况或者不可抗拒的原因,驶入对外开放口岸对外地区,没有正当理由不向附近边防检查站或者当地公安机关报告的;或者在驶入原因消失后,没有按照通知的时间和路线离去的,对其负责人处以10000元以下的罚款。

(3)被处罚人对边防检查站作出的处罚决定不服的,可以自接到处罚决定书之日起15日内,向边防检查站所在地的县级公安机关申请复议;有关县级公安机关应当自接到复议申请书之日起15日内作出复议决定;被处罚人对复议决定不服的,可以自接到复议决定书之日起15日内,向人民法院提起诉讼。

(4)出境、入境的人员有下列情形之一的,处以500至2000元的罚款或者依照有关法律、行政法规的规定处以拘留。

①未持出境、入境证件的。

②持用无效出境、入境证件的。

③持用他人出境、入境证件的。

④持用伪造或者涂改的出境、入境证件的。

(5) 交通运输工具有下列情形之一的,对其负责人处以 10000 至 30000 元的罚款。

①离、抵口岸时,未经边防检查站同意,擅自出境、入境的。

②未按照规定向边防检查站申报员工、旅客和货物情况的,或者拒绝协助检查的。

③交通运输工具在入境后到入境检查前、出境检查后到出境前,未经边防检查站许可,上下人员、装卸物品的。

(6) 交通运输工具有下列情形之一的,对其负责人给予警告并处 500 至 5000 元的罚款。

①出境、入境的交通运输工具在中国境内不按照规定的路线行驶的。

②外国船舶未经许可停靠在非对外开放港口的。

③中国船舶未经批准擅自搭靠外国籍船舶的。

四、卫生检疫制度

卫生检疫制度是指国境卫生检疫机关依照法律规定对进出国境人员及其携带的动植物和交通运输工具等实施传染病检疫、检测和卫生监督的制度。依照《中华人民共和国国境卫生检疫法》规定,在我国国际通航的港口、机场以及陆地边境和国界江河的口岸(以下简称国境口岸)设立国境卫生检疫机关,并依照本法规实施传染病检疫、检测和卫生监督。国务院卫生行政部门主管全国国境卫生检疫工作。

《中华人民共和国国境卫生检疫法》规定,入境、出境的人员、交通工具、运输设备以及可能传播检疫传染病的行李、货物、邮包等物品,都必须遵守本法的相关规定,接受卫生检疫,经国境卫生检疫机关许可方能入境或出境,具体内容如下。

(一)检疫

(1) 入境的交通工具和人员,必须在最先到达的国境口岸的指定地点接受检疫。除引航员外,未经国境卫生检疫机关许可,任何人不准上下交通工具,不准装卸行李、货物、邮包等物品。

(2) 出境的交通工具和人员,必须在最后离开的国境口岸接受检疫。

(3) 在国境口岸发现检疫传染病、疑似检疫传染病,或者有人非因意外伤害而死亡并死因不明的,国境口岸有关单位和交通工具的负责人,应当立即向国境卫生检疫机关报告,并申请临时检疫。

(4) 国境卫生检疫机关对来自疫区的、被检疫传染病污染的或者可能成为检疫传染病传播媒介的行李、货物、邮包等物品,应当进行卫生检查,实施消毒、除鼠、除虫或者其他卫生处理。

(二)传染病监测

国境卫生检疫机关对入境、出境的人员实施传染病监测,并且采取必要的预防、控制措施;有权要求入境、出境的人员填写健康申明卡,出示某种传染病的预防接种证书、健康证明或者其他有关证件;对患有监测传染病的人、来自国外监测传染病流行区的人或者与监测传染病人密切接触的人,国境卫生检疫机关应当区别情况,发给就诊方便卡,实施留验或者采取其他预防、控制措施,并及时通知当地卫生行政部门。各地医疗单位对持有就诊方便卡的人员,应当优先诊治。

(三)卫生监督

国境卫生检疫机关设立国境口岸卫生监督员,执行国境卫生检疫机关交给的任务,根据国家规定的卫生标准,对国境口岸的卫生状况和停留在国境口岸的入境、出境的交通工具的卫生

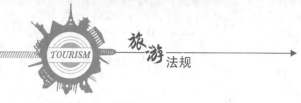

状况实施卫生监督。

(1) 监督和指导有关人员对啮齿动物、病媒昆虫的防除。

(2) 检查和检验食品、饮用水及其储存、供应、运输设施。

(3) 监督从事食品、饮用水供应的从业人员的健康状况,检查其健康证明书。

(4) 监督和检查垃圾、废物、污水、粪便、压舱水的处理。

五、动植物检疫制度

动植物检疫制度是指动植物检疫机关依法对进出境的动植物、动植物产品和其他检疫物,装载动植物、动植物产品和其他检疫物的装载容器、包装物,以及来自动植物疫区的运输工具实施检疫、检测和监督的制度。我国国家动植物检疫机关在对外开放的口岸和进出境动植物检疫业务集中的地点设立的口岸动植物检疫机关,依照《中华人民共和国进出境动植物检疫法》规定实施进出境动植物检疫。我国动植物检疫机关由国务院设立,统一管理全国进出境动植物检疫工作,国务院农业行政主管部门主管全国进出境动植物检疫工作。

(一)进境检疫

(1) 输入动物、动物产品、植物种子、种苗及其他繁殖材料的,必须事先提出申请,办理检疫审批手续。

(2) 通过贸易、科技合作、交换、赠送、援助等方式输入动植物、动植物产品和其他检疫物的,应当在合同或者协议中订明中国法定的检疫要求,并订明必须附有输出国家或者地区政府动植物检疫机关出具的检疫证书。

(3) 输入动植物、动植物产品和其他检疫物,经检疫合格的,准予进境;海关凭口岸动植物检疫机关签发的检疫单证或者在报关单上加盖的印章验放。

(二)出境检疫

(1) 货主或者其代理人在动植物、动植物产品和其他检疫物出境前,向口岸动植物检疫机关报检;出境前需经隔离检疫的动物,在口岸动植物检疫机关指定的隔离场所检疫。

(2) 输出动植物、动植物产品和其他检疫物,由口岸动植物检疫机关实施检疫,经检疫合格或者经除害处理合格的,准予出境;海关凭口岸动植物检疫机关签发的检疫证书或者在报关单上加盖的印章验放。检疫不合格又无有效方法作除害处理的,不准出境。

(三)过境检疫

(1) 要求运输动物过境的,必须事先取得中国国家动植物检疫机关同意,并按照指定的口岸和路线过境;装载过境动物的运输工具、装载容器、饲料和铺垫材料,必须符合中国动植物检疫的规定。

(2) 运输动植物、动植物产品和其他检疫物过境的,由承运人或者押运人持货运单和输出国家或者地区政府动植物检疫机关出具的检疫证书,在进境时向口岸动植物检疫机关报检,出境口岸不再检疫。

(3) 对过境植物、动植物产品和其他检疫物,口岸动植物检疫机关检查运输工具或者包装,经检疫合格的,准予过境;发现有本法第18条规定的名录所列的病虫害的,作除害处理或者不准过境。

(4) 动植物、动植物产品和其他检疫物过境期间,未经动植物检疫机关批准,不得开拆包装或者卸离运输工具。

本章小结

本章主要是对旅游出入境管理相关的法律制度的阐述。在出入境管理中既要打击出入境违法犯罪活动,又要保护中外公民的合法权益,适应国家对外开放形势。因此,第一节主要介绍了中国公民出国旅游管理制度,第二节介绍了中国旅游者出入境管理,第三节主要介绍了外国旅游者入出境管理,最后介绍了出入境检查、检疫等相关的管理法律制度。

关键概念

中国公民出国旅游管理　中国旅游者出入境管理　外国旅游者入出境管理　出入境检查　出入境检疫　护照　签证　旅行证　出入境通行证　港澳通行证　台湾通行证

复习思考题

□复习题:
1. 旅行社经营出国旅游业务的条件是什么?
2. 经营出国旅游业务的旅行社义务是什么?
3. 中国旅游者出入境的有效证件有哪些?
4. 外国旅游者入境所需的有效证件有哪些?
5. 外国旅游者不准入境的情形有哪些?
6. 海关检查的主要内容有什么?
7. 边防检查站的职责是什么?

□思考题:
结合本章内容学习,请你谈谈关于放开我国公民出境限制的可行性。

章末案例　带象牙手镯回国是否合法?

第八章

旅游规划与资源管理法律制度

学习目标

通过本章的学习，了解旅游规划和旅游资源的概念、构成条件和分类；熟悉自然保护区的概念与设立条件，野生动植物的概念与权属，文物的概念、保护范围、种类、级别以及文物的权属，博物馆的概念、分类，国家级文化生态保护区的概念、建设理念，风景名胜区的含义与构成条件，文化和自然遗产的概念，非物质文化遗产的概念和形式，中国世界自然和文化遗产目录，中国世界非物质文化遗产目录；掌握各类自然旅游资源与人文旅游资源保护利用的相关法律法规关键内容，掌握保护世界文化和自然遗产缔约国义务，《保护非物质文化遗产公约》缔约国义务，理解非物质文化遗产代表性项目传承及传播的法律规定；通过学习强化学生保护和合理利用旅游资源的法律意识。

第一节 旅游规划及资源管理法律制度

案例引导 8-1：旅游规划项目引领全省旅游产业健康发展

《黑龙江省全域旅游发展总体规划（2019—2030）》和《黑龙江省冰雪旅游产业发展规划（2019—2030）》项目于2019年4月10日正式启动。两大规划本着黑龙江省旅游产业向国际旅游业看齐的出发点，集国际旅游先进发展成果和经验，结合黑龙江省当地优势资源，从发展战略、产业布局、营销策略、实施措施、效果评估等方面编制。

黑龙江省具有四季分明、自然风光秀美、历史文化多元、民俗民情独特等特点，更拥有世界持续时间最长的冰雪盛会、世界规模最大的冰雪主题公园、雪雕艺术群等。

规划编制的组织架构包括研究团队、工作团队介绍。研究团队包括省级部门,国内外咨询顾问,相关协助人员等。工作团队共包括5个小组:战略规划组、冰雪旅游组、旅游产品策划组、建筑和城市设计组以及市场经济营销组。规划编制的技术路线包括战略规划的方法、分项策略、SWOT分析,以及从现存及预期的结果中找寻差距,通过重点问题研究,提供具体实施措施等。规划编制的项目安排包括场地调研、四季规划、研究时间表等。

（资料来源：中华人民共和国文化和旅游部，https://www.mct.gov.cn/whzx/qgwhxxlb/hlj/201904/t20190411_842706htm.）

【问题】 在编制旅游规划时,应依据哪些有关法律、法规?考虑哪些内容?

一、旅游规划法律制度

旅游规划是旅游资源开发与旅游业发展的先行条件,我国最早的旅游业规划文件是于1979年编制的《关于1980年至1985年旅游事业发展规划（草案）》。随着我国旅游产业向市场经济转型,《旅游发展规划管理办法》《旅游规划设计单位资质认定暂行办法》等文件相继出台。2003年国家旅游局（现文化和旅游部）颁布了《旅游区（点）质量等级的划分与评定》《旅游规划通则》《旅游资源分类、调查与评价》等国家标准和规章。2013年国家旅游局（现文化和旅游部）出台了《旅游法》,为旅游规划制度体系的建设与规范化管理提供了法律依据。2019年国家文化和旅游部制定了《文化和旅游规划管理办法》,以进一步统一规划体系,完善规划管理,提高规划质量,不断提升文化和旅游规划工作的科学化、规范化、制度化水平。

（一）旅游规划的概念

旅游规划依托于规划区域的旅游资源及内外部条件,是为扩大旅游开发所产生的经济效益、社会效益与环境效益,通过优化区域的旅游业发展要素,对旅游业的未来发展进行的科学谋划,是旅游产业发展的总纲领。

（二）旅游规划的分类

根据2003年国家旅游局（现文化和旅游部）颁布的《旅游规划通则》的界定,旅游规划可分为旅游发展规划、旅游区规划和其他专项旅游规划三种类型。旅游发展规划是根据旅游业的历史、现状和市场要素的变化由各级政府所制定的目标体系,以及为实现目标体系在特定的发展条件下对区域或城市旅游发展的要素所做的安排。旅游区规划是为保护、开发、利用和经营管理旅游区,使其发挥多种功能和作用而进行的各项旅游要素的统筹部署和具体安排。专项旅游规划是根据旅游区的实际需要,编制的旅游项目开发规划、旅游线路规划、旅游投融资规划、旅游地建设规划、旅游营销规划、旅游区保护规划、旅游服务设施规划等专项旅游规划。

2019年国家文化和旅游部结合文化和旅游工作实际,制定了《文化和旅游规划管理办法》,并将文化和旅游规划分为总体规划、专项规划、区域规划、地方文化和旅游行政部门编制的地方文化和旅游发展规划。总体规划是指导全国文化和旅游工作的中长期发展规划,是其他各类规划的重要依据,规划期与国家发展规划相一致,落实国家发展规划提出的战略安排;专项规划是以文化和旅游发展的特定领域为对象编制的规划;区域规划是以特定区域的文化

和旅游发展为对象编制的规划;地方文化和旅游发展规划是指导本地区文化和旅游工作的中长期发展规划。

(三)旅游规划的编制

1. 旅游发展规划的编制

旅游发展规划的编制应当坚持可持续发展和市场导向的原则,确定旅游业在国民经济和社会发展中的地位、作用,并提出旅游业发展目标,通过优化旅游业发展的要素结构与空间布局,安排旅游业发展优先项目,促进旅游业持续、健康、稳定发展。旅游发展规划按照规划的范围分为全国旅游发展规划、跨省级区域旅游发展规划和地方旅游发展规划。地方旅游发展规划又可分为省级旅游发展规划、地市级旅游发展规划和县级旅游发展规划。按规划的期限分为近期发展规划(3—5年)、中期发展规划(5—10年)和远期发展规划(10—20年)。

(1)旅游产业定位。

《旅游法》第17条规定,国务院和县级以上地方人民政府应当将旅游业发展纳入国民经济和社会发展规划。国民经济和社会发展规划是全国或者某一地区经济、社会发展的总体纲要,是由政府制定的具有战略意义的指导性文件。由于旅游业在国民经济和社会发展中的地位和作用日益凸显,且旅游业的发展不能缺失政府的职能与导向,以及诸多行业和部门的配合,我国《旅游法》对旅游业发展在国民经济和社会发展中的定位作出了法律确认。

(2)旅游发展规划的编制主体。

《旅游法》第17条明确了各级政府是旅游发展规划组织编制的主体,即国务院和省、自治区、直辖市人民政府以及旅游资源丰富的设区的市和县级人民政府,应当按照国民经济和社会发展规划的要求,组织编制旅游发展规划。国务院和省、自治区、直辖市人民政府编制旅游发展规划已是普遍的做法,但因设区的市和县级人民政府所在地区的旅游资源并不均衡,为此仅要求具有丰富旅游资源的设区的市和县级人民政府编制旅游发展规划。此外,由于跨行政区域且适宜进行整体利用的旅游资源在空间或历史文化属性上具有不可分割的特性,为此对这类旅游资源进行利用时,应当由上级人民政府组织编制或者由相关地方人民政府协商编制统一的旅游发展规划。

(3)旅游发展规划的内容。

旅游发展规划的编制应当以国民经济和社会发展规划为依据,与经济增长和相关产业的发展相适应。《旅游规划通则》第6条、《旅游发展规划管理办法》第11条,以及《旅游法》第18条规定,在编制旅游发展规划时,应包括下列内容。

第一,旅游业发展的总体要求和发展目标。旅游业发展的总体要求和发展目标是国家或一个地区旅游业发展的战略导向,旅游发展规划中应全面分析规划区旅游业的发展历史与现状、优势与制约因素,以及与相关规划的衔接,明确规划区的客源市场需求总量、地域结构、消费结构及其他结构,预测规划期内客源市场需求总量、地域结构、消费结构及其他结构。从而提出旅游业发展的指导思想、发展定位(总体定位、形象定位、产业定位、市场定位),以及发展目标(发展速度、经济目标、社会目标、文化目标、环境目标等)。

第二,旅游资源保护和利用的要求和措施。旅游资源保护是其开发利用的前提条件。旅游发展规划应当坚持可持续发展的原则,注重保护、开发、利用的关系,应合理划定禁止开发、适度开发、适宜开发的区域,对不同资源的利用方式和强度作出规范,建立保护和利用的效果评估机制等。

第三,旅游产品开发。旅游产品是旅游经营者给旅游者提供的旅游吸引物与服务的组合。旅游发展规划中应明确旅游产品开发的方向和特色,对市场潜在旅游产品的结构、类型、项目等的发展目标、实施战略和措施进行规划,包括产品结构规划、产品系列化规划和产品生命周期规划等。

第四,旅游服务质量提升。旅游服务质量是指旅游业发展的品质,是提升旅游竞争力的重要因素。旅游发展规划中应根据文化和旅游部印发的《关于实施旅游服务质量提升计划的指导意见》明确提升旅游区服务水平、优化旅游住宿服务、提升旅行社服务水平、规范在线旅游经营服务、提高导游和领队业务能力、增强旅游市场秩序治理能力、建立完善旅游信用体系等内容。

第五,旅游文化建设。旅游文化是指在旅游的吃、住、行、游、购、娱过程中,体现出的观念形态及其外在表现的总和。旅游发展规划中应结合本地实际,在保护和不改变文化原真性的前提下,打造能够体现本地文化特色、符合社会主义核心价值观的旅游产品,建设旅游文化品牌。

第六,旅游形象推广。旅游形象是指旅游目的地在市场上展示的整体旅游面貌。旅游发展规划中应确定统一的旅游形象,提出对资金保障、推广方式、推广目标和绩效评估等的要求,并明确针对目标市场的营销策略。

第七,旅游基础设施建设。旅游基础设施是指为适应旅游者在旅行游览中的需要和旅游经营者从事旅游经营必要的基础保障而建设的各项设施的总称。旅游发展规划中应明确旅游饭店、旅游交通、旅游运输工具、水、电、气等旅游基础设施的数量和质量需求、布局安排等。

第八,旅游公共服务设施建设。旅游公共服务是指由政府或其他社会组织为旅游者提供的,具有明显公共性的产品和服务的总称。旅游发展规划应明确旅游信息网、旅游咨询服务中心、移动旅游信息服务、旅游集散中心、观光巴士、自驾车服务配套、公厕、无障碍旅游保障、标识、旅游安全救援系统、旅游投诉处理系统等旅游公共服务设施的布局及安排。

第九,旅游促进措施。旅游发展规划中应明确和细化资金促进、建设布局促进、要素配套促进、市场统筹促进、信息化促进、人才支撑促进等旅游促进措施,提出规划实施的保障措施,分析旅游设施建设、配套基础设施建设、旅游市场开发、人力资源开发等方面的投入与产出。

(4)旅游发展规划的评估。

旅游发展规划实施评估是指对旅游发展规划执行情况及实施效果进行评估,兼顾对规划编制情况进行评估。《旅游法》第22条规定,各级人民政府应当组织对本级政府编制的旅游发展规划的执行情况进行评估,并向社会公布。为保证旅游发展规划能够有效执行,国家旅游局(现文化和旅游部)特制定《旅游发展规划实施评估导则》,要求旅游规划期满后必须进行评估,规划期内可根据需要开展评估。按照法律规定对旅游发展规划实施评估,首先,各级人民政府必须成立评估领导协调小组,提出评估要求,确定评估工作方案,委托负责评估的单位,并组建专家委员会,明确相关责任。其次,承担评估任务的单位应组织相关领域专家编制旅游发展规划实施评估报告,并书面征求本级人民政府相关部门、行政隶属的下级人民政府、重点旅游企业等相关方意见,对报告修改完善。最后,为提高评估报告的专业性、科学性,应组织专家对评估报告进行评阅。评估报告形成后,应通过政府网站、政府公报、新闻发布会以及报刊、广播、电视、网络等,将规划执行和落实情况向社会公示。全国旅游发展规划、跨省级区域旅游规划、

跨省级重点线路旅游规划,由国家旅游局(现文化和旅游部)负责组织评估,并向社会公布。跨行政区域的旅游发展规划,应当由相关行政区地方人民政府协商组织,或者上一级旅游行政主管部门组织评估并向社会公布。

2. 旅游区规划的编制

旅游区规划是为了保护、开发、利用和经营管理旅游区,使其发挥多种功能和作用而进行的各项旅游要素的统筹部署和具体安排。旅游区规划按规划层次分为旅游区总体规划、旅游区控制性详细规划、旅游区修建性详细规划等。

(1) 旅游区总体规划。

旅游区总体规划的任务是分析旅游区客源市场,确定旅游区的主题形象,划定旅游区的用地范围及空间布局,安排旅游区基础设施建设内容,提出开发措施。旅游区总体规划内容包括:对旅游区的客源市场的需求总量、地域结构、消费结构等进行全面分析与预测;界定旅游区范围,进行现状调查和分析,对旅游资源进行科学评价;确定旅游区的性质和主题形象;确定规划旅游区的功能分区和土地利用,提出规划区内的旅游容量;规划旅游区的对外交通系统的布局和主要交通设施的规模、位置;规划旅游区内部的其他道路系统的走向、断面和交叉形式;规划旅游区的景观系统和绿地系统的总体布局;规划旅游区其他基础设施、服务设施和附属设施的总体布局;规划旅游区的防灾系统和安全系统的总体布局;研究并确定旅游区资源的保护范围和保护措施;规划旅游区的环境卫生系统布局,提出防止和治理污染的措施;提出旅游区近期建设规划,进行重点项目策划;提出总体规划的实施步骤、措施和方法,以及规划、建设、运营中的管理意见;对旅游区开发建设进行总体投资分析。

(2) 旅游区控制性详细规划。

在旅游区总体规划的指导下,为了近期建设的需要,可编制旅游区控制性详细规划。旅游区控制性详细规划的任务是,以总体规划为依据,详细规定区内建设用地的各项控制指标和其他规划管理要求,为区内一切开发建设活动提供指导。旅游区控制性详细规划的主要内容包括:详细划定所规划范围内各类不同性质用地的界限,规定各类用地内适建、不适建或者有条件地允许建设的建筑类型;规划分地块,规定建筑高度、建筑密度、容积率、绿地率等控制指标,并根据各类用地的性质增加其他必要的控制指标;规定交通出入口方位、停车泊位、建筑后退红线、建筑间距等要求;提出对各地块的建筑体量、尺度、色彩、风格等要求;确定各级道路的红线位置、控制点坐标和标高。

(3) 旅游区修建性详细规划。

对于旅游区当前要建设的地段,应编制修建性详细规划。旅游区修建性详细规划的任务是在总体规划或控制性详细规划的基础上,进一步深化和细化,用以指导各项建筑和工程设施的设计和施工。旅游区修建性详细规划的主要内容包括:综合现状与建设条件分析;用地布局;景观系统规划设计;道路交通系统规划设计;绿地系统规划设计;旅游服务设施及附属设施系统规划设计;工程管线系统规划设计;竖向规划设计;环境保护和环境卫生系统规划设计。

二、旅游资源管理法律制度概述

(一)旅游资源概述

1. 旅游资源的概念及内涵

旅游资源是发展旅游业的基本条件之一。对旅游资源的认识,是随着旅游业的兴起而出现和不断深化的。一般来说,业界比较权威的定义是:旅游资源是自然界和人类社会能对旅游者产生吸引力,可以为旅游业所开发利用,并可产生经济效益、社会效益和环境效益的各种事物和因素。

一般认为,旅游资源是旅游业赖以生存和发展的前提条件,是旅游业产生的物质基础,是旅游的客体,是旅游产品和旅游活动的基本要素之一。构成旅游资源的基本条件:一是对旅游者有吸引力,能激发人们的旅游动机;二是具有可利用性,随着旅游者旅游爱好和习惯的改变,旅游资源的范畴不断扩大;三是资源的开发能产生不同的经济效益、社会效益和环境效益。

2. 旅游资源的分类

根据不同的目的,可以有不同的分类标准和分类方法,目前常用的是按旅游资源的成因和属性分类。2003年国家颁布了《旅游资源分类、调查与评价》,2017年修订。按照修订后的国家标准分类系统,把旅游资源分为8个主类、31个亚类、155个基本类型。分类对象涉及稳定的、客观存在的实体旅游资源和不稳定的、客观存在的事物和现象。根据国家标准,将旅游资源分为自然旅游资源和人文旅游资源两大类型。自然旅游资源是天然赋存的,它是由具有旅游价值的自然景观和自然环境组成的,主要包括地文景观、水域风光、生物景观、天象与气候景观;人文旅游资源是人类在长期的生产实践和社会生活中所创造的艺术成就和文化结晶,是能激发旅游者旅游动机的物质财富和精神财富的总和,主要包括遗址遗迹、建筑与设施、旅游商品、人文活动。除此之外,还有其他的分类方法,如按旅游资源的功能分类,分为观赏型旅游资源、康乐型旅游资源、科考型旅游资源、体验型旅游资源、度假型旅游资源、购物型旅游资源。按利用性质分类,分为再生旅游资源、不可再生旅游资源;按开发现状分类,分为已开发旅游资源、潜在旅游资源;按资源地域分类,分为都市旅游型、森林旅游型、乡村旅游型。

(二)旅游资源保护的法律规定

1. 旅游资源保护的意义

人类已经跨入21世纪,保护生态环境,促进可持续发展,已经成为世界各国的共同目标和战略选择。在旅游业快速发展的情况下,保护好各国的生态环境和文化遗产,推动旅游业向可持续旅游业转变,是当今世界环境保护与发展的一个重大而紧迫的课题。各国环境保护与旅游业发展的历史表明,只有走有效保护环境和合理利用资源的发展道路,旅游业才有生命力。

联合国教科文组织、环境规划署和世界旅游组织于1995年4月在西班牙召开了"可持续旅游发展世界会议",75个国家和地区的600多位代表一致通过了《可持续旅游发展宪章》及其附件《可持续旅游发展行动计划》。《可持续旅游发展宪章》指出"可持续发展的实质,就是要求旅游与自然、文化和人类生存环境成为一个整体。必须考虑旅游对当地文化遗产、传统习惯和社会活动的影响,在制定旅游发展战略过程中,要充分认识当地传统习惯和社会活动,要注意维护地方特色、文化和旅游胜地,尤其在发展中国家更是如此"。

2. 我国旅游资源保护面临的主要问题

中国是一个发展中国家,受多重因素的影响,在环境与资源的保护方面,还存在着一些比较突出的问题:一是中国正处于工业化和城市化的加速发展过程中,工业污染和城市化引起的环境问题仍在加剧,大江、大河和湖泊等水域污染和森林砍伐对旅游资源构成严重威胁。二是存在着旅游资源的不合理开发或低水平开发的问题。有的海滨旅游区盲目围海造地及不合理建设,已引起沙质海岸向泥岸退化。在外来文化与现代商业价值的影响下,一些地区的民俗风

情被改装成粗俗的商业表演,优秀的传统文化受到强烈冲击。三是快速扩张的旅游需求使游客过多,对主要旅游景区造成巨大压力,特别在旅游旺季,游客带进的尘土、呼出的气体及脚踩、手摸、照相机闪光灯等对旅游资源会造成危害并与脆弱的生态环境形成了强烈反差。四是国内旅游者素质尚待提高,不文明的旅游行为在一定程度和一定范围内造成了对旅游环境和资源的破坏和污染。五是生态旅游、森林旅游发展较快,但对生态旅游缺乏统一的规划和有效的指导,新一轮的开发热潮正移向生态环境更为脆弱、更为敏感的地带,一旦管理失控,环境资源受到破坏,将很难恢复。

3. 旅游资源管理与保护的立法概况

以法律法规保护和管理旅游资源及环境是一种非常有力的手段。旅游资源管理和保护法规是国家对旅游资源保护、开发和利用的各种法律、法规和规章的总称。我国政府十分重视这项工作,先后制定了许多开发、利用和保护旅游资源的法律、法规,其中主要有《中华人民共和国风景名胜区管理条例》《中华人民共和国文物保护法》《中华人民共和国环境保护法》《中华人民共和国自然保护区条例》等,使旅游资源的保护逐步走上了法制化的道路。其他相关的法律、法规中也有关于保护旅游资源的相关条款,如《中华人民共和国森林法》《中华人民共和国草原法》《中华人民共和国海洋环境保护法》《城市绿化园林管理条例》等。国家质量技术监督局发布了《旅游景区质量等级的划分与评定》《旅游资源分类调查、评价》国家标准,以上法律、法规、国家标准的颁布和实施,为保护我国旅游资源提供了法律保障。各省、自治区、直辖市也根据当地的具体情况发布了相应的地方法规。在这些法律、法规的保护下,我国旅游资源的保护工作取得了很大的成绩。作为对旅游资源法律规定的落实,我国各级政府和有关单位也采取了一系列具体措施,合理地开发、利用、保护旅游资源和环境,例如,建立各类风景名胜区、自然保护区、森林公园、历史文化名城与名村,强化旅游环境保护和综合治理。

4. 旅游资源管理和保护相关主体的权利、义务、责任

旅游资源法规的主体包括国家权力机关、旅游资源开发利用保护工作的有关部门和单位以及旅游者。对这三者的权利、义务和相关的法律责任在各类旅游资源法中都做了规定。

(1) 国家权力机关。

国家权力机关指有权制定旅游资源法律法规的立法机关和行政机关,它们可以根据宪法规定和精神,根据发展旅游和文化事业的实际需要制定一系列有关旅游资源开发、利用、保护的法律、行政法规和地方性法规,这是它的一项重要的立法权。此外,上述权力机关有权组织旅游资源的各类管理机构并决定其权限、任务和人选;有权制定旅游资源开发、利用、保护方面的各项方针政策,并有权检查、监督各项法律、法规、方针、政策的实施情况。

(2) 旅游资源各负责部门和单位。

旅游资源的开发、利用、保护工作是由国家权力机关授权的各具体负责部门进行的。从我国的情况看,它包括各级旅游行政管理部门、城乡规划建设管理部门、文化管理部门、海关部门、公安部门以及涉及此项工作的企事业单位。这些部门和单位都负有义务贯彻执行国家在旅游资源开发、利用、保护方面的法律、法规和方针政策。

各个具体负责部门和单位应切实做好旅游资源的开发利用和保护工作,应将此项工作纳入计划,采取正确的对策和措施。在开发利用旅游资源之前,应进行可行性研究,不得破坏环境容貌和生态平衡,并应注意突出民族风格和地方特色。尤其是国家的经济发展计划和建设部门,应将国土上各种旅游资源纳入国民经济和社会发展规划之中,统筹安排使用和进行保护

与治理。必须采取一切有力的措施保证国家有关旅游资源开发利用保护方面的法律法规的实施。对违反旅游资源法的行为必须给以坚决的制止和必要的制裁。

(3) 旅游者。

国家倡导健康、文明、环保的旅游方式,无论国内还是国际旅游者都应遵守中国关于旅游资源的各种法律、法规,必须爱护各类旅游资源。旅游者在旅游活动中应当遵守社会公共秩序和社会公德,尊重当地的风俗习惯、文化传统和宗教信仰,爱护旅游资源,保护生态环境,遵守旅游文明行为规范。

旅游业可持续发展的策略:端正旅游资源开发和发展的指导思想;坚决避免重走"先污染后治理"的老路;实现旅游生态发展;坚持旅游资源开发的有序性;提倡文明旅游,杜绝旅游污染。

(三) 旅游资源利用的法律制度

我国政府鼓励各类市场主体在有效保护旅游资源的前提下,依法合理利用旅游资源,为使旅游资源得到合理利用,《旅游法》第21条对旅游资源的利用提出了原则性和总体性要求,为旅游资源利用的规范化管理提供了法律依据。

1. 与相关资源保护类法律法规进行有效衔接

我国与资源保护相关的法律、法规已达20余部,还有若干行政法规、地方法规和国务院部门规章,《旅游法》提出在对旅游资源进行利用时,必须严格遵守有关法律、法规的规定,符合资源、生态保护和文物安全的要求,注意法律法规之间的有效衔接。

2. 旅游资源利用中的特殊性保护要求

(1) 尊重和维护当地传统文化和习俗。

传统文化和习俗是指反映某一社会群体的民族特质和风貌的文化,以及世代相传的风尚、礼节和习惯。在旅游资源保护和开发利用的过程中,应尊重和维护当地传统文化和习俗,处理好当地居民、旅游者和经营者等各方面关系。

(2) 维护资源的区域整体性。

区域整体性是指区域内的不同种类、众多单体的旅游资源相互依存、互为条件、彼此影响,共同组合构成的有机整体。在旅游资源保护和开发利用的过程中,应注重旅游资源的组合性与共生性的特点,维护其区域整体性,使其协调发展。

(3) 维护资源的文化代表性。

资源的文化代表性是指某一旅游资源区别于其他旅游资源的文化独特性。我国幅员辽阔、民族众多、历史悠久,各地自然条件和民俗风情相异,体现着不同的特色文化。在旅游资源保护和开发利用的过程中,政府和开发者应建立地域文化原真性和先进性的理念,维护其地域文化代表性。

(4) 维护资源的地域特殊性。

资源的地域特殊性是指某一资源不同于其他资源的特殊自然属性,或者特殊的周边环境。在旅游资源保护和开发利用的过程中,应避免破坏地域特殊性,在保持资源的自然属性以及周边环境的基础上,进行资源的开发与利用。

(5) 考虑军事设施保护的需要。

军事设施是指国家直接用于军事目的的建筑、场地和设备。我国《军事设施保护法》规定,

开辟旅游景点,应当避开军事设施。为此,在旅游资源保护和开发利用的过程中,应考虑与军事设施保护相关法律法规的衔接性。

3. 明确有关主管部门对资源保护和旅游利用状况进行监督检查的责任

我国现行体制下,各类用于旅游开发利用的资源都分属于国土资源部、城乡建设部、环境保护部、文化和旅游部等不同部门主管,且按照相应的法律法规履行监督检查的责任。《旅游法》规定有关主管部门应当加强对资源保护和旅游利用状况的监督检查。

第二节 自然旅游资源管理法律制度

案例引导 8-2:违规开发旅游项目问题突出

一、自然保护区管理法规制度

(一)自然保护区的概念与设立条件

自然保护区,是指对有代表性的自然生态系统、珍稀濒危野生动植物物种的天然集中分布区、有特殊意义的自然遗迹等保护对象所在的陆地、陆地水体或者海域,依法划出一定面积予以特殊保护和管理的区域。根据《自然保护区条例》,凡具有下列条件之一的,应当建立自然保护区。

(1) 典型的自然地理区域、有代表性的自然生态系统区域以及已经遭受破坏但经保护能够恢复的同类自然系统区域。

(2) 珍稀、濒危野生动植物物种的天然集中分布区域。

(3) 具有特殊保护价值的海域、海岸、岛屿、湿地、内陆水域、森林、草原和荒漠。

(4) 具有重大科学文化价值的地质构造、著名溶洞、化石分布区、冰川、火山、温泉等自然遗迹。

(5) 经国务院或者省、自治区、直辖市人民政府批准,需要予以特殊保护的其他自然区域。

(二)自然保护区的分类和建立

自然保护区分为国家级自然保护区和地方级自然保护区。在国内外有典型意义、在科学上有重大国际影响或者特殊科学研究价值的自然保护区,列为国家级自然保护区。除列为国家级自然保护区之外,其他具有典型意义或者重要科学研究价值的自然保护区列为地方级自然保护区。

国家级自然保护区的建立,由自然保护区所在的省、自治区、直辖市人民政府或者国务院有关自然保护区行政主管部门提出申请,经国家级自然保护区评审委员会评审后,由国务院环境保护行政主管部门进行协调并提出审批建议,报国务院批准。

地方级自然保护区的建立,由自然保护区所在的县、自治区、市、自治州人民政府或者省、自治区、直辖市人民政府有关自然保护区行政主管部门提出申请,经地方级自然保护区评审委员会评审后,由省、自治区、直辖市人民政府环境保护行政主管部门进行协调并提出审批建议,报省、自治区、直辖市人民政府批准,并报国务院环境保护行政主管部门和国务院有关自然保护区行政主管部门备案。

建立海上自然保护区,须经国务院批准。

自然保护区按照下列方法命名:①国家级自然保护区,自然保护区所在地地名加"国家级自然保护区";②地方级自然保护区,自然保护区所在地地名加"地方级自然保护区";有特殊保护对象的自然保护区,可以在自然保护区所在地地名后加特殊保护对象的名称。

(三)自然保护区区域划分与保护

自然保护区可以分为核心区、缓冲区和实验区。

自然保护区内保存完好的天然状态的生态系统以及珍稀、濒危动植物的集中分布地,应当划为核心区;禁止任何单位和个人进入自然保护区的核心区。因科学研究的需要,必须进入核心区从事科学研究观测、调查活动的,应当事先向自然保护区管理机构提交申请和活动计划,并经自然保护区管理机构批准。其中,进入国家级自然保护区核心区的,应当经省、自治区、直辖市人民政府有关自然保护区行政主管部门批准。

核心区外围可以划定一定面积的缓冲区,禁止在自然保护区的缓冲区开展旅游和生产经营活动。因教学科研的目的,需要进入自然保护区的缓冲区从事非破坏性的科学研究、教学实习和标本采集活动的,应当事先向自然保护区管理机构提交申请和活动计划,经自然保护区管理机构批准。

缓冲区外围划为实验区,可以进入从事科学实验、教学实习、参观考察、旅游以及驯化、繁殖珍稀、濒危野生动植物等活动。在自然保护区的实验区内开展参观、旅游活动的,由自然保护区管理机构编制方案,方案应当符合自然保护区管理目标。

在自然保护区组织参观、旅游活动的,应当由自然保护区管理机构编制方案,并加强管理;进入自然保护区参观、旅游的单位和个人,应当服从自然保护区管理机构的管理。

严禁开设与自然保护区保护方向不一致的参观、旅游项目。

原批准建立自然保护区的人民政府认为必要时,可以在自然保护区的外围划定一定面积的外围保护地带。

外国人进入自然保护区,应当事先向自然保护区管理机构提交活动计划,并经自然保护区管理机构批准;其中,进入国家级自然保护区的,应当经省、自治区、直辖市环境保护、海洋、渔业等有关自然保护区行政主管部门按照各自职责批准。进入自然保护区的外国人,应当遵守有关自然保护区的法律、法规和规定,未经批准,不得在自然保护区内从事采集标本等活动。

二、野生动植物管理法规制度

同步案例 8-1：珍贵动物意外死亡 擅卖死体被定罪

（一）野生动物管理法律制度

1988年11月8日第七届全国人民代表大会常务委员会第四次会议审议通过了《中华人民共和国野生动物保护法》。根据2004年8月28日第十届全国人民代表大会常务委员会第十一次会议《关于修改〈中华人民共和国野生动物保护法〉的决定》第一次修正；根据2009年8月27日第十一届全国人民代表大会常务委员会第十次会议《关于修改部分法律的决定》第二次修正；根据2016年7月2日第十二届全国人民代表大会常务委员会第二十一次会议修订；根据2018年10月26日第十三届全国人民代表大会常务委员会关于修改《中华人民共和国野生动物保护法》等法律的决定第四次修订。这是在中华人民共和国领域及管辖的其他海域，从事野生动物保护及相关活动的法律依据。

1. 野生动物的概念

《中华人民共和国野生动物保护法》规定保护的野生动物，是指珍贵、濒危的陆生、水生野生动物和有重要生态、科学、社会价值的陆生野生动物。野生动物及其制品，是指野生动物的整体（含卵、蛋）、部分及其衍生物。

2. 野生动物权属

野生动物资源属于国家所有。国家保障依法从事野生动物科学研究、人工繁育等保护及相关活动的组织和个人的合法权益。

3. 野生动物的保护

（1）野生动物保护职责的归属。

国务院林业草原、渔业主管部门分别主管全国陆生、水生野生动物保护工作。县级以上地方人民政府林业草原、渔业主管部门分别主管本行政区域内陆生、水生野生动物保护工作。

各级人民政府应当加强野生动物保护的宣传教育和科学知识普及工作，鼓励和支持基层群众性自治组织、社会组织、企业事业单位、志愿者开展野生动物保护法律法规和保护知识的宣传活动。

教育行政部门、学校应当对学生进行野生动物保护知识教育。

新闻媒体应当开展野生动物保护法律法规和保护知识的宣传，对违法行为进行舆论监督。

（2）野生动物的分级保护。

国家对野生动物实行分类分级保护，国家对珍贵、濒危的野生动物实行重点保护，国家重点保护的野生动物分为一级保护野生动物和二级保护野生动物。国家重点保护野生动物名录,由国务院野生动物保护主管部门组织科学评估后制定,并每五年根据评估情况确定对名录进行调整。国家重点保护野生动物名录报国务院批准公布。地方重点保护野生动物,是指国家重点保护野生动物以外,由省、自治区、直辖市重点保护的野生动物。地方重点保护野生动物名录,由省、自治区、直辖市人民政府组织科学评估后制定、调整并公布。

有重要生态、科学、社会价值的陆生野生动物名录,由国务院野生动物保护主管部门组织科学评估后制定、调整并公布。

4. 野生动物管理法规制度

(1) 在相关自然保护区域和禁猎(渔)区、禁猎(渔)期内,禁止猎捕以及其他妨碍野生动物生息繁衍的活动,但法律法规另有规定的除外。

禁止猎捕、杀害国家重点保护野生动物。因科学研究、种群调控、疫源疫病监测或者其他特殊情况,需要猎捕国家一级保护野生动物的,应当向国务院野生动物保护主管部门申请特许猎捕证;需要猎捕国家二级保护野生动物的,应当向省、自治区、直辖市人民政府野生动物保护主管部门申请特许猎捕证。

猎捕非国家重点保护野生动物的,应当依法取得县级以上地方人民政府野生动物保护主管部门核发的狩猎证,并且服从猎捕量限额管理。

猎捕者应当按照特许猎捕证、狩猎证规定的种类、数量、地点、工具、方法和期限进行猎捕。持枪猎捕的,应当依法取得公安机关核发的持枪证。

禁止使用毒药、爆炸物、电击或者电子诱捕装置以及猎套、猎夹、地枪、排铳等工具进行猎捕,禁止使用夜间照明行猎、歼灭性围猎、捣毁巢穴、火攻、烟熏、网捕等方法进行猎捕,但因科学研究确需网捕、电子诱捕的除外。

(2) 禁止出售、购买、利用国家重点保护野生动物及其制品。因科学研究、人工繁育、公众展示展演、文物保护或者其他特殊情况,需要出售、购买、利用国家重点保护野生动物及其制品的,应当经省、自治区、直辖市人民政府野生动物保护主管部门批准,并按照规定取得和使用专用标识,保证可追溯,但国务院对批准机关另有规定的除外。实行国家重点保护野生动物及其制品专用标识的范围和管理办法,由国务院野生动物保护主管部门规定。

出售、利用非国家重点保护野生动物的,应当提供狩猎、进出口等合法来源证明。出售野生动物的,还应当依法附有检疫证明。

(3) 禁止生产、经营使用国家重点保护野生动物及其制品制作的食品,或者使用没有合法来源证明的非国家重点保护野生动物及其制品制作的食品。禁止食用非法购买国家重点保护的野生动物及其制品。

(4) 禁止为出售、购买、利用野生动物或者禁止使用的猎捕工具发布广告。禁止为违法出售、购买、利用野生动物制品发布广告。

(5) 禁止网络交易平台、商品交易市场等交易场所,为违法出售、购买、利用野生动物及其制品或者禁止使用的猎捕工具提供交易场所。

(6) 禁止伪造、变造、买卖、转让、租借特许猎捕证、狩猎证、人工繁育许可证及专用标识,禁止出售、购买、利用国家重点保护野生动物及其制品的批准文件,或者允许进出口证明书、进出口等批准文件。有关许可证书、专用标识、批准文件的发放情况,应当依法公开。

(7) 外国人在我国对国家重点保护野生动物进行野外考察或者在野外拍摄电影、录像,应

当经省、自治区、直辖市人民政府野生动物保护主管部门或者其授权的单位批准,并遵守有关法律法规规定。

(二)野生植物管理法规制度

中华人民共和国国务院令第204号发布《中华人民共和国野生植物保护条例》,自1997年1月1日起施行。2017年10月7日,国务院总理李克强签署第687号中华人民共和国国务院令,对《中华人民共和国野生植物保护条例》进行了修改。

1. 野生植物的概念

野生植物是指原生地天然生长的珍贵植物和原生地天然生长并具有重要经济、科学研究、文化价值的濒危、稀有植物。

2. 野生植物保护职责的行政隶属

国家对野生植物资源实行加强保护、积极发展、合理利用的方针。

国务院林业行政主管部门主管全国林区内野生植物和林区外珍贵野生树木的监督管理工作。国务院农业行政主管部门主管全国其他野生植物的监督管理工作。

国务院建设行政部门负责城市园林、风景名胜区内野生植物的监督管理工作。国务院环境保护部门负责对全国野生植物环境保护工作的协调和监督。国务院其他有关部门依照职责分工负责有关的野生植物保护工作。

县级以上地方人民政府负责野生植物管理工作的部门及其职责,由省、自治区、直辖市人民政府根据当地具体情况规定。

3. 野生植物保护

国家保护野生植物及其生长环境。禁止任何单位和个人非法采集野生植物或者破坏其生长环境。

野生植物分为国家重点保护野生植物和地方重点保护野生植物。

国家重点保护野生植物名录,由国务院林业行政主管部门、农业行政主管部门(以下简称国务院野生植物行政主管部门)商国务院环境保护、建设等有关部门制定,报国务院批准公布。

地方重点保护野生植物,是指国家重点保护野生植物以外,由省、自治区、直辖市保护的野生植物。地方重点保护野生植物名录,由省、自治区、直辖市人民政府制定并公布,报国务院备案。

4. 野生植物管理

(1)禁止采集国家一级保护野生植物。因科学研究、人工培育、文化交流等特殊需要,采集国家一级保护野生植物的,应当按照管理权限向国务院林业行政主管部门或者其授权的机构申请采集证;或者向采集地的省、自治区、直辖市人民政府农业行政主管部门或者其授权的机构申请采集证。

采集国家二级保护野生植物的,必须经采集地的县级人民政府野生植物行政主管部门签署意见后,向省、自治区、直辖市人民政府野生植物行政主管部门或者其授权的机构申请采集证。

采集城市园林或者风景名胜区内的国家一级或者二级保护野生植物的,须先征得城市园林或者风景名胜区管理机构同意,分别依照前两款的规定申请采集证。

采集珍贵野生树木或者林区内、草原上的野生植物的,依照森林法、草原法的规定办理。

野生植物行政主管部门发放采集证后,应当抄送环境保护部门备案。

采集证的格式由国务院野生植物行政主管部门制定。

(2)禁止出售、收购国家一级保护野生植物。出售、收购国家二级保护野生植物的,必须经省、自治区、直辖市人民政府野生植物行政主管部门或者其授权的机构批准。

出口国家重点保护野生植物或者进出口中国参加的国际公约所限制进出口的野生植物的,应当按照管理权限经国务院林业行政主管部门批准,或者经进出口者所在地的省、自治区、直辖市人民政府农业行政主管部门审核后报国务院农业行政主管部门批准,并取得国家濒危物种进出口管理机构核发的允许进出口证明书或者标签。海关凭允许进出口证明书或者标签查验放行。国务院野生植物行政主管部门应当将有关野生植物进出口的资料抄送国务院环境保护部门。

禁止出口未定名的或者新发现并有重要价值的野生植物。

(3)外国人不得在中国境内采集或者收购国家重点保护野生植物。

外国人在中国境内对农业行政主管部门管理的国家重点保护野生植物进行野外考察的,应当经农业行政主管部门管理的国家重点保护野生植物所在地的省、自治区、直辖市人民政府农业行政主管部门批准。

第三节 人文旅游资源管理法律制度

案例引导 8-3:盗取一级文物 跨省盗掘古墓团伙获刑

一、文物保护法律制度

1982年11月19日五届人大常委会第二十五次会议审议通过了《中华人民共和国文物保护法》,此后1991年6月、2002年10月、2007年12月、2015年4月全国人大常委会先后四次进行了修订。1992年5月经国务院批准,国家文物局发布了《中华人民共和国文物保护法实施细则》。这是我国加强以文物为代表的人文旅游资源保护的法律依据。

(一)文物的概念及其保护范围

文物是指人们在各个时期生产、生活和斗争中遗留下来的,具有历史、科学、艺术价值的遗物和遗迹。

按照《文物保护法》第2条规定,在中华人民共和国境内,下列文物受国家保护。

(1)具有历史、艺术、科学价值的古文化遗址、古墓葬、古建筑、石窟寺和石刻、壁画。

(2)与重大历史事件、革命运动和著名人物有关的,具有重要纪念意义、教育意义或者史料价值的近代现代重要史记、实物、代表性建筑。

(3)历史上各时代的珍贵艺术品、工艺美术品。

(4)反映历史上各时代重要的革命文献资料及具有历史、艺术、科学价值的手稿和图书资料等。

(5)反映历史上各时代、各民族社会制度、社会生产、社会生活的代表性实物。

具有科学价值的古脊椎动物化石和古人类化石同文物一样受国家保护。

(二)文物的权属

《中华人民共和国文物保护法》对我国文物所有权进行了确认,并对保护文物所有权做出规定。我国文物所有权有三种形式,即国家所有、集体所有和私人所有。

1. 国家所有文物规定

《中华人民共和国文物保护法》第5条规定,中华人民共和国境内地下、内水和领海中遗存的一切文物,属于国家所有。

古文化遗址、古墓葬、石窟寺属于国家所有。国家指定保护的纪念建筑物、古建筑、石刻、壁画、近代现代代表性建筑等不可移动文物,除国家另有规定的以外,属于国家所有;国有不可移动文物的所有权不因其所依附的土地所有权或者使用权的改变而改变。

对于一些可移动文物,也属于国家所有:第一,中国境内出土的文物,国家另有规定的除外;第二,国有文物收藏单位以及其他国家机关、部队和国有企业、事业组织等收藏、保管的文物;第三,国家征集、购买的文物;第四,公民、法人和其他组织捐赠给国家的文物;第五,法律规定属于国家所有的其他文物。

属于国家所有的可移动文物的所有权不因其保管、收藏单位的终止或者变更而改变。国有文物所有权受法律保护,不容侵犯。

2. 集体所有和私人所有文物的规定

《中华人民共和国文物保护法》第6条规定,属于集体所有和私人所有的纪念建筑物、古建筑和祖传文物以及依法取得的其他文物,其所有权受法律保护。文物的所有者必须遵守国家有关文物保护的法律、法规的规定。

(三)文物的种类与分级

1. 文物的种类

(1)不可移动文物和可移动文物。

根据《中华人民共和国文物保护法》规定,按照是否可以移动,文物主要分为不可移动文物和可移动文物。不可移动文物包括古文化遗址、古墓葬、古建筑、石窟寺、石刻、壁画、近代现代重要史迹和代表性建筑等文物。可移动文物包括历史上各时代重要实物、艺术品、文献、手稿、图书资料、代表性实物等文物。

(2)馆藏文物。

馆藏文物是博物馆、图书馆和其他文物收藏单位收藏的文物。

(3)民间收藏文物。

据《文物保护法》第50条规定,民间收藏文物是文物收藏单位以外的公民、法人和其他组织可以收藏通过下列方式取得的文物:第一,依法继承或者接受赠予;第二,从文物商店购买;

第三,从经营文物拍卖的拍卖企业购买;第四,公民个人合法所有的文物相互交换或者依法转让;第五,国家规定的其他合法方式。

文物收藏单位以外的公民、法人和其他组织收藏的上述文物可以依法流通。

2．文物的级别

(1)不可移动文物的分级。

根据不可移动文物的历史、艺术、科学价值,可以分别确定为全国重点文物保护单位,省级文物保护单位,市、县级文物保护单位。

(2)可移动文物的分级。

可移动文物可以分为珍贵文物和一般文物,珍贵文物分为一级文物、二级文物、三级文物。

(四)文物的保护管理

1．文物保护职责的行政隶属

国务院文物行政部门主管全国文物保护工作。地方各级人民政府负责本行政区域内的文物保护工作。县级以上地方人民政府承担文物保护工作的部门对本行政区域内的文物保护实施监督管理。县级以上人民政府有关行政部门在各自的职责范围内,负责有关的文物保护工作。

文物保管工作贯彻保护为主、抢救第一、合理利用、加强管理的方针,一切机关、组织和个人都有依法保护文物的义务。

2．文物保护单位

我国《文物保护法》将不可移动文物以文物保护单位划分为三个级别,并规定了相应的核定公布机构。

(1)全国重点文物保护单位。国务院文物行政部门在省、市、县级文物保护单位中,选择具有重大历史、艺术、科学价值的确定为全国重点文物保护单位,或者直接确定为全国重点文物保护单位,报国务院核定公布。

(2)省级文物保护单位,由省、自治区、直辖市人民政府核定公布,并报国务院备案。

(3)市级和县级文物保护单位,分别由设区的市、自治州和县级人民政府核定公布,并报省、自治区、直辖市人民政府备案。

保存文物特别丰富并且具有重大历史价值或者革命纪念意义的城市,由国务院核定公布为历史文化名城。

国务院文物行政管理部门主管全国文物保护工作。地方各级人民政府负责本行政区域内的文物保护工作。县级以上地方人民政府承担文物保护工作的部门对本行政区域内的文物保护实施监督管理。

3．对文物保护单位的保护

(1)划定保护范围,建立记录档案。各级文物保护单位,分别由省、自治区、直辖市人民政府和市、县级人民政府划定必要的保护范围,做出标志说明,建立记录档案,并区别情况分别设置专门机构或者专人负责管理。全国重点文物保护单位的保护范围和记录档案,由省、自治区、直辖市人民政府文物行政部门报国务院文物行政部门备案。

(2)制定保护措施并将保护措施纳入城乡建设规划。文物保护单位的保护范围内不得进行其他建设工程或者爆破、钻探、挖掘等作业。但是,因特殊情况需要在文物保护单位的保护

范围内进行其他建设工程或者爆破、钻探、挖掘等作业的,必须保证文物保护单位的安全,并经核定公布该文物保护单位的人民政府批准文件,在批准前应当征得上一级人民政府文物行政管理部门同意;在全国重点文物保护单位的保护范围内进行其他建设工程或者爆破、钻探、挖掘等作业的,必须经省、自治区、直辖市人民政府批准,在批准前应当征得国务院文物行政管理部门同意。

(3)确保文物保护单位环境风貌不受破坏。根据保护文物的实际需要,经省、自治区、直辖市人民政府批准,可以在文物保护单位的周围划出一定的建设控制地带,并予以公布。在文物保护单位的建设控制地带内进行建设工程,不得破坏文物保护单位的历史风貌;工程设计方案应当根据文物保护单位的级别,经相应的文物行政管理部门同意后,报城乡建设规划部门批准。

4. 文物保护单位迁移、修缮法律保护

对不可移动文物进行修缮、保养、迁移,必须遵守不改变文物原状的原则。

建设工程选址,应当尽可能避开不可移动文物;因特殊情况不能避开的,对文物保护单位应当尽可能实施原址保护。

(五)文物的买卖、捐赠相关规定

文物收藏单位以外的公民、法人和其他组织不得买卖下列文物。

(1)国有文物,但是国家允许的除外。

(2)非国有馆藏珍贵文物。

(3)国有不可移动文物中的壁画、雕塑、建筑构件等,但是依法拆除的国有不可移动文物中的壁画、雕塑、建筑构件等不属于《文物保护法》第20条第4款规定的应由文物收藏单位收藏的除外。

(4)来源不符合《文物保护法》第50条规定的文物。

国家鼓励文物收藏单位以外的公民、法人和其他组织将收藏的文物捐赠给国有文物收藏单位或者出借给文物收藏单位展览和研究。国有文物收藏单位应当尊重并按照捐赠人的意愿,对捐赠的文物妥善收藏、保管和展示。

国家禁止出境的文物,不得转让、出租、质押给外国人。

(六)文物出境的相关规定

国有文物、非国有文物中的珍贵文物和国家规定禁止出境的其他文物,不得出境;但是依照《文物保护法》规定出境展览或者因特殊需要经国务院批准出境的除外。

文物出境,应当经国务院文物行政部门指定的文物进出境审核机构审核。经审核允许出境的文物,由国务院文物行政部门发给文物出境许可证,从国务院文物行政部门指定的口岸出境。

任何单位或者个人运送、邮寄、携带文物出境,应当向海关申报;海关凭文物出境许可证放行。

文物出境展览,应当报国务院文物行政部门批准;一级文物超过国务院规定数量的,应当报国务院批准。一级文物中的孤品和易损品,禁止出境展览。

出境展览的文物出境,由文物进出境审核机构审核、登记。海关凭国务院文物行政部门或者国务院的批准文件放行。出境展览的文物复进境,由原文物进出境审核机构审核查验。

二、博物馆管理法律制度

《博物馆管理办法》经 2005 年 12 月 22 日文化部部务会议审议通过,自 2006 年 1 月 1 日起施行。《博物馆条例》经 2015 年 1 月 14 日国务院第 78 次常务会议通过,自 2015 年 3 月 20 日起施行。这是我国加强博物馆服务与管理的主要法律依据。

(一)博物馆的概念及分类

博物馆,是指收藏、保护、研究、展示人类活动和自然环境的见证物,经过文物行政部门审核、相关行政部门批准许可取得法人资格,向公众开放的非营利性社会服务机构。博物馆可分为国有博物馆和非国有博物馆,利用或主要利用国有文物、标本、资料等资产设立的博物馆为国有博物馆。利用或主要利用非国有文物、标本、资料等资产设立的博物馆为非国有博物馆。

(二)博物馆管理的行政职责隶属

国务院文物行政部门主管全国博物馆工作。县级以上地方文物行政部门对本行政区域内的博物馆实施监督和管理。

(三)博物馆的设立与审批法规

(1)申请设立博物馆,应当具备下列条件。

①具有固定的馆址,设置专用的展厅(室)、库房和文物保护技术场所,展厅(室)面积与展览规模相适应,展览环境适宜对公众开放。

②具有必要的办馆资金和保障博物馆运行的经费。

③具有与办馆宗旨相符合的、一定数量和成系统的藏品及必要的研究资料。

④具有与办馆宗旨相符合的专业技术和管理人员。

⑤具有符合国家规定的安全和消防设施。

⑥能够独立承担民事责任。

省级文物行政部门负责本行政区域内博物馆设立的审核工作。

(2)申请设立博物馆,应当由馆址所在地市(县)级文物行政部门初审后,向省级文物行政部门提交下列材料。

①博物馆设立申请书。

②馆舍所有权或使用权证明。

③资金来源证明或验资报告。

④藏品目录及合法来源说明。

⑤陈列展览大纲。

⑥拟任法定代表人的基本情况及身份证明。

⑦专业技术和管理人员的证明材料。

(3)申请设立非国有博物馆的,应同时提交博物馆章程草案。章程草案应当包括下列主要事项。

①办馆宗旨及藏品收藏标准。

②博物馆理事会、董事会或其他形式决策机构的产生办法、人员构成、任期、议事规则等。

③出资人不要求取得经济回报的约定。

④博物馆终止时的藏品处置方式。

⑤章程修改程序。

(4)博物馆的审批。

省级文物行政部门应当自收到博物馆设立申请材料之日起30个工作日内出具审核意见。审核同意的,应报国务院文物行政部门备案。审核不同意的,应当书面说明理由。经审核同意设立博物馆的,申请人应持审核意见及其他申报材料,向相关行政部门申请取得博物馆法人资格。博物馆应当自取得法人资格之日起6个月内向社会开放。

(四)博物馆管理法规

(1)博物馆应当完善法人治理结构,建立健全有关组织管理制度。

博物馆专业技术人员按照国家有关规定评定专业技术职称。博物馆依法管理和使用的资产,任何组织或者个人不得侵占。博物馆不得从事文物等藏品的商业经营活动。博物馆从事其他商业经营活动,不得违反办馆宗旨,不得损害观众利益。博物馆从事其他商业经营活动的具体办法由国家文物主管部门制定。

(2)博物馆接受捐赠的,应当遵守有关法律、行政法规的规定。

博物馆可以依法以举办者或者捐赠者的姓名、名称命名博物馆的馆舍或者其他设施;非国有博物馆还可以依法以举办者或者捐赠者的姓名、名称作为博物馆馆名。博物馆可以通过购买、接受捐赠、依法交换等法律、行政法规规定的方式取得藏品,不得取得来源不明或者来源不合法的藏品。博物馆应当建立藏品账目及档案。藏品属于文物的,应当区分文物等级,单独设置文物档案,建立严格的管理制度,并报文物主管部门备案。

(3)博物馆法定代表人对藏品安全负责。

博物馆法定代表人、藏品管理人员离任前,应当办结藏品移交手续。

(4)博物馆应当加强对藏品的安全管理,定期对保障藏品安全的设备、设施进行检查、维护,保证其正常运行。

对珍贵藏品和易损藏品应当设立专库或者专用设备保存,并由专人负责保管。博物馆藏品属于国有文物、非国有文物中的珍贵文物和国家规定禁止出境的其他文物的,不得出境,不得转让、出租、质押给外国人。国有博物馆藏品属于文物的,不得赠予、出租或者出售给其他单位和个人。博物馆终止的,应当依照有关非营利组织法律、行政法规的规定处理藏品;藏品属于国家禁止买卖的文物的,应当依照有关文物保护法律、行政法规的规定处理。博物馆藏品属于文物或者古生物化石的,其取得、保护、管理、展示、处置、进出境等还应当分别遵守有关文物保护、古生物化石保护的法律、行政法规的规定。

(5)博物馆社会服务法规。

博物馆应当根据办馆宗旨,结合本馆特点开展形式多样、生动活泼的社会教育和服务活动,积极参与社区文化建设。鼓励博物馆利用电影、电视、音像制品、出版物和互联网等途径传播藏品知识、陈列展览及研究成果。

①博物馆对公众开放,应当遵守以下规定:第一,公告服务项目和开放时间,变更服务项目和开放时间的,应当提前7日公告;第二,开放时间应当与公众的工作、学习及休闲时间相协调,法定节假日和学校寒暑假期间,应当适当延长开放时间;第三,无正当理由,国有博物馆全年开放时间不少于10个月,非国有博物馆全年开放时间不少于8个月。

②博物馆应当逐步建立减免费开放制度,并向社会公告。国有博物馆对未成年人集体参观实行免费制度,对老年人、残疾人、现役军人等特殊社会群体参观实行减免费制度。

③鼓励博物馆研发相关文化产品,传播科学文化知识,开展专业培训、科技成果转让等形式的有偿服务活动。

三、国家级文化生态保护区管理法律制度

《国家级文化生态保护区管理办法》经2018年12月10日文化和旅游部部务会议审议通过,自2019年3月1日起施行。

（一）国家级文化生态保护区的概念

国家级文化生态保护区是指以保护非物质文化遗产为核心,对历史文化积淀丰厚、存续状态良好,具有重要价值和鲜明特色的文化形态进行整体性保护,并经文化和旅游部同意设立的特定区域。

（二）国家级文化生态保护区的建设理念

国家级文化生态保护区建设要以习近平新时代中国特色社会主义思想为指导,充分尊重人民群众的主体地位,贯彻新发展理念,弘扬社会主义核心价值观,推动中华优秀传统文化创造性转化、创新性发展。

国家级文化生态保护区建设应坚持保护优先、整体保护、见人见物见生活的理念,既保护非物质文化遗产,也保护孕育发展非物质文化遗产的人文环境和自然环境,实现"遗产丰富、氛围浓厚、特色鲜明、民众受益"的目标。

（三）国家级文化生态保护区的申报与设立

(1)国家级文化生态保护区依托相关行政区域设立,区域范围为县、地市或若干县域。

申报和设立国家级文化生态保护区应本着少而精的原则,坚持公开、公平、公正,履行申报、审核、论证、批准等程序。

(2)申报国家级文化生态保护区的条件。

①传统文化历史积淀丰厚,具有鲜明地域或民族特色,文化生态保持良好。

②非物质文化遗产资源丰富,是当地生产生活的重要组成部分。

③非物质文化遗产传承有序,传承实践富有活力、氛围浓厚,当地民众广泛参与,认同感强。

④与非物质文化遗产密切相关的实物、场所保存利用良好,其周边的自然生态环境能为非物质文化遗产提供良性的发展空间。

⑤所在地人民政府重视文化生态保护,对非物质文化遗产项目集中、自然生态环境基本良好、传统文化生态保持较为完整的乡镇、村落、街区等重点区域以及开展非物质文化遗产传承所依存的重要场所开列清单,并已经制定保护办法和措施。

⑥有文化生态保护区建设管理机构和工作人员。

⑦在省(市、区)内已实行文化生态区域性整体保护两年以上,成效明显。

(3)国家级文化生态保护区的申报审批程序。

申报地区人民政府向省级人民政府文化主管部门提出申报国家级文化生态保护区的申请;省级人民政府文化主管部门组织开展审核论证,经省级人民政府同意后,向文化和旅游部提出设立国家级文化生态保护区的申请。文化和旅游部组织对申报材料进行审核。对申报材料齐全且符合要求的申请地区,文化和旅游部根据年度工作计划组织考察组进行实地考察。

考察组应当吸收非物质文化遗产保护,地方文化研究、规划等方面的专家学者参加。文化和旅游部根据实地考察情况,对文化生态保护区规划纲要组织专家论证。根据论证意见,文化和旅游部将符合条件的申请地区设立为国家级文化生态保护实验区。

(四)国家级文化生态保护区建设与管理法规

(1)国家级文化生态保护区建设管理机构负责统筹、指导、协调、推进国家级文化生态保护区的建设工作。

(2)国家级文化生态保护区建设管理机构承担以下主要职责。

①贯彻落实国家有关文化建设、非物质文化遗产保护的法律、法规和方针、政策;②制定实施国家级文化生态保护区的各项建设管理制度,创新工作机制和保护方式、措施;③负责实施国家级文化生态保护区总体规划;④组织或委托有关机构开展文化生态保护理论和实践研究;⑤开展文化生态保护的宣传教育和培训;⑥评估、报告和公布国家级文化生态保护区建设情况和成效。

(3)在国家级文化生态保护区内,应当建设综合性非物质文化遗产展示场所,根据当地实际建设非物质文化遗产专题馆,根据传习需要设立各级非物质文化遗产代表性项目传习所或传习点。鼓励将具有地域、民族特色的传统文化元素或符号运用在当地城乡规划和设施建设中。

(4)文化和旅游部不定期对国家级文化生态保护区建设情况进行检查;每五年对国家级文化生态保护区开展一次总体规划实施情况和建设成效评估,评估报告向社会公布。

第四节　相关旅游资源管理法律制度

案例引导　8-4:名山"遍地鳞伤",风景名胜区违规开发何时休?

一、风景名胜区管理法规制度

(一)风景名胜区的含义与构成条件

2006年9月19日中华人民共和国国务院令第474号公布,自2006年12月1日起施行的《风景名胜区条例》中规定:风景名胜区是指具有观赏、文化或者科学价值,自然景观、人文景观比较集中,环境优美,可供人们游览、休息或者进行科学、文化活动的区域。按照风景名胜区概念的含义,风景名胜区必须具备以下三个条件。

1. 具有观赏、文化或者科学价值

一般来说,应当同时具备这三个方面的价值。例如,已列入世界历史文化遗产名录的北京故宫,它具有观赏价值,游客可以观赏它的恢宏古建筑;同时它也具有极为深厚的历史文化价值,游人可以借此研究明清历史和文化;而故宫的古建筑及收藏的文物,无疑也极具科学研究价值。

2. 自然景观、人文景观比较集中

作为风景名胜区,应该是自然景观和人文景观都比较集中的区域,从目前我国风景名胜区来看,有的是自然景观和人文景观比较集中的区域,如杭州西湖、安徽黄山等;也有的是纯自然景观,如四川省九寨沟、湖南省张家界等;还有的是纯人文景观,如河北省西柏坡。

3. 可供人们游览、休息或者进行科学文化活动

风景名胜区所具备的前两个条件也正决定了它必然具备可供人们游览、休息和进行科学文化活动的条件。风景名胜区应具有休闲性、娱乐性和科学性,它是为人们提供游览、休息和科学文化活动的场所。

国家对风景名胜区实行科学规划、统一管理、严格保护、永续利用的原则。

(二)风景名胜区的设立与开放

1. 风景名胜区的设立

风景名胜区划分为国家级风景名胜区和省级风景名胜区。风景名胜区的审批管理按分级管理的原则进行。

(1)设立国家级风景名胜区,由省、自治区、直辖市人民政府提出申请,国务院建设主管部门会同国务院环境保护主管部门、林业主管部门、文物主管部门等有关部门组织论证,提出审查意见,报国务院批准公布。

(2)设立省级风景名胜区,由县级人民政府提出申请,省、自治区人民政府建设主管部门或者直辖市人民政府风景名胜区主管部门,会同其他有关部门组织论证,提出审查意见,报省、自治区、直辖市人民政府批准公布。

国务院建设主管部门主管全国风景名胜区的管理工作。风景名胜区所在地县级以上地方人民政府设置的风景名胜区管理机构,负责风景名胜区的保护、利用和统一管理工作。风景名胜区管理机构应当建立健全安全保障制度,加强安全管理,保障游览安全,并督促风景名胜区内的经营单位接受有关部门依据法律、法规进行的监督检查。

2. 景区开放、接待及门票管理

景区开放应当具有必要的旅游配套服务和辅助设施;有必要的安全设施及制度,经过安全风险评估,满足安全条件;有必要的环境保护设施和生态保护措施;具备法律、行政法规规定的其他条件,并听取旅游主管部门的意见。

景区接待旅游者不得超过景区主管部门核定的最大承载量。景区应当公布景区主管部门核定的最大承载量,制定和实施旅游者流量控制方案,并可以采取门票预约等方式,对景区接待旅游者的数量进行控制。

旅游者数量可能达到最大承载量时,景区应当提前公告并同时向当地人民政府报告,景区和当地人民政府应当及时采取疏导、分流等措施。

进入风景名胜区的门票,由风景名胜区管理机构负责出售。利用公共资源建设的景区的门票以及景区内的游览场所、交通工具等另行收费项目,实行政府定价或者政府指导价,严格控制价格上涨。拟收费或者提高价格的,应当举行听证会,征求旅游者、经营者和有关方面的

意见,论证其必要性、可行性。利用公共资源建设的景区,不得通过增加另行收费项目等方式变相涨价;另行收费项目已收回投资成本的,应当相应降低价格或者取消收费。公益性的城市公园、博物馆、纪念馆等,除重点文物保护单位和珍贵文物收藏单位外,应当逐步免费开放。

景区应当在醒目位置公示门票价格、另行收费项目的价格及团体收费价格。景区提高门票价格应当提前六个月公布。

将不同景区的门票或者同一景区内不同游览场所的门票合并出售的,合并后的价格不得高于各单项门票的价格之和,且旅游者有权选择购买其中的单项票。

景区内的核心游览项目因故暂停向旅游者开放或者停止提供服务的,应当公示并相应减少收费。

(三)风景名胜区的保护

(1)风景名胜区内的景观和自然环境,应当根据可持续发展的原则,严格保护,不得破坏或者随意改变。

风景名胜区管理机构应当建立健全风景名胜资源保护的各项管理制度。

风景名胜区内居民和游览者应当保护风景名胜区的景物、水体、林草植被、野生动物和各项设施。

(2)风景名胜区管理机构应当对风景名胜区内的重要景观进行调查、鉴定,并制定相应的保护措施。

(3)在风景名胜区内禁止进行下列活动:①开山、采石、开矿、开荒、修坟立碑等破坏景观、植被和地形地貌的活动;②修建储存爆炸性、易燃性、放射性、毒害性、腐蚀性物品的设施;③在景物或者设施上刻画、涂污;④乱扔垃圾。

(4)禁止违反风景名胜区规划,在风景名胜区内设立各类开发区和在核心景区内建设宾馆、招待所、培训中心、疗养院以及与风景名胜资源保护无关的其他建筑物;已经建设的,应当按照风景名胜区规划,逐步迁出。在风景名胜区内从事上述禁止范围以外的建设活动,应当经风景名胜区管理机构审核后,依照有关法律、法规的规定办理审批手续。

在国家风景名胜区内修建缆车、索道等重大建设工程,项目的选址方案应当报国务院建设主管部门核准。

(5)在风景名胜区内进行下列活动,应当经风景名胜区管理机构审核后,依照有关法律、法规的规定报有关主管部门批准:①设置、张贴商业广告;②举办大型游乐等活动;③改变水资源、水环境自然状态的活动;④其他影响生态和景观的活动。

(6)风景名胜区内的建设项目应当符合风景名胜区规划,并与景观相协调,不得破坏景观、污染环境、妨碍游览。

在风景名胜区内进行建设活动的,建设单位、施工单位应当制定污染防治和水土保持方案,并采取有效措施,保护好周围景物、水体、林草植被、野生动物资源和地形地貌。

(7)国家建立风景名胜区管理信息系统,对风景名胜区规划实施和资源保护情况进行动态监测。

国家级风景名胜区所在地的风景名胜区管理机构应当每年向国务院建设主管部门报送风景名胜区规划实施和土地、森林等自然资源保护的情况;国务院建设主管部门应当将土地、森林等自然资源保护的情况,及时抄送国务院有关部门。

(四)风景名胜区的利用和管理

(1)风景名胜区管理机构应当根据风景名胜区的特点,保护民族民间传统文化,开展健康有益的游览观光和文化娱乐活动,普及历史文化和科学知识。

(2)风景名胜区管理机构应当根据风景名胜区规划,合理利用风景名胜资源,改善交通、服务设施和游览条件。

风景名胜区管理机构应当在风景名胜区内设置风景名胜区标志和路标、安全警示等标牌。

(3)风景名胜区内宗教活动场所的管理,依照国家有关宗教活动场所管理的规定执行。

风景名胜区内涉及自然资源保护、利用、管理和文物保护以及自然保护区管理的,还应当执行国家有关法律、法规的规定。

(4)风景名胜区管理机构应当建立健全安全保障制度,加强安全管理,保障游览安全,并督促风景名胜区内的经营单位接受有关部门依据法律、法规进行的监督检查。

(5)风景名胜区内的交通、服务等项目,应当由风景名胜区管理机构依照有关法律、法规和风景名胜区规划,采用招标等公平竞争的方式确定经营者。

风景名胜区管理机构应当与经营者签订合同,依法确定各自的权利义务。经营者应当缴纳风景名胜资源有偿使用费。

(6)风景名胜区的门票收入和风景名胜资源有偿使用费,实行收支两条线管理。

风景名胜区的门票收入和风景名胜资源有偿使用费应当专门用于风景名胜资源的保护和管理以及风景名胜区内财产的所有权人、使用权人损失的补偿。具体管理办法由国务院财政部门、价格主管部门会同国务院建设主管部门等有关部门制定。

(7)风景名胜区管理机构不得从事以营利为目的的经营活动,不得将规划、管理和监督等行政管理职能委托给企业或者个人行使。风景名胜区管理机构的工作人员,不得在风景名胜区内的企业兼职。

二、《保护世界文化和自然遗产公约》的主要约定

联合国教育、科学及文化组织大会第十七届会议于 1972 年 11 月 16 日在巴黎通过《保护世界文化和自然遗产公约》。

(一)文化和自然遗产的概念

(1)在《保护世界文化和自然遗产公约》中,将文物、建筑群和遗址列为"文化遗产"。

文物:从历史、艺术或科学角度看具有突出的普遍价值的建筑物、碑雕和碑画,具有考古性质成分或结构、铭文、窟洞以及联合体。

建筑群:从历史、艺术或科学角度看,在建筑式样、分布均匀或与环境景色结合方面,具有突出的普遍价值的单立或连接的建筑群。

遗址:从历史、审美、人种学或人类学角度看,具有突出普遍价值的人类工程或自然与人工联合工程以及考古地址等地方。

(2)在《保护世界文化和自然遗产公约》中,将从审美或科学角度看具有突出的普遍价值的由物质和生物结构或这类结构群组成的自然景观;从科学或保护角度看具有突出的普遍价值的地质和地文结构以及明确划为受到威胁的动物和植物生境区;从科学、保存或自然美角度看具有突出的普遍价值的天然名胜或明确划分的自然区域列为"自然遗产"。

(二)中国世界文化遗产和自然遗产名录

截至 2019 年,中国已有 55 项文化和自然遗产列入《世界遗产名录》,世界遗产总数位居世界第一位。其中世界文化遗产 37 项、世界文化与自然双重遗产 4 项、世界自然遗产 14 项,中国的世界自然遗产总数也位居世界第一。

(三)《保护世界文化和自然遗产公约》缔约国义务

(1)世界遗产公约缔约国承认,保证《保护世界文化和自然遗产公约》中提及的、本国领土内的文化遗产和自然遗产的确定、保护、保存、展出和传与后代,主要是有关国家的责任。各国将为此目的竭尽全力,最大限度地利用本国资源,适当利用所能获得的国际援助和合作,特别是财政、艺术、科学及技术方面的援助和合作。

(2)为确保世界遗产公约各缔约国为保护、保存和展出本国领土内的文化遗产和自然遗产采取积极有效的措施,世界遗产公约各缔约国应视本国具体情况尽力做到以下几点。

①通过一项旨在使文化遗产和自然遗产在社会生活中起一定作用,并把遗产保护工作纳入全面规划纲要的总政策。

②如本国内尚未建立负责文化遗产和自然遗产的保护、保存和展出的机构,则建立一个或几个此类机构,配备适当的工作人员和为履行其职能所需的手段。

③发展科学和技术研究,并制定出能够抵抗威胁本国文化或自然遗产的实际方法。

④采取为确定、保护、保存、展出和恢复这类遗产所需的适当的法律、科学、技术、行政和财政措施。

⑤促进建立或发展有关保护、保存和展出文化遗产和自然遗产的国家或地区培训中心,并鼓励这方面的科学研究。

三、《保护非物质文化遗产公约》的主要约定

联合国教育、科学及文化组织大会于2003年9月29日至10月17日在巴黎举行第32届会议,并于2003年10月17日通过《保护非物质文化遗产公约》。

(一)非物质文化遗产的概念

《保护非物质文化遗产公约》中的"非物质文化遗产",指被各社区、群体,有时是个人,视为其文化遗产组成部分的各种社会实践、观念表述、表现形式、知识、技能以及相关的工具、实物、手工艺品和文化场所。这种非物质文化遗产世代相传,在各社区和群体适应周围环境以及与自然和历史的互动中,被不断地再创造,为这些社区和群体提供认同感和持续感,从而增强对文化多样性和人类创造力的尊重。在本公约中,只考虑符合现有的国际人权文件,各社区、群体和个人之间相互尊重的需要和顺应可持续发展的非物质文化遗产。

(二)非物质文化遗产的形式

(1)口头传统和表现形式,包括作为非物质文化遗产媒介的语言。

(2)表演艺术。

(3)社会实践、仪式、节庆活动。

(4)有关自然界和宇宙的知识和实践。

(5)传统手工艺。

(三)中国世界非物质文化遗产目录

截至2018年,中国已有京剧、中医针灸、活字印刷术等40个项目入选联合国教科文组织非物质文化遗产名录。其中入选人类非物质文化遗产代表作名录32项,急需保护的非物质文化遗产名录7项,优秀实践名册1项。

(四)《保护非物质文化遗产公约》缔约国义务

(1)采取必要措施确保其领土上的非物质文化遗产受到保护;"保护"指确保非物质文化遗

产生命力的各种措施,包括这种遗产各个方面的确认、立档、研究、保存、保护、宣传、弘扬、传承(特别是通过正规和非正规教育)和振兴。由各社区、群体和有关非政府组织参与,确认和确定其领土上的各种非物质文化遗产。

(2)为了使其领土上的非物质文化遗产得到确认以便加以保护,各缔约国应根据自己的国情拟订一份或数份关于这类遗产的清单,并应定期加以更新。

(3)各缔约国在按第29条的规定定期向委员会提交报告时,应提供有关这些清单的情况。

(4)为了确保其领土上的非物质文化遗产得到保护、弘扬和展示,各缔约国应努力做到以下几个方面。

①制定一项总的政策,使非物质文化遗产在社会中发挥应有的作用,并将这种遗产的保护纳入规划工作。

②指定或建立一个或数个主管保护其领土上的非物质文化遗产的机构。

③鼓励开展有效保护非物质文化遗产,特别是濒危非物质文化遗产的科学、技术和艺术研究以及方法研究。

④采取适当的法律、技术、行政和财政措施,以便:第一,促进建立或加强培训管理非物质文化遗产的机构以及通过为这种遗产提供活动和表现的场所和空间,促进这种遗产的传承;第二,确保对非物质文化遗产的享用,同时对享用这种遗产的特殊方面的习俗做法予以尊重;第三,建立非物质文化遗产文献机构并创造条件促进对它的利用。

(5)各缔约国应竭力采取种种必要的手段,以便使非物质文化遗产在社会中得到确认、尊重和弘扬,主要通过以下方式。

①向公众,尤其是向青年进行宣传和传播信息的教育计划。

②有关社区和群体的具体的教育和培训计划。

③保护非物质文化遗产,尤其是管理和科研方面的能力培养活动。

④非正规的知识传播手段。

⑤不断向公众宣传对这种遗产造成的威胁以及根据本公约所开展的活动。

⑥促进保护表现非物质文化遗产所需的自然场所和纪念地点的教育。

(6)缔约国在开展保护非物质文化遗产活动时,应努力确保创造、延续和传承这种遗产的社区、群体,有时是个人最大限度地参与,并吸收他们积极地参与有关的管理。

四、《中华人民共和国非物质文化遗产法》的法律规定

《中华人民共和国非物质文化遗产法》于2011年2月25日第十一届全国人民代表大会常务委员会第十九次会议通过,自2011年6月1日起施行。

(一)非物质文化遗产概念及形式

非物质文化遗产是指各族人民世代相传并视为其文化遗产组成部分的各种传统文化表现形式,以及与传统文化表现形式相关的实物和场所。包括:①传统口头文学以及作为其载体的语言;②传统美术、书法、音乐、舞蹈、戏剧、曲艺和杂技;③传统技艺、医药和历法;④传统礼仪、节庆等民俗;⑤传统体育和游艺;⑥其他非物质文化遗产。

(二)非物质文化遗产保护原则

保护非物质文化遗产,应当注重其真实性、整体性和传承性,有利于增强中华民族的文化认同,有利于维护国家统一和民族团结,有利于促进社会和谐和可持续发展。

(三)非物质文化遗产保护的行政职责隶属

国务院文化主管部门负责全国非物质文化遗产的保护、保存工作;县级以上地方人民政府文化主管部门负责本行政区域内非物质文化遗产的保护、保存工作。

县级以上人民政府其他有关部门在各自职责范围内,负责有关非物质文化遗产的保护、保存工作。

(四)非物质文化遗产代表性项目传承与传播

国家鼓励和支持开展非物质文化遗产代表性项目的传承、传播。

1. 非物质文化遗产代表性项目传承的法律规定

国务院文化主管部门和省、自治区、直辖市人民政府文化主管部门对本级人民政府批准公布的非物质文化遗产代表性项目,可以认定代表性传承人。非物质文化遗产代表性项目的代表性传承人应当符合下列条件。

(1)熟练掌握其传承的非物质文化遗产。

(2)在特定领域内具有代表性,并在一定区域内具有较大影响。

(3)积极开展传承活动。

认定非物质文化遗产代表性项目的代表性传承人,应当参照执行本法有关非物质文化遗产代表性项目评审的规定,并将所认定的代表性传承人名单予以公布。非物质文化遗产代表性项目的代表性传承人应当履行下列义务。

(1)开展传承活动,培养后继人才。

(2)妥善保存相关的实物、资料。

(3)配合文化主管部门和其他有关部门进行非物质文化遗产调查。

(4)参与非物质文化遗产公益性宣传。

非物质文化遗产代表性项目的代表性传承人无正当理由不履行前款规定义务的,文化主管部门可以取消其代表性传承人资格,重新认定该项目的代表性传承人;丧失传承能力的,文化主管部门可以重新认定该项目的代表性传承人。

2. 非物质文化遗产代表性项目传播的法律规定

非物质文化遗产传播的主体责任如下。

(1)县级以上人民政府应当结合实际情况,采取有效措施,组织文化主管部门和其他有关部门宣传、展示非物质文化遗产代表性项目。

(2)学校应当按照国务院教育主管部门的规定,开展相关的非物质文化遗产教育。

(3)新闻媒体应当开展非物质文化遗产代表性项目的宣传,普及非物质文化遗产知识。

(4)图书馆、文化馆、博物馆、科技馆等公共文化机构和非物质文化遗产学术研究机构、保护机构以及利用财政性资金举办的文艺表演团体、演出场所经营单位等,应当根据各自业务范围,开展非物质文化遗产的整理、研究、学术交流和非物质文化遗产代表性项目的宣传、展示。

(五)非物质文化遗产代表性项目开发的法律规定

国家鼓励和支持公民、法人和其他组织依法设立非物质文化遗产展示场所和传承场所,展示和传承非物质文化遗产代表性项目。国家鼓励和支持发挥非物质文化遗产资源的特殊优势,在有效保护的基础上,合理利用非物质文化遗产代表性项目开发具有地方、民族特色和市场潜力的文化产品和文化服务。

第八章 旅游规划与资源管理法律制度

本章小结

本章主要是对旅游规划与旅游资源管理相关法律制度的阐述。旅游规划是旅游业发展和自然、人文等旅游资源合理开发利用的先行条件。因此,第一节主要介绍了旅游规划及旅游资源法律制度,进而在第二节介绍了自然旅游资源管理法制制度,第三节介绍了人文旅游资源管理法律制度,最后介绍了其他旅游资源管理的法律制度。

关键概念

旅游资源　自然保护区　野生动物　野生植物　文物　博物馆　国家级文化生态保护区　风景名胜区　世界文化遗产　世界自然遗产　非物质文化遗产

复习思考题

□复习题:
1.旅游资源是什么?其构成条件和种类有哪些?
2.旅游资源管理和保护相关主体的权利、义务、责任是什么?
3.如何管理与保护作为自然旅游资源代表的风景名胜区和自然保护区?
4.什么是文物?如何确定其权属?如何加强文物保护?
5.如何管理和保护野生动植物?
6.保护世界文化和自然遗产以及非物质文化遗产缔约国的义务有哪些?
7.博物馆管理和社会服务的法律制度有哪些?
8.国家级文化生态保护区建设与管理的规定有哪些?

□思考题:
结合本章节学习,请你谈一谈开发利用自然资源和人文资源时应当注意的事项。

章末案例　张家界的"世界第一梯"是"景区内一大败笔"?

第九章

旅游纠纷解决法律制度

学习目标

通过学习,让学生了解旅游纠纷的概念及类型,了解纠纷的解决方式,理解和解、调解、仲裁、诉讼的概念和基本内容,掌握和解、调解、仲裁、诉讼的基本原理与操作程序,初步运用和解、调解、仲裁、诉讼的方式解决旅游纠纷案件,并能够知道证据的种类,具有收集证据意识,维护自身合法权益。

第一节 旅游纠纷概述

案例引导 9-1:谁应该为猴子抓人事件买单?

一、旅游纠纷

（一）旅游纠纷的概念

旅游纠纷有广义和狭义两种定义。广义的旅游纠纷是指旅游法律关系主体之间因旅游权利和旅游义务的矛盾而引起的争议。它包括公民、法人或者其他组织等平等主体之间涉及旅游内容的纠纷和公民、法人或者其他组织作为行政管理相对人与行政管理部门之间因行政管理行为所发生的涉及旅游内容的纠纷。狭义的旅游纠纷是指旅游经营者与旅游者之间的纠纷,以及因国家旅游行政管理部门在处理相关旅游纠纷时所引起的争议。《最高人民法院关于审理旅游纠纷案件适用法律若干问题的规定》中的旅游纠纷,是指旅游者与旅游经营者、旅游辅助服务者之间因旅游发生的合同纠纷或者侵权纠纷。

(二)旅游纠纷的特点

目前我国旅游纠纷主要呈以下特点。

1. 纠纷主体的特定化

旅游纠纷绝大部分通常发生在参加旅游活动的平等主体之间,例如旅行社与旅游者之间的争议、旅行社与旅行饭店之间的争议、旅游者与旅游饭店之间的争议、旅游者与旅游饭店之间的争议,由于旅行社是旅游活动组织者、旅游服务提供者,旅游者是旅游活动的主要参与主体,因此在现实生活中,旅行社与旅游者之间的权益损害争执最多,为旅游行业最主要的争议出处。

2. 纠纷性质的多元化

旅游纠纷的性质可以分为旅游民事纠纷、旅游行政纠纷。根据旅游纠纷性质的不同,解决途径也各有差异。旅游民事纠纷,可以通过协商、调解、投诉、仲裁、民事诉讼等方式解决;旅游行政纠纷则通过行政复议或者行政诉讼解决。

3. 纠纷原因的多样性

旅游纠纷产生的原因有很多种,其影响因素主要来自旅游产品本身的特征、旅游经营者和旅游辅助者的管理与服务、旅游者自身因素、国家层面旅游管理的缺陷等。实践中比较常见的原因主要有:旅游产品带来的旅游体验满足度大大低于旅游者的期望值,旅游者就会心有怨艾,导致纠纷的产生;旅行社与旅游者所订立的旅行合同内容不够明确、具体,导致履约不完全;旅行社强制旅游者参加自费项目,导游人员在旅游过程中向旅游者索要小费和私收回扣;未经旅游者同意或在旅游者不明真相的情况下违规转、拼团,低价虚假广告宣传;旅行社擅自降低服务标准、变更行程、擅自增加购物点、减少参观游览项目、缩短在景点的逗留时间等。

4. 案件审理难度大

以数量较多的旅游委托合同纠纷案件为例,由于组团社和地接社之间大多没有签订书面委托合同,而依靠传真方式签约,合同双方的权利义务不够明确,致使在合同履行过程中产生纠纷,由此也导致审理中案件事实很难查清,证据难以认定。另外,一些负责签约的经办人没有旅行社出具的书面委托书,其委托代理人资格难以认定,导致旅行社不愿对经办人的行为后果承担法律责任,或者经办人以旅行社名义签约后,没有完全履行合同就离开旅行社,旅行社对其合同义务往往不知情或不愿承担。

5. 旅游者诉讼请求多样

旅游者提出的诉讼请求有赔偿损失、返还旅游费、支付违约金、返还押金或保证金、赔偿调查取证费、赔偿通信费、重新安排旅游景点、赔礼道歉等。其中多数诉求比较合理,但也存在部分旅游者不根据实际情况,任意扩大旅游业者责任,随意提出高额赔偿的诉讼请求,增加了诉讼风险,在一定程度上也使得案件的处理难度加大。

二、旅游纠纷的类型

依据《最高人民法院关于审理旅游纠纷案件适用法律若干问题的规定》中的旅游纠纷的定义,旅游纠纷的类型主要体现为因违约行为与因侵权行为引发的纠纷。因违约行为已经在其他节章阐述,此处主要学习侵权行为。

(一)违约行为

违约行为的内容已在第四章讲述,不过多赘述。

(二)侵权行为

1. 侵权行为的概念

侵权行为是指行为人由于过错侵害他人的财产或者人身安全,违反法定义务,依法应当承担民事责任的行为,包括依照法律特别规定应当承担民事责任的其他致人损害的行为。

2. 侵权行为的特征

(1)侵犯他人人身权、财产权或利益的行为。行为的违法性是侵权行为的首要特征。由于侵权行为违反法律的强制性或禁止性规定,导致权利人的权利及人身利益遭受损失,作为侵权人必须为自己的侵权行为承担法律后果。

(2)因行为人的过错而实施的行为。一般情况下,过错责任是我国认定侵权行为的主要归责原则,即行为人在实施侵权行为时,其主观上应有过错。但是法律有特别规定适用无过错归责原则时遵从法律。

(3)违反法定义务行为。侵权行为虽然也是民事主体违反民事义务的行为,但是与违约行为不同的是,侵权行为违反的是法定义务,而违约行为违反的则是约定义务。例如,最高人民法院关于《审理人身损害赔偿案件适用法律若干问题的解释》第6条规定:"从事住宿、餐饮、娱乐等经营活动或者其他社会活动的自然人、法人、其他组织,未尽合理限度范围内的安全保障义务致使他人遭受人身损害,赔偿权利人请求其承担相应赔偿责任的,人民法院应予支持。"因此从事住宿、餐饮、娱乐等经营活动或者其他社会活动的自然人、法人及其他组织就负有上述法定义务。

(4)承担民事责任的行为。法律责任的形式有多种,如行政责任、民事责任和刑事责任。侵权行为所应承担的是民事责任,不能是其他。虽然刑事责任中的犯罪行为部分也侵犯了受害人的人身或者财产权,与民事责任中的侵权表现类似,但是二者却有着本质的区别。刑事责任中的侵权是指已经达到犯罪的程度,需要进行刑事处罚的违法行为。而民事责任中的侵权则是没有达到犯罪程度,只需承担民事责任的一种违法行为。民事责任的种类主要有停止侵害,排除妨碍,消除危险,返还财产,恢复原状、修理、重作、更换,赔偿损失,支付违约金,消除影响、恢复名誉,赔礼道歉。

3. 侵权行为侵害的对象

侵权行为所针对的对象是他人的物权、人身权和知识产权。

物权是指权利人依法对特定的物享有直接支配和排他的权利,包括所有权、用益物权和担保物权。物权的客体是物,物权主要是财产权,这种财产权表现为支配权和绝对权。

人身权是指民事主体依法享有的、与特定人身密不可分的、没有直接财产内容的民事权利。它表现为一种人格关系和身份关系。侵害人身权,是以人身权为侵害客体,直接造成人身伤害或者人格利益、身份利益损害的侵权行为。

知识产权是指公民、法人或者其他组织对其在科学技术和文学艺术等领域内,基于脑力劳动创造的成果,也叫智力成果,并对其依法享有的专有权利。知识产权有与其他财产权不同的特征:第一,基于脑力劳动的成果,是无形财产权,因而是专有权;第二,由国家专责机关进行认定即确认性;第三,具有时间性,法律对知识产权的保护规定一定的保护期限,知识产权只有在法定期限内有效,过期将被纳入公有领域,不再受保护;第四,具有地域性,在一国所确认和保护的知识产权,只有在该国领域内发生法律效力,超出这个领域将得不到法律的保护。

(三)侵权责任

1. 侵权责任的概念

侵权责任,是指行为人实施一定的侵权行为所应当承担的民事法律后果。我国《民法通则》第106条规定:"公民、法人由于过错侵害国家、集体的财产,侵害他人财产、人身的,应当承担民事责任。"可见,侵权人实施了侵犯他人人身和财产权的,都将承担相应的法律责任。

2. 侵权责任的特征

(1)侵权民事责任是民事主体因违反法定义务而应承担的法律后果。民事义务分为约定义务和法定义务两类,违反约定义务的民事主体应承担违约的民事责任;违反法定义务的民事主体则应承担侵权的民事责任。

(2)侵权民事责任是以国家强制力保障其实现的,当事人一般不得事先约定免除,其承担赔偿责任的范围也是法定的。

(3)侵权责任以补偿性为主。侵权责任法的主要功能是"补偿",因侵权行为使权利人的权利或者利益遭受了不当损失,侵权行为人通过损害赔偿或恢复原状等方式,将该损害恢复到其受害前的状况,实为对受害人即权利人的一种经济补偿,这正是民事责任的重要特征之一。

(4)侵权民事责任的形式主要是财产责任,但并非限于财产责任。《民法通则》规定了十种民事责任的方式,其中财产责任为主要方式,其他方式也可单独或合并使用,如停止侵害、赔礼道歉、消除影响等均为非财产责任。

侵权责任与违约责任虽然都是民事责任,但却存在着重大差别,主要是归责原则和免责条件不同。违约责任一般采取无过错责任原则,采取过错责任原则为例外;而侵权民事责任则一般采取过错责任原则,采取无过错责任原则和公平责任原则为例外;在违约责任中,除了法定的免责条件(如不可抗力)以外,合同当事人还可以事先约定不承担民事责任的情况,但当事人不得预先约定免除故意或重大过失的责任。而在侵权民事责任中,免责条件只能是法定的,当事人不得事先约定免责条件。

3. 侵权责任的构成要件

关于侵权责任的一般构成要件,我国学者有不同的看法,本书作者认为,一般侵权行为(即基于过错责任原则认定的侵权行为)的构成有以下四个要件。

(1)侵权行为。

行为人的行为违反了法定义务,侵犯了他人的合法权益,因此具有违法性。侵权行为包括作为与不作为两种。作为是指法律要求行为人以一种积极的态度去实现他人的权利,如还债、履行义务等;不作为是指法律要求行为人对他人权利持一种消极的不作为义务,以不作为的行为方式为尊重他人权利的表现形式。如果行为人负有不作为的义务而作为的,则构成作为的侵权行为;反过来,如果行为人负有作为的义务而不作为的,则构成不作为的侵权行为。

(2)损害事实。

损害事实是指由侵权行为致使权利主体财产权、人身权受到损害,并造成财产和非财产利益损害的客观事实。该损害的特点是:损害具有可补救性、损害具有确定性。

(3) 因果关系。

因果关系是指各种客观现象之间的关联,在侵权责任中,侵权行为是因,损害事实是果,这二者之间存在某种关联。如果二者的因果关系确定,那么行为人将可能承担民事责任,否则将不承担民事责任。

(4) 主观过错。

主观过错是指有侵权责任能力的人在实施侵权行为时,对行为的性质以及可能造成的损害结果的心理态度,这种心理态度有故意和过失之分。故意是指侵权人预见到损害后果的发生并希望或者放任该结果的发生的心理状态。过失是指侵权人对自己的行为后果应当预见或者轻信此后果堪忧避免的心理状态,分为疏忽的过失或者轻信的过失。

上述四个要件是构成一般侵权责任所必须具备的,缺一不可的内容。但是如果是基于无过错责任原则认定的侵权责任则不用考虑行为人主观上有无过错。

我们在现实生活中常遇到违约与侵权竞合的旅游纠纷,在二者出现竞合的时候,只能在合同之诉和侵权之诉两种方式中选择其一来维护自己的权益。

(四) 旅游业侵权行为的表现

由于利益关系的驱使以及法律规范的欠缺,旅游经营者、旅游辅助服务者在旅游活动中经常会发生侵权行为,如以下三种。

(1) 侵犯游客消费知情权。部分旅行社为了获得市场机会,以"零团费"甚至"负团费"吸引游客,而实际上旅游过程中几乎全程购物,根本享受不到旅游乐趣。

(2) 侵犯游客人格尊严。部分旅行社的导游为了挣取更多的小费、佣金、提成及回扣等收入,通常会采用各种方式向旅客索要小费,或要求旅客购买一定数额的特定景区或购物点的商品,如果旅客拒不支付小费或购买物品就冷嘲热讽、恶语相向,谩骂或侮辱旅客,甚至威胁不带游客到达指定旅游景点旅游。

(3) 侵犯游客自由交易权。旅行社安排购物往往是其提供的服务内容之一,但是有的旅行社却以各种方式强制或者干预游客购物。

(五) 侵权行为民事责任的承担方式

侵权行为依法应当承担民事责任的方式主要有以下几种。

(1) 停止侵害,即指侵权行为人终止其正在进行或者延续的损害他人合法权益的行为。

(2) 消除危险,即指侵权行为人消除由其行为引起的现实存在的某种可能对他人合法权益造成损害的紧急事实状态。

(3) 排除妨碍,即指侵权行为人在其行为造成的妨碍他人权利正常行使和利益实现的客观事实状态。

(4) 消除影响,即指侵权行为人在其行为造成不良影响的范围内消除对受害人的不利后果。

(5) 恢复名誉,即指侵权行为人采取适当方式使受害人的名誉恢复到未受到损害之前的状态。

(6) 赔礼道歉,即指由侵权行为人以口头或书面的方式向受害人承认错误,表达歉意的承担责任方式。

(7) 赔偿损失,即指行为人违反民事义务致人损害后,以其财产赔偿受害人所受的损失。这是适用最广泛的承担责任方式。

三、旅游纠纷的解决方式

(一)和解

和解是指民事活动的当事人之间发生了分歧意见,在自愿、互谅、友好的基础上,通过协商、谈判等方式,自愿达成和解协议,从而解决纠纷的一种方式。例如甲公司与乙公司在履行合同过程中发生纠纷,甲乙两公司在纠纷发生后,通过他们内部的协商,达成和解协议,合同得以顺利履行。

(二)调解

合同双方当事人发生了合同争议,彼此又不能达成和解,可以通过第三方主体在当事人之间进行斡旋,主持纠纷解决的一种方式。根据主持调解的第三方主体身份的不同,调解可以分为民间调解、人民调解、律师调解、行政调解、仲裁调解、司法调解等。

(三)投诉

《旅游投诉处理办法》的规定,旅游投诉,是指旅游者认为旅游经营者损害其合法权益,请求旅游行政管理部门、旅游质量监督管理机构或者旅游执法机构(以下统称"旅游投诉处理机构"),对双方发生的民事争议进行处理的行为。旅游投诉制度是我国旅游活动中相对完善的一项法律制度,是处理旅游纠纷五种方式中最具有旅游特色的一种。

(四)仲裁

平等民事主体在发生合同纠纷或者其他财产权益纠纷时,依据当事人之间达成的仲裁协议或者仲裁条款,将纠纷提交仲裁机构仲裁。

(五)诉讼

旅游纠纷的诉讼限定于民事诉讼、行政诉讼。诉讼,指纠纷当事人在纠纷发生时将纠纷提交人民法院进行处理,人民法院在纠纷当事人和其他诉讼参与人的参加下,审理和解决纠纷案件的诉讼活动。

上述几种纠纷解决方式并非孤立适用,而是既可能逐个方式进行,也存在相互间的交错与重合。

第二节 旅游纠纷的和解、调解与投诉

案例引导 9-2:旅游纠纷如何解决

一、纠纷的和解

(一)纠纷和解的概念

和解是指经济活动的当事人之间在经济权利义务关系方面发生了分歧意见,在自愿、互谅、友好的基础上,通过协商、谈判等方式,自愿达成和解协议,从而解决纠纷的一种方式。一般而言,当事人之间发生争议首先会进行协商以达成和解协议。

(二)纠纷和解的优点和缺点

纠纷和解的优点在于,由于当事人有协商的愿望和进行协商的行为,所以在程序上简单、灵活,在结果上能够充分反映当事人的意愿。当事人在纠纷发生以后,通过和解的方式解决纠纷是一种低成本、高效率、求合作的争议解决方式,也是最为理想的解决纠纷的方式。

纠纷和解的缺点在于,如果当事人不履行已达成的和解协议,协议本身不具有申请法院强制执行的法律效力。一方当事人一旦不遵守和履行和解协议,另一方则只能再通过其他的方式,比如仲裁或者诉讼的方式解决其纠纷。

(三)纠纷和解协议及其法律效力

纠纷和解协议,又称纠纷私了协议,即纠纷和解当事人就双方的分歧通过协商达成了一致意见的协议。对于和解协议,双方当事人应该本着诚实信用的原则自觉遵守和履行。一方不履行和解协议,另一方当事人可以向法院提起诉讼,当然可以根据约定的仲裁协议或者仲裁协议条款申请仲裁。

二、纠纷的调解

(一)纠纷调解的概念

纠纷的调解是指由第三方主体出面对纠纷的各方当事人进行斡旋调停,运用一定的法律规范和道德规范劝导冲突各方,促使发生纠纷的各方当事人,在互谅互让的基础上,依法自愿达成协议,由此而解决纠纷的一种活动,调解应当遵循自愿原则、合法原则等进行。

(二)纠纷调解的类型

调解的种类很多,因调解主体的不同,调解分为民间调解、人民调解、律师调解、行政调解、仲裁调解、法院调解等类型。

1. 民间调解

民间调解是由亲友乡邻或者同事朋友等民间人士出面对纠纷当事人进行居中调解达成协议的一种纠纷解决方式,属于诉讼外调解。

2. 人民调解

人民调解是指在人民调解委员会的主持下,以国家法律、法规、规章和社会公德规范为依据,对民间纠纷当事人进行调解、劝说,促使他们互相谅解,平等协商,自愿达成协议,消除纷争的一种争议解决方式,属于诉讼外调解。人民调解制度是独具中国特色的社会主义民主法律制度。

3. 律师调解

律师调解又叫律师主持调解,它作为近年来拓展的一项新的律师业务,是由律师事务所应纠纷当事人双方的申请,指派律师对平等主体之间发生的民事纠纷和轻微刑事案件所主持的调解。

4. 行政调解

行政调解是国家行政机关处理民事纠纷的一种方法。国家行政机关根据法律规定,对属于国家行政机关职权管辖范围内的行政纠纷,通过耐心地说服教育,使纠纷的双方当事人互相谅解,在平等协商的基础上达成一致协议,从而合理地、彻底地解决纠纷矛盾。它分为两种:一是基层人民政府,即乡、镇人民政府对一般民间纠纷的调解,这是诉讼外调解;二是国家行政机关依照法律规定对某些特定民事纠纷或劳动纠纷等进行的调解,这些都是诉讼外调解。

5. 仲裁调解

仲裁调解是指由仲裁组织主持对平等主体之间发生的合同纠纷和其他财产性权益争议进行调解,达成调解协议的一种制度。我国《仲裁法》第51条第1款规定,仲裁庭在作出裁决前,可以先行调解。当事人自愿调解的,仲裁庭应当调解。调解不成的,应当及时作出裁决。

6. 法院调解

法院调解是指在人民法院审判人员的主持下,诉讼当事人就争议的问题,通过自愿协商,达成协议,解决其民事纠纷的活动。这是人民法院对受理的民事案件、纠纷案件和轻微刑事案件进行的调解,是诉讼内调解。对于婚姻案件,诉讼内调解是必经的程序。至于其他民事案件是否进行调解,取决于当事人的自愿,调解不是必经程序。法院调解书与判决书有同等效力。

三、纠纷的投诉

(一)纠纷的投诉概念

旅游投诉,是指旅游者认为旅游经营者损害其合法权益,请求旅游行政管理部门、旅游质量监督管理机构或者旅游执法机构(以下统称"旅游投诉处理机构"),对双方发生的民事争议进行处理的行为。旅游投诉制度是我国旅游活动中相对完善的一项法律制度,是处理旅游纠纷五种方式中最具有旅游特色的一种。

知识链接 9-1:旅游投诉的主要当事人详情

(二)纠纷投诉的特点

(1)旅游投诉者与投诉案件有直接的利害关系。直接利害关系,旅游投诉人应当是案件的当事人,或者案件的最终结果对他产生一定的影响及后果。

(2)投诉的案件必须有客观的损害行为发生。损害行为具有违法、违规等性质,正当行为不属于投诉范围。

(3) 被投诉人主观意思具有过错。过错按照程度大小可区分为故意和过失。导致投诉案件发生的投诉行为必须要求被投诉者是出于故意和过失的心理,无过错不在投诉范围之内。

(4) 投诉行为必须发生在旅游活动中或者是与旅游活动有密切联系的。

(5) 处理投诉案件的权力机关为旅游投诉机构。旅游投诉机构包括旅游行政管理部门、旅游质量监督管理机构、旅游执法机构。

(三)投诉的受理

1. 旅游投诉受理的概念

旅游投诉的受理,是指有管辖权的旅游投诉处理机构,接到旅游投诉者的投诉状或者口头投诉,经审查认为符合投诉受理条件,在法定期限内予以立案;或者认为投诉不符合投诉受理条件,决定不予受理的行政行为。

2. 旅游投诉受理的条件

依据《旅游投诉处理办法》的规定,旅游投诉受理的条件包括:①投诉人与投诉事项有直接利害关系;②有明确的被投诉人,具体的投诉请求、事实和理由。

3. 旅游投诉的形式

旅游投诉的形式有两种方式:书面形式和口头形式。

(1) 书面形式。

旅游投诉一般采用书面形式。投诉人应当向旅游投诉处理机构提交投诉书。投诉书应当包含以下三项信息:第一,投诉人的基本情况,如姓名、性别、国籍、通信地址、邮政编码、联系电话及投诉日期;第二,被投诉人的名称、所在地;第三,投诉的要求、理由及相关的事实根据。

(2) 口头形式。

投诉事项比较简单的,投诉人可以口头投诉。由旅游投诉处理机构进行记录或者登记,并告知被投诉人;对于不符合受理条件的投诉,旅游投诉处理机构可以口头告知投诉人不予受理及其理由,并进行记录或者登记。

4. 旅游投诉受理范围

依据《旅游投诉处理办法》的规定,投诉人可以就下列事项向旅游投诉处理机构投诉:①认为旅游经营者违反合同约定的;②因旅游经营者的责任致使投诉人人身、财产受到损害的;③因不可抗力、意外事故致使旅游合同不能履行或者不能完全履行,投诉人与被投诉人发生争议的;④其他损害旅游者合法权益的。

5. 旅游投诉受理程序

(1) 投诉人向旅游投诉处理机构提起投诉。旅游者提交的投诉应当符合《旅游投诉处理办法》规定的条件和形式要求。

(2) 旅游投诉处理机构在一定的期限内作出受理与否的决定。时间为5个工作日,投诉状的审查限定于形式审查,只要符合法律规定的形式要求就应当受理。

依据《旅游投诉处理办法》的规定,不予受理的旅游投诉的情形主要包括:①人民法院、仲裁机构、其他行政管理部门或者社会调解机构已经受理或者处理的;②旅游投诉处理机构已经作出处理,且没有新情况、新理由的;③不属于旅游投诉处理机构职责范围或者管辖范围的;④超过旅游合同结束之日90天的;⑤不符合《旅游投诉处理办法》第10条规定的旅游投诉条件的;⑥《旅游投诉处理办法》规定情形之外的其他经济纠纷。

属于第③项规定的情形的,旅游投诉处理机构应当及时告知投诉人向有管辖权的旅游投诉处理机构或者有关行政管理部门投诉。

(四)投诉的处理

1. 旅游投诉处理的概念

旅游投诉的处理,是指旅游投诉处理机构受理投诉案件之后,对案件进行调查、核实,促进旅游纠纷的解决或作出相应处理的决定。

旅游投诉处理机构处理旅游投诉,除《旅游投诉处理办法》另有规定外,实行调解制度。旅游投诉处理机构在调解中应当尊重案件事实,遵守自愿、合法的原则。

2. 旅游投诉处理的程序

《旅游投诉处理办法》第4章规定了旅游投诉的处理程序。旅游投诉的处理程序如下。

(1)旅游投诉处理机构处理旅游投诉,应当立案办理,填写《旅游投诉立案表》,并附有关投诉材料,在受理投诉之日起5个工作日内,将《旅游投诉受理通知书》和投诉书副本送达被投诉人。

对于事实清楚、应当即时制止或者纠正被投诉人损害行为的,可以不填写《旅游投诉立案表》和向被投诉人送达《旅游投诉受理通知书》,但应当对处理情况进行记录存档。

(2)被投诉人应当在接到通知之日起10日内作出书面答复,提出答辩的事实、理由和证据。投诉人和被投诉人应当对自己的投诉或者答辩提供证据。

(3)旅游投诉处理机构应当对双方当事人提出的事实、理由及证据进行审查。旅游投诉处理机构认为有必要收集新的证据,可以根据有关法律、法规的规定,自行收集或者召集有关当事人进行调查。

(4)在投诉处理过程中,投诉人与被投诉人自行和解的,应当将和解结果告知旅游投诉处理机构;旅游投诉处理机构在核实后应当予以记录并由双方当事人、投诉处理人员签名或者盖章。

(5)旅游投诉处理机构受理投诉后,应当积极安排当事双方进行调解,提出调解方案,促成双方达成调解协议。

(6)旅游投诉处理机构应当在受理旅游投诉之日起60日内,作出以下处理。

双方达成调解协议的,应当制作《旅游投诉调解书》,载明投诉请求、查明的事实、处理过程和调解结果,由当事人双方签字并加盖旅游投诉处理机构印章;调解不成的,终止调解,旅游投诉处理机构应当向双方当事人出具《旅游投诉终止调解书》。

调解不成的,或者调解书生效后没有执行的,投诉人可以按照国家法律、法规的规定,向仲裁机构申请仲裁或者向人民法院提起诉讼。

(7)在下列情形下,经旅游投诉处理机构调解,投诉人与旅行社不能达成调解协议的,旅游投诉处理机构应当做出划拨旅行社质量保证金赔偿的决定,或向旅游行政管理部门提出划拨旅行社质量保证金的建议:旅行社因解散、破产或者其他原因造成旅游者预交旅游费用损失的;因旅行社中止履行旅游合同义务、造成旅游者滞留,而实际发生了交通、食宿或返程等必要及合理费用的。

第三节　旅游纠纷仲裁

案例引导　9-3：旅游纠纷仲裁条款的约定

2018年6月,广西壮族自治区某市某县某乡生态农家乐(甲方)与上海市某旅行社(乙方)合作开发生态乡村旅游项目,签订了合同,内容约定如下:为促进双方产生互利、共赢的局面,甲乙双方决定通过以下方式合作,旅行社从每年的6月至10月向农家乐提供1.5万人以上的客源,农家乐给予旅行社70%的价格优惠,如有违约,违约方承担每年2万元的违约金。如果双方因合同发生争议,先进行协商解决,协商不成时,任何一方均可向甲方或乙方所在地仲裁委员会申请仲裁。2018年12月,由于旅行社未能向农家乐提供符合合同约定数量的客源,农家乐向其所属管辖的县人民法院提起诉讼,要求旅行社承担违约责任,旅行社收到传票之后,应诉。

【问题】

1. 农家乐(甲方)与旅行社(乙方)签订的合同中,对仲裁条款的约定有没有法律效力,为什么?

2. 农家乐(甲方)与旅行社(乙方)约定了仲裁作为解决争议的方式,能否直接提起诉讼,为什么?

旅游纠纷的仲裁与一般意义上的仲裁并无不同。因此,旅游纠纷的仲裁直接适用普通仲裁的有关规定。

一、仲裁的概念、特征、适用范围和类型

（一）仲裁的概念

仲裁是指当事人在发生纠纷时,根据事先达成的仲裁协议,自愿将争议的事项或问题提交给仲裁机构予以裁决,并由国家强制力保证实施的一种纠纷解决机制。仲裁是通过非官方途径解决纠纷的重要方式。

（二）仲裁的特征

1. 仲裁的约定性

提交仲裁以双方当事人自愿为前提。当事人在进行经济交往时,可以选择各种解决争议的方式。如果当事人选择仲裁的,必须在订立合同时写明仲裁条款或者在发生争议时达成书面的仲裁协议。没有仲裁协议,仲裁机构不予受理。同样,双方已达成仲裁协议,一方又向人民法院起诉,人民法院也不予受理。

2. "一裁终局"性

所谓"一裁终局"就是仲裁裁决作出之日或调解书一经双方当事人签收,即发生法律效力。当事人对仲裁机构作出的裁决不服,不得向人民法院提起诉讼。当事人就同一纠纷再申请仲裁或者向人民法院起诉的,仲裁委员会或人民法院不予受理。仲裁裁决一经作出即为终局裁决,除非仲裁裁决被法院撤销或者不予执行,如果当事人一方不履行裁决的,另一方当事人可以依法向人民法院申请执行。

3. 仲裁当事人的自主性

(1) 当事人双方有权自愿选择仲裁机构。仲裁法第6条规定:"仲裁委员会应当由当事人协议选定。仲裁不实行级别管辖和地域管辖。"

(2) 向哪个仲裁委员会申请仲裁,由当事人协商选定,被选定的仲裁委员会必须仲裁。当事人有权选择仲裁员。根据仲裁法的规定,仲裁员由当事人自愿选任。

(3) 当事人有权约定仲裁程序中依法可约定的事项。仲裁法规定了许多当事人可以自由约定的事项,如当事人可约定仲裁庭的组成方式,可约定是否开庭仲裁、是否公开仲裁、是否进行调解。

4. 仲裁的权威性

(1) 仲裁员来源的权威性。一方面仲裁员一般是从各行各业人员中选任具有相当工作年限或者职称的人员担任,都是各个领域具有相当专业水平的人员,人员构成具有权威性。

(2) 仲裁效力的权威性。仲裁实行一裁终局,不实行级别管辖和地域管辖。裁决书一经作出、调解书一经双方当事人签收,即发生法律效力。当事人应当履行裁决,一方不履行的,另一方可申请人民法院强制执行。可见,仲裁具有自愿、公正、便捷、保密、高效的特点,当事人较易接受,法律保证履行的权威。

5. 仲裁的独立性

(1) 仲裁员的独立性。仲裁员是兼职的,仲裁委员会与仲裁员之间没有固定的人事关系,能够更好地保证仲裁裁决的公正性和独立性。

(2) 仲裁机构的独立性。仲裁机构不隶属于任何行政机关;仲裁庭享有独立的仲裁权,仲裁委员会不作干预;法院对仲裁的监督只是事后监督,不能事前干预。仲裁法第8条规定:"仲裁依法独立进行,不受行政机关、社会团体和个人的干涉。"这是法律赋予仲裁机构和仲裁员的权力,也体现出仲裁机构的独立性职能。

6. 仲裁的快捷性

仲裁实行一裁终局,没有二审和再审程序,裁决书作出或者调解书经当事人签收便发生法律效力,能避免无休止的缠诉和案件的久拖不决,能为当事人节省宝贵的时间、财力和精力。

(三) 仲裁的适用范围

仲裁的适用范围是指哪些纠纷可以通过仲裁解决,哪些纠纷不能由仲裁解决,即"争议的可仲裁性"。

《中华人民共和国仲裁法》(下称《仲裁法》)第2条规定:"平等主体的公民、法人和其他组织之间发生的合同纠纷和其他财产权益纠纷,可以仲裁。"《仲裁法》明确了三条原则:一是发生纠纷的双方当事人必须是民事主体,包括国内外法人、自然人和其他合法的具有独立主体资格的组织;二是仲裁的争议事项是当事人有权处分的事项;三是仲裁的范围必须是合同纠纷和其

他财产权益纠纷。

合同纠纷是在经济活动中双方当事人因订立或履行各类经济合同而产生的纠纷,包括国内外平等主体的自然人、法人以及其他组织之间的房地产合同纠纷、期货和证券交易纠纷、保险合同纠纷、借贷合同纠纷、票据纠纷、抵押合同纠纷等国内各类经济合同纠纷,还包括涉外的、涉港澳台地区的纠纷以及涉及国际贸易、国际代理、国际投资、国际技术合作方面的纠纷。

其他财产权益纠纷主要指侵权行为引发的纠纷,在知识产权纠纷和产品质量纠纷方面比较多见。

需要注意的是,下列纠纷不能仲裁:一是婚姻、收养、监护、抚养、继承纠纷;二是依法应当由行政机关处理的行政争议。

(四)仲裁的类型

根据仲裁所涉争议是否具有涉外因素而分为两类,一类是国内仲裁,另一类是涉外仲裁。仲裁的事项如果不具有涉外的性质则为国内仲裁。涉外仲裁是指当事人依据仲裁协议将涉外经济贸易、运输和海事中发生的纠纷提交仲裁机构进行审理并作出裁决的制度。

涉外仲裁与国内仲裁的根本区别在于它是解决涉外经济贸易、运输和海事中发生的纠纷的一种方式。这种纠纷的特点是具有涉外因素,因而这类纠纷案件属于涉外纠纷案件。在仲裁实践中,中国仲裁机构对涉及香港、澳门或台湾地区法人或自然人之间,或者其同外国法人或自然人之间产生于契约性或非契约性的经济贸易等争议中的仲裁案件,比照涉外仲裁案件处理。

二、仲裁协议

(一)仲裁协议的概念

仲裁协议是指当事人在自愿、协商、平等、互利的基础上将他们之间已经发生或者将来可能发生的争议提交仲裁机构进行裁决的共同意思表示。仲裁协议是申请仲裁的必备材料。

(二)仲裁协议的特点

仲裁协议的特点可以从以下三个方面来理解。

(1)从性质上看,仲裁是一种合同。它必须建立在双方当事人自愿、平等和协商一致的基础上。仲裁协议是双方当事人共同的意思表示,是他们同意将争议提交仲裁的一种书面形式。所以说仲裁协议是一种合同。

(2)从形式上看,仲裁协议是一种书面协议。一般的合同可以是书面形式也可以是口头形式,仲裁协议的形式具有特殊性,这种特殊性就是要求有书面形式。对此仲裁法有明确规定。《仲裁法》第16条规定,仲裁协议包括合同中订立的仲裁条款和以其他书面方式在纠纷发生前或者纠纷发生后达成的请求仲裁的协议。从仲裁法的这一规定可以看出,我国只承认书面仲裁协议的法律效力,以口头方式订立的仲裁协议不受法律保护。当事人以口头仲裁协议为依据申请仲裁的,仲裁机构不予受理。

(3)从内容上看,仲裁协议是当事人约定将争议提交仲裁解决的协议。当事人约定提交仲裁的争议可以是已经发生的,也可以是将来可能发生的争议。在仲裁协议中需要约定的是有关仲裁的内容。

（三）仲裁协议的种类

根据表现形式的不同，仲裁协议主要可以分为仲裁协议书、仲裁条款和其他有仲裁意思表示的书面文件。

仲裁协议书是指争议当事人经过协商后共同签署的将争议提交仲裁解决的专门协议。这种类型的仲裁协议往往会在争议发生以后，将已经发生的现有争议提交仲裁而订立的协议。当然，当事人也可以在争议发生前签订专门的仲裁协议书，把将来可能发生的有关争议提交仲裁解决。这类协议是单独订立的专门性的协议书。从形式上看，仲裁协议书与主合同是完全分开、彼此独立的。

仲裁条款是指双方当事人在签订合同时，在该合同中订立的，约定把将来可能发生的争议提交仲裁解决的条款。这种协议通常在双方当事人订立合同时，以合同条款的形式订立在该主合同中，称为主合同的组成部分。仲裁条款是最为常见的仲裁协议。

除了以上两种常见的仲裁协议以外，有时候仲裁协议还可能体现在双方当事人进行交易的来往函电等其他形式体现的书面材料中。这时双方当事人往往没有签订仲裁条款，也很难达成仲裁协议书。如果想要通过仲裁解决，需要查询和审视双方当事人在交往过程中相互往来的信函、电传、电报、邮件以及其他书面材料。如果这些文件中含有双方当事人同意把有关争议提交仲裁解决的意思表示，双方当事人也可以据此提交仲裁。

（四）仲裁协议的主要内容

一份完整、有效的仲裁协议必须具备法定的内容。根据我国《仲裁法》第 16 条的规定，仲裁协议应当包括下列内容。

1. 请求仲裁的意思表示

当事人在订立合同或签订其他形式的仲裁协议时，一致同意将他们之间已经发生或将来可能发生的纠纷通过仲裁方式解决的明确意思表示。请求仲裁的意思表示是仲裁协议的首要内容。

2. 仲裁事项

仲裁事项即当事人提交仲裁的争议范围。仲裁事项必须明确具体，当事人实际提交仲裁的争议以及仲裁委员会所受理的争议，都不得超出仲裁协议约定的范围。仲裁事项也是仲裁庭审理和裁决纠纷的范围。即仲裁庭只能在仲裁协议确定的仲裁事项的范围内进行仲裁，不得超出这一范围进行仲裁。

3. 仲裁事项的必备条件

仲裁协议中约定的仲裁事项，应当符合下面两个条件。

第一，争议事项具有可仲裁性。仲裁协议中双方当事人约定提交仲裁的争议事项，必须仲裁立法允许采用仲裁方式解决的争议事项。约定的仲裁事项超出法律规定的仲裁范围的，仲裁协议无效。这已成为各国仲裁立法、国际公约和仲裁实践所认可的基本准则。我国《仲裁法》第 2 条和第 3 条分别规定了可以仲裁的范围和不可仲裁的范围。

第二，仲裁事项具有明确性。即将什么争议提交仲裁解决应该明确。对于未来可能性争议事项要提交仲裁，应尽量避免在仲裁协议中作限制性规定，包括争议性质上的限制、金额上的限制以及其他具体事项的限制，采用宽泛的约定，如可以笼统地约定"因本合同引起的争议"。这样有利于仲裁机构全面迅速地审理纠纷，充分保护当事人的合法权益。

(五)仲裁协议的法律效力

仲裁协议的法律效力即仲裁协议所具有的法律约束力。一项有效的仲裁协议的法律效力包括对双方当事人的约束力、对法院的约束力和对仲裁机构的约束力。

1. 对双方当事人的法律效力

仲裁协议对当事人的法律效力表现为约束双方当事人对纠纷解决方式的选择权。仲裁协议一经有效成立,即对双方当事人产生法律效力,双方当事人都受到他们所签订的仲裁协议的约束。发生纠纷后,当事人只能通过向仲裁协议中所确定的仲裁机构申请仲裁的方式解决该纠纷,而丧失了就该纠纷向法院提起诉讼的权利。如果一方当事人违背仲裁协议,就仲裁协议规定范围内的争议事项向法院起诉,另一方当事人有权在首次开庭前依据仲裁协议要求法院停止诉讼程序,法院也应当驳回当事人的起诉。

2. 对法院的法律效力

仲裁协议对法院的法律效力表现为仲裁协议排除法院的司法管辖权。有效的仲裁协议可以排除法院对订立于仲裁协议中的争议事项的司法管辖权,这是仲裁协议法律效力的重要体现,也是各国仲裁普遍适用的准则。我国《仲裁法》第5条明确规定,当事人达成仲裁协议,一方向人民法院起诉的,人民法院不予受理,但仲裁协议无效的除外。

3. 对仲裁机构的法律效力

仲裁协议对仲裁机构的法律效力表现为授予仲裁机构仲裁管辖权并限定仲裁的范围。仲裁协议是仲裁委员会受理仲裁案件的基础,是仲裁庭审理和裁决仲裁案件的依据。没有仲裁协议就没有仲裁机构对仲裁案件的仲裁管辖权。我国《仲裁法》第4条规定,没有仲裁协议,一方申请仲裁的,仲裁委员会不予受理。同时,仲裁机构的管辖权又受到仲裁协议的严格限制,即仲裁庭只能对当事人在仲裁协议中约定的争议事项进行仲裁,而对仲裁协议约定范围以外的其他争议无权仲裁。

此外,一项有效的仲裁协议是仲裁裁决获得承认和强制执行的必要条件。如果一方当事人拒不履行仲裁裁决,他方当事人可提交有效的仲裁协议和裁决书,申请法院强制执行该裁决。

三、仲裁机构和仲裁程序

(一)仲裁机构

仲裁机构是指依照法律规定设立,并依法对平等主体的自然人、法人和其他组织之间发生的合同争议和其他财产权益争议专门进行仲裁的组织。

在我国,仲裁机构是仲裁委员会。由于国内合同和涉外合同不同,我国分别对这两类合同争议的仲裁规定了不同的仲裁机构,即我国仲裁委员会分为两类:一是针对国内合同争议的仲裁委员会,是各地设立的仲裁委员会;二是针对涉外合同争议的涉外仲裁委员会,是中国国际商会设立的中国国际经济贸易仲裁委员会(它可以在一些地方设立办事处)。

(二)仲裁程序

1. 申请和受理

当事人申请仲裁的条件是:有仲裁协议,有具体的仲裁请求和事实、理由,属于仲裁委员会的受案范围。

当事人申请仲裁,应当向仲裁委员会递交仲裁协议、仲裁申请书及其副本。仲裁委员会自收到仲裁申请之日起5日内,认为符合受理条件的,应当受理,并通知当事人;认为不符合受理条件的,应当书面通知当事人不予受理,并说明理由。

仲裁委员会受理仲裁申请后,应当在仲裁规则规定的期限内将仲裁规则和仲裁员名册送达申请人,并将仲裁申请书副本和仲裁规则、仲裁员名册送达被申请人。被申请人收到仲裁申请书副本后,应当在仲裁规则规定的期限内向仲裁委员会提交答辩书。仲裁委员会收到答辩书后,应当在仲裁规则规定的期限内将答辩书副本送达申请人。被申请人未提交答辩书的,不影响仲裁程序的进行。

申请人可以放弃或者变更仲裁请求。被申请人可以承认或者反驳仲裁请求,有权提出反请求。一方当事人因另一方当事人的行为或者其他原因,可能使裁决不能执行或者难以执行的,可以申请财产保全。当事人申请财产保全的,仲裁委员会应当将当事人的申请依照民事诉讼法的有关规定提交人民法院。申请有错误的,申请人应当赔偿被申请人因财产保全所遭受的损失。

2. 仲裁庭的组成

仲裁庭可以由三名仲裁员或者一名仲裁员组成。由三名仲裁员组成的,设首席仲裁员。当事人约定由三名仲裁员组成仲裁庭的,应当各自选定或者各自委托仲裁委员会主任指定一名仲裁员,第三名仲裁员由当事人共同选定或者共同委托仲裁委员会主任指定。第三名仲裁员是首席仲裁员。当事人约定由一名仲裁员成立仲裁庭的,应当由当事人共同选定或者共同委托仲裁委员会主任指定仲裁员。当事人没有在仲裁规则规定的期限内约定仲裁庭的组成方法或者选定仲裁员的,由仲裁委员会主任指定。仲裁庭组成后,仲裁委员会应当将仲裁庭的组成情况书面通知当事人。

3. 开庭与裁决

（1）开庭。

仲裁应当开庭进行。当事人协议不开庭的,仲裁庭可以根据仲裁申请书、答辩书以及其他材料作出裁决,仲裁不公开进行。当事人协议公开的,可以公开进行,但涉及国家秘密的除外。仲裁委员会应当在仲裁规则规定的期限内将开庭日期通知双方当事人。当事人有正当理由的,可以在仲裁规则规定的期限内请求延期开庭。是否延期,由仲裁庭决定。申请人经书面通知,无正当理由不到庭或者未经仲裁庭许可中途退庭的,可以视为撤回仲裁申请。被申请人经书面通知,无正当理由不到庭或者未经仲裁庭许可中途退庭的,可以缺席裁决。

（2）和解、调解与裁决。

当事人申请仲裁后,可以自行和解。达成和解协议的,可以请求仲裁庭根据和解协议作出裁决书,也可以撤回仲裁申请。当事人达成和解协议,撤回仲裁申请后反悔的,可以根据仲裁协议申请仲裁。

仲裁庭在作出裁决前,可以先行调解。当事人自愿调解的,仲裁庭应当调解。调解不成的,应当及时作出裁决。调解达成协议的,仲裁庭应当制作调解书或者根据协议的结果制作裁决书。调解书与裁决书具有同等法律效力。调解书应当写明仲裁请求和当事人协议的结果。调解书由仲裁员签名,加盖仲裁委员会印章,送达双方当事人。调解书经双方当事人签收后,即发生法律效力。在调解书签收前当事人反悔的,仲裁庭应当及时作出裁决。

裁决应当按照多数仲裁员的意见作出,少数仲裁员的不同意见可以记入笔录。仲裁庭不能形成多数意见时,裁决应当按照首席仲裁员的意见作出,裁决书自作出之日起发生法律效力。

裁决书应当写明仲裁请求、争议事实、裁决理由、裁决结果、仲裁费用的负担和裁决日期。当事人协议不愿写明争议事实和裁决理由的,可以不写。裁决书由仲裁员签名,加盖仲裁委员会印章。对裁决持不同意见的仲裁员,可以签名,也可以不签名。

4. 申请撤销裁决

当事人提出证据证明裁决有下列情形之一的,可以向仲裁委员会所在地的中级人民法院申请撤销裁决:没有仲裁协议的;裁决的事项不属于仲裁协议的范围或者仲裁委员会无权仲裁的;仲裁庭的组成或者仲裁的程序违反法定程序的;裁决所根据的证据是伪造的;对方当事人隐瞒了足以影响公正裁决的证据的;仲裁员在仲裁该案时有索贿受贿,徇私舞弊,枉法裁决行为的。人民法院经组成合议庭审查核实裁决有前款规定情形之一的,应当裁定撤销。人民法院认定该裁决违背社会公共利益的,应当裁定撤销。

当事人申请撤销裁决的,应当自收到裁决书之日起六个月内提出。人民法院应当在受理撤销裁决申请之日起两个月内作出撤销裁决或者驳回申请的裁定。人民法院受理撤销裁决的申请后,认为可以由仲裁庭重新仲裁的,通知仲裁庭在一定期限内重新仲裁,并裁定中止撤销程序。仲裁庭拒绝重新仲裁的,人民法院应当裁定恢复撤销程序。

5. 仲裁裁决的执行

当事人应当履行裁决。一方当事人不履行的,另一方当事人可以依照民事诉讼法的有关规定向人民法院申请执行。受理申请的人民法院应当执行。被申请人提出证据证明有下列情形之一的,经人民法院组成合议庭审查核实,裁定不予执行:当事人在合同中没有订有仲裁条款或者事后没有达成书面仲裁协议的;被申请人没有得到指定仲裁员或者进行仲裁程序的通知,或者由于其他不属于被申请人负责的原因未能陈述意见的;仲裁庭的组成或者仲裁的程序与仲裁规则不符的;裁决的事项不属于仲裁协议的范围或者仲裁机构无权仲裁的。人民法院认定执行该裁决违背社会公共利益的,裁定不予执行。仲裁裁决被人民法院裁定不予执行的,当事人可以根据双方达成的书面仲裁协议重新申请仲裁,也可以向人民法院起诉。

一方当事人申请执行裁决,另一方当事人申请撤销裁决的,人民法院应当裁定中止执行。人民法院裁定撤销裁决的,应当裁定终结执行。撤销裁决的申请被裁定驳回的,人民法院应当裁定恢复执行。

第四节 旅游纠纷的诉讼

案例引导 9-4:旅游纠纷诉讼案

一、行政诉讼

(一)行政诉讼的概念

行政诉讼是解决行政纠纷的重要法律制度,在旅游活动中行政争议专指旅游者、旅游经营者、旅游辅助服务者作为行政管理相对人与行政管理部门之间因行政管理行为所发生的涉及旅游内容的纠纷。行政争议有内部和外部之分,旅游纠纷争议属于外部行政争议,而行政诉讼则是解决旅游纠纷争议的一种重要的法律制度。

(二)行政诉讼的特点

在我国,行政诉讼是指个人、法人或其他组织认为行政主体以及法律法规授权的组织作出的具体行政行为侵犯其合法权益,依照法定程序向人民法院提起的诉讼。行政诉讼是诉讼的一种有效方法。在旅游纠纷发生后,旅游者、旅游经营者、旅游辅助服务者可以选择向有关的旅游行政管理部门请求处理旅游纠纷,旅游行政管理部门在旅游纠纷的处理过程中,如果发生旅游者、旅游经营者、旅游辅助服务者认为的处理方式不对、应处理而未处理、处理结果有异议等情形存在,旅游者、旅游经营者、旅游辅助者可以向人民法院提起行政诉讼,即俗称的"民告官"。行政诉讼针对的对象原则性为行政管理部门做出的具体行政行为。

具体行政行为不同于抽象行政行为,具体行政行为,是指行政管理部门行使行政权力,对特定的公民、法人和其他组织作出的针对具体事项,影响其有关权利、义务的单方行为。实践中的表现形式为行政命令、行政许可、行政确认、行政处罚、行政强制、行政给付、行政奖励、行政裁决等等,而抽象行政行为则为行政管理部门在进行行政管理中,针对不特定的人和事制定普遍适用的规范性文件的活动。实践中的表现形式为行政法规、行政规章和其他具有普遍约束力的决定、命令等。

(三)行政诉讼的原则

1. 人民法院依法独立审判原则

《行政诉讼法》第3条第1款的规定:"人民法院依法对行政案件独立行使审判权,不受行政机关、社会团体和个人的干涉。"《行政诉讼法》的上述规定,确立了人民法院对行政案件依法独立行使审判权的原则。

2. 以事实为根据,以法律为准绳

《行政诉讼法》第4条规定:"人民法院审理行政案件,以事实为根据,以法律为准绳。"这一原则要求人民法院在审理行政案件过程中,要查明案件事实真相,以法律为尺度,作出公正的裁判。

3. 对具体行政行为合法性审查原则

《行政诉讼法》第5条规定:"人民法院审理行政案件,对具体行政行为是否合法进行审查。"由此确立人民法院通过行政审判对具体行政行为进行合法性审查的特有原则,简称合法性审查原则或司法审查原则。合法性审查包括程序意义上的审查和实体意义上的审查两层含义。程序意义上的合法性审查,是指人民法院依法受理行政案件,有权对被诉具体行政行为是否合法进行审理并作出裁判。实体意义上的审查,是指人民法院只对具体行政行为是否合法进行审查,不审查抽象行政行为,一般也不对具体行政行为是否合理进行审查。就是说,这是一种有限的审查。

4. 当事人法律地位平等原则

《行政诉讼法》第 7 条规定:"当事人在行政诉讼中的法律地位平等。"这一规定是法律面前人人平等的社会主义法制原则,在行政诉讼中的具体体现。在行政诉讼的双方当事人中,一方是行政主体,它在行政管理活动中代表国家行使行政权力,处于管理者的主导地位;另一方是公民、法人或者其他组织,他们在行政管理活动中处于被管理者的地位。两者之间的关系是管理者与被管理者之间从属性行政管理关系。但是,双方发生行政争议依法进入行政诉讼程序后,他们之间就由原来的从属性行政管理关系,转变为平等性的行政诉讼关系,成为行政诉讼的双方当事人,在整个诉讼过程中,原告与被告的诉讼法律地位是平等的。

(四)行政诉讼案件的构成要件

(1)原告是认为行政机关及法律、法规授权的组织作出的具体行政行为侵犯其合法权益的公民、法人或者其他组织,旅游活动中原告为旅游者、旅游经营者、旅游辅助者。行使行政职权的行政机关或者法律、法规授权的组织不能充当原告。

(2)被告是作出被原告认为侵犯其合法权益的具体行政行为的行政机关及法律、法规授权的组织,旅游活动中被告为旅游行政管理管理部门、旅游质量监督管理机构、旅游执法机构等。

(3)原告提起行政诉讼必须是针对法律、法规规定属于法院受案范围内及属于受诉法院管辖的行政争议。

(4)原告必须在法定期限内起诉。

(5)法律、法规规定起诉前须经过行政复议的,已进行行政复议;自行选择行政复议的,复议机关已作出复议决定或者逾期未作出复议决定。

知识链接 9-2:行政诉讼的管辖

二、民事诉讼

(一)民事诉讼的概念

《最高人民法院关于审理旅游纠纷案件适用法律若干问题的规定》中的旅游纠纷,是指旅游者与旅游经营者、旅游辅助服务者之间因旅游发生的合同纠纷或者侵权纠纷。此种范围内的引起的纠纷诉讼属于民事诉讼。

民事诉讼是指人民法院在当事人和其他诉讼参与人的参加下,依法审理和解决民事纠纷的活动。旅游民事纠纷诉讼是指人民法院在当事人和其他诉讼参与人的参加下,依法审理与旅游活动相关纠纷并作出裁判的诉讼活动。旅游纠纷诉讼主要发生在平等的旅游者、旅游经营者、旅游辅助者等平等主体之间,其诉讼活动主要适用《民事诉讼法》及其相关规定。

(二)民事诉讼的基本原则

1. 以事实为依据,以法律为准绳原则

人民法院审理各类案件,都必须从实际情况出发,实事求是,查清案件的事实真相,并以此作为定案的依据。以法律为准绳指人民法院在查清事实真相的基础上,必须严格按照法律的规定分清是非,确定当事人的法律责任。

2. 诉讼权利平等原则

当事人不论其社会地位、经济状况如何,不论是公民、法人还是其他经济组织,也不论是原告还是被告,在诉讼中都享有平等的诉讼权利,同时,人民法院有义务保障当事人在诉讼中平等行使一切诉讼权利,对当事人在适用法律上一律平等。外国人、无国籍人、外国企业和组织在人民法院起诉、应诉,同中华人民共和国公民、法人和其他组织有同等的诉讼权利、义务。

3. 调解原则

调解原则,是指人民法院审理民事案件,应当根据自愿和合法的原则进行调解。但法院在调解过程中,不得久调不决。调解不成的,应当及时判决。

《民事诉讼法》第85条规定,人民法院审理民事案件,根据当事人自愿的原则,在事实清楚的基础上,分清是非进行调解。

《民事诉讼法》第88条规定,调解达成协议,必须双方自愿,不得强迫。调解的内容不得违反法律规定。

4. 合议原则

合议制,是指由3名以上审判人员组成审判集体,代表法院行使审判权,对案件进行审理并作出裁判的制度。我国《民事诉讼法》第40条规定,人民法院审理第一审民事案件,由审判员、陪审员共同组成合议庭或者由审判员组成合议庭。合议庭的成员人数,必须是单数。与合议制相对应的是独任制,即由审判员一人独任审理。独任制适用简易程序审理的民事案件。

5. 回避原则

审判人员、书记员、翻译人员、鉴定人员和勘验人员与案件有利害关系或其他关系的人,可能影响案件公正处理时,应当退出对案件的审理,以保证人民法院裁判结果的公正性。我国《民事诉讼法》第44条规定,审判人员与书记员、翻译人员、鉴定人、勘验人有下列情形之一的,必须回避,当事人有权用口头或者书面方式申请他们回避:第一,是本案当事人或者当事人、诉讼代理人的近亲属;第二,与本案有利害关系;第三,与本案当事人有其他关系,可能影响对案件公正审理的。

6. 公开审判原则

公开审判,是指人民法院审理经济案件,除合议庭评议外,依法向社会公开的制度。《民事诉讼法》第134条规定,人民法院审理民事案件,除涉及国家秘密、个人隐私或者法律另有规定的以外,应当公开进行。离婚案件、涉及商业秘密的案件,当事人申请不公开审理的,可以不公开审理。

7. 两审终审原则

两审终审,指一个经济案件经过两级法院审判就宣告终结的制度。当事人对第一审判决裁定不服的,可以向上一级人民法院提起上诉,启动第二审程序。第二审人民法院的判决、裁定是终局判决、裁定。对此,当事人不得再提起上诉。另外,最高人民法院是国家最高审判机关,最高人民法院作出的一审判决、裁定,当事人不得上诉。

8. 辩论原则

人民法院审理民事案件时,当事人有权进行辩论。这里的辩论范围包括案件的实体问题、程序问题和所适用的法律等方面。辩论形式可以是言辞辩论,也可以是书面辩论。

9. 处分原则

处分原则,是指当事人有权在法律规定的范围内处分自己的民事权利和诉讼权利。处分原则主要包括以下内容:诉讼必须依照原告的起诉才能开始;裁判的客体及范围限于原告的起诉范围,法院不得超出当事人的诉讼请求进行裁决;依当事人的自由意志决定诉讼的发展和终结。

10. 支持起诉原则

支持起诉,是指机关、社会团体、企事业单位对损害国家、集体或者个人民事权益的行为,可以支持受损害的单位或者个人向人民法院起诉。

知识链接 9-3:民事诉讼的管辖

(三)民事诉讼的程序

我国《民事诉讼法》规定的诉讼程序有一审程序、二审程序、审判监督程序、公示催告程序、执行程序等。此处主要介绍一审程序、二审程序和审判监督程序。

1. 一审程序

(1)普通程序。

普通程序包括普通程序和简易程序。普通程序具有程序的完整性、广泛的适用性特点,简易程序是普通程序的简化。

①起诉和受理。

起诉需要具备的条件有:原告是与本案有直接利害关系的公民、法人和其他组织;有明确的被告;有具体的诉讼请求和事实、理由;在人民法院受理经济案件的范围内,属于受诉人民法院管辖。人民法院审查后,认为符合起诉条件的,应当在 7 日内立案,并通知当事人;认为不符合起诉条件的,应当在 7 日内裁定不予受理,原告对裁定不服的,可以在 10 日内提起上诉。

②审理前的准备。

如将起诉书的副本在立案之日起 5 日内送达被告,被告在收到起诉状副本之日起 15 日内提出答辩状。被告不提供答辩状的,不影响案件的审理。人民法院应组成合议庭,合议庭成员确定后 3 日内应告知当事人,当事人可以提出回避申请。

③开庭审理。

开庭审理指人民法院在当事人和其他诉讼参与人的参加下,全面审查,认定案件事实,并依法作出裁定或调解的活动。它是普通程序中最重要的阶段和中心环节。由庭审准备、宣布开庭、庭审调查、法庭辩论、最后陈述、评议和判决几个阶段组成。审理结束后,应当进行调解,调解不成的,当庭或择日宣判。

④宣告判决。

人民法院宣告判决,一律公开进行。当庭宣判的,应当在10日内发送判决书;定期宣判的,宣判后立即发给判决书。当事人在判决书送达之日起15日内不上诉的,判决即发生法律效力。宣告判决时,必须告知当事人上诉权利、上诉期限和上诉的法院。

人民法院适用普通程序审理第一审案件,应在立案之日起6个月内审结;有特殊情况需要延长的,由本院院长批准,最长不得超过6个月;还需延长的,报请上级人民法院批准。

(2)简易程序。

简易程序可以由法院启动,也可以由当事人启动。《民事诉讼法》第157条规定,基层人民法院和它派出的法庭审理事实清楚、权利义务关系明确、争议不大的简单的民事案件,适用简易程序。基层人民法院和它派出的法庭审理前款规定以外的民事案件,当事人双方也可以约定适用简易程序。

对简单的民事案件,原告可以口头起诉。当事人双方可以同时到基层人民法院或者它派出的法庭,请求解决纠纷。基层人民法院或者它派出的法庭可以当即审理,也可以另定日期审理。基层人民法院和它派出的法庭审理简单的民事案件,可以用简便方式传唤当事人和证人、送达诉讼文书、审理案件,但应当保障当事人陈述意见的权利。

简单的民事案件由审判员一人独任审理,并不受案件开庭通知和公告、法庭调查顺序、法庭辩论顺序的限制。人民法院适用简易程序审理案件,应当在立案之日起3个月内审结。基层人民法院和它派出的法庭审理的事实清楚、权利义务关系明确、争议不大简单的民事案件,标的额为各省、自治区、直辖市上年度就业人员年平均工资百分之三十以下的,实行一审终审。

人民法院在审理过程中,发现案件不宜适用简易程序的,裁定转为普通程序。

2. 二审程序

二审程序指上一级人民法院根据当事人的上诉,就下级人民法院的一审判决或者裁定,在其发生法律效力之前,对案件进行审理的活动。当事人不服地方各级人民法院第一审判决、裁定的,有权向上一级人民法院提起上诉。对判决不服提起上诉的期限为15日,对裁定不服提起上诉的期限为10日。上诉必须递交上诉状,不能用口头形式上诉。

对于上诉案件,第二审人民法院应当组成合议庭进行审理。合议庭认为不需要开庭审理的,可直接判决或裁定。上诉法院只对上诉请求的有关事实和适用的法律问题进行审查。

根据《民事诉讼法》第170条规定,经过审理,二审案件根据不同情形,分别做出如下处理:①原判认定事实清楚,适用法律正确的,判决驳回上诉,维持原判;②原判认定事实清楚,但适用法律错误的,依法改判;③原判认定事实错误,或者认定事实不清,证据不足的,裁定撤销原判,发回原审人民法院重审;第二审法院也可以在查清事实后,直接改判;④原判违反法定程序,可能影响案件正确判决的,应当裁定撤销原判,发回原审人民法院重审。当事人对重审案件的判决、裁定不服的,可以提出上诉。

二审人民法院审理上诉案件,可以进行调解。调解达成协议,应当制作调解书。调解书送达后,原审人民法院的判决即视为撤销。

二审人民法院的判决、裁定,是终审的判决、裁定。人民法院审理对判决的上诉案件,应当在第二审立案之日起 3 个月内审结。有特殊情况需要延长的,由本院院长批准。人民法院审理对裁定的上诉案件,应当在第二审立案之日起 30 日内作出终审裁定。

3. 审判监督程序

审判监督程序,是指人民法院发现已发生法律效力的判决、裁定和调解书确有错误,依法决定对案件进行再审的程序。它不是每一个案件必经的审判程序,而是纠正人民法院已发生法律效力的判决、裁定错误的一种补救程序。

(1) 审判监督程序的启动。

审判监督程序的启动分为人民法院启动、当事人申请和检察院抗诉三种情况。人民法院启动和检察院抗诉属于公权力机关行使其职权和职责的范畴。当事人申请则属于当事人私主体行使自己的权利。当事人对已生效的判决、裁定和调解书认为有错误的,可依法向原审法院或上一级人民法院申请再审,但不停止原判决、裁定的执行。

(2) 审判监督程序的审理。

根据《民事诉讼法》第 207 条规定,人民法院按照审判监督程序再审的案件,发生法律效力的判决、裁定是由第一审法院作出的,按照第一审程序审理,所作的判决、裁定,当事人可以上诉;发生法律效力的判决、裁定是由第二审法院作出的,按照第二审程序审理,所作的判决、裁定,是发生法律效力的判决、裁定;上级人民法院按照审判监督程序提审的,按照第二审程序审理,所作的判决、裁定是发生法律效力的判决、裁定。人民法院审理再审案件,应当另行组成合议庭。

4. 执行程序

执行程序是审判程序完成之后的一个独立的程序,但不是审判程序完成之后的必经程序。人民法院实行审执分离。法院设立专司执行的执行庭,执行工作由执行人员负责。

(1) 执行的提出。

判决裁定发生法律效力后,债务人未按照判决或者裁定所确定的期间履行偿债义务的,债权人可以申请人民法院强制执行。

(2) 执行根据。

具有给付内容的生效法律文书,具体有人民法院制作的判决书、裁定书、调解书、支付令,仲裁机构制作的裁决书,公证机关制作的具有强制执行效力的债权文书。

(3) 执行对象。

执行对象是被执行人的财产和行为,不能是被执行人的人身。

(4) 执行案件的管辖。

发生法律效力民事判决、裁定,以及刑事判决、裁定中的财产部分由第一审人民法院执行。法律规定由人民法院执行的其他法律文书,由被执行人住所所在地或被执行人的财产所在地人民法院执行。

(5) 申请执行的期限。

申请执行的期限,双方或一方当事人是公民的为 1 年,双方是法人或其他组织的为 6 个月,一般从法律文书规定当事人履行期间的最后一日起算。

第五节 旅游纠纷证据规定

案例引导 9-5：如何通过证据定案？

原告陈小明与妻子谢娟一家与被告天天旅行社2017年7月签订了一份杭州、西湖、苏州等华东五市《团队（散）国内旅游合同》，合同约定2017年7月14日在韶关集合出行前往旅行第一站杭州，在旅行到苏州中午就餐的时候，谢娟出现头痛、抽搐等症状。谢娟的病情经上海交通大学医学院附属仁济医院诊断为蛛网膜下腔出血。2017年7月29日，谢娟虽经医院全力抢救，但仍抢救无效。当天，原告陈小明联系当地120车将谢娟遗体送回老家。面对此次事件的发生，作为丈夫的陈小明认为都是旅行社的不负责行为导致自己的妻子谢娟出现意外，遂向旅行社要求赔偿，但是旅行社认为自己方面已经尽到该尽的义务，没有义务对谢娟的死亡承担赔偿责任，所以原告陈小明向当地有管辖权的人民法院起诉旅行社，要求旅行社给予相关赔偿，请求法院判令被告天天旅行社赔偿原告医疗费57140元、丧葬费13004元、死亡赔偿金301684元、被抚养人生活费83917元、误工费720元、护理费1680元、交通费及住宿费23649元，共计481794元。

在庭审过程中，双方均向法院提供了相关证据，供法院审理。

（资料来源：中国判裁案例网，略有改动。）

【问题】

1. 什么是证据？证据的作用是什么？
2. 证据应具备什么特质才能具有定案的依据？
3. 在此次旅游活动中，如果你是原告，你会向人民法院提交哪些证据来支撑自己的诉求？

一、证据的概念

证据，是指依照诉讼规则认定案件事实的依据。证据对于当事人进行诉讼活动，维护自己的合法权益，对法院查明案件事实，依法正确裁判都具有十分重要的意义。证据问题是诉讼的核心问题，在任何一起案件的审判过程中，都需要通过证据和证据形成的证据链再现还原事件的本来面目，依据充足的证据而作出的裁判才有可能是公正的裁判。随着国民经济的不断发展，人民生活水平的不断提高，旅游行业也不断壮大，作为新兴朝阳产业，旅游行业在整个旅游服务的过程中发生的纠纷层出不穷，而证据就是解决此类纠纷的一大关键。

证据应该是客观、真实存在的，一切伪造或毁灭证据的行为都是违法的甚至是犯罪的，伪造或者毁灭证据的行为人会受到法律的追究以及惩罚。

二、证据的属性

证明之所以有证明案件事实,作为定案依据的效力,是因为它不仅具有法定的形式,还同时具备自身的固有属性,即真实性、关联性和合法性。

(一)真实性

真实性,是指一切证据都是客观存在的事实,能客观反映案件事实的真相。真实性是证据的本质属性,这是由案件本身的客观性决定的。

(二)关联性

关联性,是指证据与待证事实间的内在逻辑关系。可以直接或间接证明待证事实的全部或一部分,对证明案件事实具有实质性的意义。

(三)合法性

合法性,是指证据具有法律所规定的特定形式,证据的取得过程必须符合法律规定的程序要求。主要体现在证据取得的主体合法,证据取得的方式合法,证据取得的外表形式合法。

三、证据的种类

《中华人民共和国刑事诉讼法》(2018年10月26日修正)第50条规定,可以用于证明案件事实的材料,都是证据。证据包括:①物证;②书证;③证人证言;④当事人陈述;⑤犯罪嫌疑人、被告人供述和辩解;⑥鉴定意见;⑦勘验、检查、辨认、侦查实验等笔录;⑧视听资料、电子数据。证据必须经过查证属实,才能作为定案的根据。

(一)物证

物证是以物品为表现形式的实物证据。物证是用于犯罪或与犯罪相关联的,能够证明犯罪行为和有关犯罪情节的物品或痕迹,如作案工具、赃款赃物、血迹、指纹、脚印等。不具有任何主观的东西,而只以其客观存在来证明案件的事实。对物证必须妥善地加以保管,以保持物证的原有的形态。如果不能保持原来形态或者物证有可能灭失的,行政机关必须采取措施予以保全。

(二)书证

书证,以其内容来证明待证事实的有关情况的文字材料。凡是以文字来记载人的思想和行为以及采用各种符号、图案来表达人的思想,其内容对待证事实具有证明作用的物品都是书证。书证从形式上来讲取决于它所采用的书面形式,从内容上而言取决于它所记载或表达的思想内涵与案情具有关联性,因此能够作为认定案件事实的根据。如合同书,各种各样的公、私文书,租赁契约,结婚证,房产证,商标,信件,电报,牌号,车、船票,各种运输单据,交通事故责任认定书等。

(三)证人证言

证人证言,简称"证言"。是指了解、知道案件真实情况的人,就其所了解的案件情况,向司法机关或有关人员作的陈述。一般以口头形式表达,由询问人员制作成笔录,必要时,也可以允许证人亲笔书写证言。一般应当是证人亲自看到或听到的情况,也可以是别人看到听到而转告他知道的事实。

《民事诉讼法》(2017年修正)第72条规定,凡是知道案件情况的单位和个人,都有义务出庭作证,有关单位的负责人应当支持证人作证。不能正确表达意思的人,不能作证。

证人不能随意指定,也不能由他人代替。行政处罚法规定,在行政机关对行政处罚案件进行调查时,被调查人应当如实回答询问。这是因为,行政机关在处理行政处罚案件时,必须以事实为根据。因此,在行政机关调查时,被调查人必须据实陈述所了解的真实情况,不作伪证。

(四)当事人陈述

当事人陈述,是指当事人向执法人员所作的关于案件真实情况的叙述和承认。行政处罚法规定,行政机关在作出行政处罚决定之前,行政机关必须充分听取当事人的意见。因此,当事人的陈述与申辩,行政机关必须认真听取,并制作询问笔录;同时,行政机关对于当事人提出的事实、理由和证据,应当进行复核,成立的,才能作为行政处罚的证据。

(五)犯罪嫌疑人、被告人供述和辩解

犯罪嫌疑人、被告人供述与辩解,是指犯罪嫌疑人、被告人就本人的犯罪行为向司法机关所作的供述,或称口供,或者是犯罪嫌疑人、被告人否认自己有犯罪行为或者承认犯罪,但认为应当减轻处罚、免除处罚所作的辩解。

(六)鉴定意见

鉴定意见是鉴定人运用自己具有的专门知识对案件中专门性问题所进行的分析、鉴别和判断。它是一种独立的证据。如法医鉴定、指纹鉴定、笔迹鉴定、化学物品鉴定、精神病鉴定等。

(七)勘验、检查、辨认、侦查实验等笔录

勘验、检查、辨认侦查实验笔录,是指行政机关的执法人员或者专门人员为了解案件的事实,对事实发生的现场或者物品进行勘验、检查。如查处非法出版物,执法人员对该出版物的印刷场所进行勘验、检查,对印刷的非法出版物或者印刷工具进行勘验、检查等。勘验应当制作笔录,勘验笔录是对客观事实的反映,能够证明案件的真实情况,是一种独立的证据。

(八)视听资料、电子数据

视听资料,是指以模拟信号的方式在介质上进行存储的数据,例如录像、录音资料等。

电子数据,是指电子化技术形成的文字、数字等,如电子邮件、聊天记录等;2015年2月4日最高人民法院发布的一份司法解释显示,网上聊天记录、博客、微博客、手机短信、电子签名、域名等形成或者存储在电子介质中的信息可以视为民事案件中的证据。

在旅游活动纠纷中常见的可以作为证据的凭证有旅游合同、旅游行程表、旅游发票、车船票据、景区门票、购物发货票、接待单位的证明以及其他有关旅游纠纷的音频、视频以及照片等,这些都可以作为旅游纠纷诉讼中的证据。

四、证据的收集

证据的收集,是指合法的主体按照法律规定的范围和程序,收集证据和证据材料的法律活动。证据的收集应当遵循正确、合理、全面等原则,依照法律积极采取相应措施、运用各种方法,深入、细致地展开调查,以发现和取得与案件相关的各种证据,这是我们正确解决纠纷,处理案件的必经阶段和基本前提,依法收集证据对于查明案件事实,正确处理案件,具有十分重

要的意义。

在中国的刑事诉讼中,指公安机关、人民检察院和人民法院有责任收集证据,查明案情;在中国的民事诉讼中,当事人对自己提出的主张,有举证责任;在行政诉讼中,被告对作出的具体行政行为负有举证责任,并不得自行向原告和证人收集证据。人民法院也应当根据职权,主动收集证据,以查明案情,解决争议。

证据的收集和提供应当注意以下两点。

1. 证据收集的主体必须具有合法性

证据的收集和提供不仅涉及公民的基本权利,而且收集和提供证据本身既是一项权利,更是一项责任。如果未按法律规定任意扩大收集和提供证据的主体,必将对当事人的基本权利和义务以及其他公民的基本隐私权等人权造成极大伤害。证据收集和提供的主体是公安、司法机关的工作人员、当事人及其诉讼代理人。

2. 证据收集的方法必须具有合法性

我国三大诉讼法对收集证据的法定程序作出了明确规定,甚至还就收集证据的具体行为规定了方式、方法等。如刑事证据的收集可适用各种合法侦查和调查手段,民事、行政证据只能通过调查的方法取得。为确保收集证据合法有效,法律禁止以非法和不正当的方法收集证据,如《中华人民共和国刑事诉讼法》第43条规定:"严禁刑讯逼供和以威胁、引诱、欺骗以及其他非法的方法收集证据。"以上述方法收集的证据,不能作为定案的根据。

五、证据的保全

证据的保全,是指对证据采取措施加以收取和固定。证据由于时过境迁或其他原因,有可能失灭、失真或难以取得,如证人将要出国或因病可能死亡,现场脚印会模糊甚至消失,物证可能会腐烂、变质或变形,书证可能毁损或遗失等。因此,为了有效地利用证据认定案情,我们需要在证据有可能灭失或者以后难以取得的情形下对证据进行保全,以确保案件能够得到有力支撑。

在中国,刑事诉讼中的证据保全,包括对被告人的讯问和对证人、被害人的询问采用笔录;对勘验现场,检查人身,检查、扣押物证、书证,采用笔录、照相、绘图、复制模型、录像、查封和收存等。民事诉讼和行政诉讼中的证据保全,可由诉讼参加人提出申请,也可由人民法院根据需要主动采取。民事诉讼当事人在起诉前申请证据保全,应由公证机关进行。当事人在起诉后,应当申请公证机关将所保全的证据,提交受诉人民法院。当事人在起诉后申请证据保全,由人民法院经过审查后作出是否准许的裁定。按照保全程序而确定的证据,以后法院在审判案件时是否采用,要以被保全的证据对案件是否有意义来决定。

在中国的刑事诉讼中,判断证据,认定案件事实,必须遵循重证据、不轻信口供的原则。只有被告人供述,没有其他证据的,不能认定被告人有罪;没有被告人供述,证据充分确实的,可以认定被告人有罪。证据充分确实,即不仅每个证据是确实的,而且在数量上要足以证实被告人有罪,而能排除任何其他的可能性。在侦查、审理中,如果最后仍收集不到充分的证据证实被告人有罪,就应以无罪论处。

在中国的民事诉讼中,人民法院对各种证据,必须综合案件的全部材料加以分析、判断,辨别它的真伪,审查确定它的证明效力。《民事诉讼法》规定:"人民法院对当事人的陈述,应当结合本案的其他证据,审查确定能否作为认定事实的根据。当事人拒绝陈述的,不影响人民法院根据证据确定对案件事实的认定"。还规定:"人民法院对经过公证证明的法律行为、法律事实和文书,应当确认其效力。但是,有相反证据足以推翻公证证明的除外。"

本章小结

本章主要讲述旅游业经济纠纷解决法律制度,首先明确何为民事纠纷和旅游纠纷,旅游纠纷的类型和旅游纠纷的解决方式,然后对旅游纠纷的和解、调解、投诉、仲裁、诉讼的相关内容进行总体学习,本章的重点在于对旅游纠纷的投诉、仲裁和诉讼的学习。旅游投诉一节主要学习了纠纷的投诉概念、主体、特点、投诉受理、投诉处理等内容;旅游纠纷的仲裁一节主要学习了仲裁的概念、特征、适用范围和类型、仲裁协议、仲裁机构、仲裁程序以及涉外仲裁的执行等内容;旅游纠纷的诉讼一节主要学习了旅游纠纷诉讼的概念和基本原则、旅游纠纷诉讼的管辖、旅游纠纷诉讼的程序。通过本章学习,让学生学会旅游纠纷发生以后能够选择最恰当的纠纷解决方式,并学会运用旅游投诉、仲裁和诉讼来解决旅游经济纠纷。

关键概念

民事纠纷　旅游纠纷　和解　调解　投诉　仲裁　诉讼　投诉受理　投诉处理　仲裁协议　仲裁管辖　诉讼管辖

复习思考题

□ 复习题:
1. 简述民事纠纷与旅游纠纷的概念及特点。
2. 旅游纠纷的类型有哪些?旅游纠纷有哪些解决方式?
3. 旅游纠纷的投诉受理和投诉处理是怎样的?
4. 仲裁的特征是什么?仲裁的适用范围是什么?
5. 仲裁协议的主要内容包括哪些?如何理解仲裁协议的法律效力?
6. 简述仲裁的程序。
7. 旅游纠纷应如何进行诉讼管辖?
8. 旅游纠纷诉讼的普通程序与简易程序有哪些不同?
9. 证据有哪些种类?

□ 思考题:
试对旅行社与游客之间发生纠纷提出解决途径。

章末案例　法院调解纠纷的原则

参考文献

1. 教材或专著

[1] 杨智勇.旅游法规[M].北京:北京大学出版社,2019.
[2] 杨富斌.旅游法教程[M].北京:中国旅游出版社,2018.
[3] 韩玉灵.旅游法教程[M].北京:高等教育出版社,2018.
[4] 王莉霞.旅游法规理论与实务[M].大连:东北财经大学出版社,2018.
[5] 王竹.侵权责任法疑难问题专题研究(第二版)[M].北京:中国人民大学出版社,2018.
[6] 卢世菊.旅游法教程[M].武汉:武汉大学出版社,2018.
[7] 王莉霞.旅游法学[M].大连:东北财经大学出版社,2017.
[8] 张文显.法理学[M].北京:高等教育出版社,2017.
[9] 袁义.旅游法规与法律实务[M].南京:东南大学出版社,2017.
[10] 李喜燕.会展法规与实务[M].武汉:华中科技大学出版社,2017.
[11] 卢世菊.旅游法教程[M].武汉:武汉大学出版社,2017.
[12] 魏振瀛.民法(第七版)[M].北京:北京大学出版社,2017.
[13] 程啸.侵权责任法教程(第三版)[M].北京:中国人民大学出版社,2017.
[14] 魏鹏,秦斌峰,常承明.旅游法律法规教程[M].北京:北京大学出版社,2016.
[15] 曹勇.旅游政策与法规[M].上海:上海交通大学出版社,2016.
[16] 张新宝.侵权责任法(第四版)[M].北京:中国人民大学出版社,2016.
[17] 吴璇欧,张岩岩.旅游政策法律与法规[M].上海:复旦大学出版社,2015.
[18] 王兴运.消费者权益保护法[M].北京:北京大学出版社,2015.
[19] 曹勇.会展政策与法规[M].重庆:重庆大学出版社,2014.
[20] 童俊,焦晓菲.旅游法律法规[M].北京:清华大学出版社,2015.
[21] 罗有贤.旅游法规教程[M].北京:北京大学出版社,2014.
[22] 李飞.中华人民共和国旅游法释义[M].北京:法律出版社,2013.
[23] 杨国堂,洪帅.《旅游法规与政策》[M].上海:上海交通大学出版社,2011.
[24] 胡安潮.关于责任主体的特殊规定例解与法律适用[M].北京:人民出版社,2010.
[25] 朱书龙,任华敏.身边的侵权责任法:不可不知的88个生活热点问题[M].北京:法律出版社,2010.
[26] 奚晓明,王利明.侵权责任法裁判要旨与审判实务[M].北京:人民法院出版社,2010.
[27] 赵琳琳.娱乐场所管理条例释义[M].北京:中国法制出版社,2006.

[28] 张国成.旅游法律法规[M].北京:中国旅游出版社,2014.

2. 论文

[1] 王道发.论管理人在高度危险责任中的安全保障义务——以《侵权责任法》第76条为中心[J].现代法学.2019(2).

[2] 曹险峰.独立责任类型抑或减责事由——《中华人民共和国侵权责任法》第76条的定位[J].法商研究.2018(1).

[3] 王畅,范志勇.互联网金融案件中电子证据制度的适用[J].2018(4).

[4] 茅少伟.恶意串通、债权人撤销权及合同无效的法律后果——最高人民法院指导案例33号的实体法评释[J].当代法学.2018(3).

[5] 孙维飞.《合同法》第42条(缔约过失责任)评注[J].法学家.2018(1).

[6] 谢伟华.旅游投诉处理机制研究综述[J].法制博览2018(5).

[7] 王丽萍,李宁.无意思联络环境污染者对外责任研究——以《侵权责任法》第67条为展开[J].政法论丛.2017(1).

[8] 安晋城,申卫星.事实认定中的书面证据与口头证据——评"洪秀凤房屋买卖合同纠纷案[J].2017(3).

[9] 杨芳.《合同法》第49条(表见代理规则)评注[J].法学家.2017(12).

[10] 王绍蕊.从《旅游法》看景区餐饮业纠纷[J].2017(3).

[11] 刘晔.保障旅游消费者权益需法律出手[J].2017(5).

[12] 王萍丽.全域旅游背景下宁夏旅游法治环境的构建研究[J].2017(10).

[13] 毛占宇,王岗.旅游纠纷近六成涉低价团律师:签旅游合同仔细核对[J].2016(11).

[14] 窦海阳.《侵权责任法》中"高度危险"的判断[J].法学家.2015(2).

[15] 王文胜.论合同法和侵权法在固有利益保护上的分工与协作[J].中国法学.2015(8).

[16] 程啸.过失相抵与无过错责任[J].法律科学(西北政法大学学报).2014(1).

[17] 张新宝,庄超.扩张与强化:环境侵权责任的综合适用[J].中国社会科学.2014(3).

[18] 贺剑.合同解除异议制度研究[J].中外法学.2013(7).

[19] 宁红丽.论合同类型的认定[J].法商研究.2011(6).

[20] 王轶.合同效力认定的若干问题[J].国家检察官学院学报.2011(5).

[21] 薛军."高度危险责任"的法律适用探析[J].政治与法律.2010(5).

[22] 张新宝,宋志红.论《侵权责任法》中的补偿[J].暨南学报(哲学社会科学版).2010(3).

[23] 张新宝.侵权责任法立法的利益衡量[J].中国法学.2009(4).

[24] 王大悟,司马志.中国旅游饭店星级标准前瞻研究[J].旅游科学,2008(3).

3. 网站

[1] 中华人民共和国最高人民法院裁判文书,http://www.court.gov.cn/wenshu.html.

[2] 北大法宝,http://www.pkulaw.cn/.

[3] 北大法意,http://www.lawyee.org/.

[4] 法律家,http://www.fae.cn/.

[5] 中华人民共和国文化和旅游部,https://www.mct.gov.cn/.

[6] 国家司法考试网,http://www.cnsikao.com/.

[7] 中国消费者协会投诉和解监督平台,http://hjxt.cca.cn/.

[8] 中国法院网, http://www.chinacourt.org/article/detail/2014/05/id/1288163.shtml.
[9] 人民网, https://www.mct.gov.cn/whzx/qgwhxxlb/hlj/201904/t20190411_842706.htm/.
[10] 中国旅游新闻网, www.ctnews.com.cn.
[11] 中国政府网, http://www.gov.cn/.
[12] 中国非物质文化遗产网, http://www.ihchina.cn.
[13] 第一旅游网, http://toptour.cn/tabid/863/Default.aspx.
[14] 人民法院报, http://rmfyb.chinacourt.org/.
[15] 国务院安委会印发成员单位安全生产工作职责分工 http://www.gov.cn/xinwen/2015-09/07/content_2926498.htm.

4. 法律规范

[1] 中华人民共和国道路运输条例(2019.03.02 修正发布/2019.03.02 实施).
[2] 《关于实施旅游服务质量提升计划的指导意见》(2019.01.16 发布/2019.01.16 实施).
[3] 《中华人民共和国文化和旅游规划管理办法》(2019.05.07 发布/2019.06.01 实施).
[4] 《中华人民共和国民用航空法》(2018.12.29 发布/2018.12.29 实施).
[5] 《中华人民共和国文物保护法国家级文化生态保护区管理办法》(2018.12.10 发布/2019.03.01 实施).
[6] 《中华人民共和国旅游法》(2018.10.26 修正发布/2018.10.26 实施).
[7] 《中华人民共和国国境卫生检疫法》(2018.04.27 修正发布/2018.04.27 实施).
[8] 《中华人民共和国海关对中国籍旅客进出境行李物品的管理规定》(2017.12.20 修改发布/2018.02.01 实施).
[9] 《中华人民共和国文物保护法》(2017.11.04 修正发布/2017.11.05).
[10] 《中华人民共和国刑法》(2017.11.04 修正发布/2017.11.04 实施).
[11] 《中华人民共和国自然保护区条例》(2017.10.07 修正发布/2017.10.07 实施).
[12] 《中华人民共和国野生植物保护条例》(2017.10.07 修正发布/2017.10.07 实施).
[13] 《中华人民共和国仲裁法》(2017.09.01 修正发布/2018.01.01 实施).
[14] 《中华人民共和国民事诉讼法》(2017.06.27 发布/2017.07.01 实施).
[15] 《中华人民共和国民法总则》(2017.03.15 发布/2017.10.01 实施).
[16] 《中国公民出国旅游管理办法》(2017.03.01 修正发布/2017.03.01 实施).
[17] 《中华人民共和国旅行社条例》(2017.03.01 修正发布/2017.03.01 实施).
[18] 《中华人民共和国海关法》(2017.11.04 修正发布/2017.11.05 实施).
[19] 《国内水路运输管理规定》(2016.12.10 发布/2016.12.10 实施).
[20] 《旅游安全管理办法》(2016.09.27 发布/2016.12.01 实施).
[21] 《航班正常管理规定》(2016.05.20 发布/2017.01.01 实施).
[22] 《风景名胜区条例》(2016.02.06 修正发布/2016.02.06 实施).
[23] 《中华人民共和国铁路法》(2015.04.24 发布/2015.04.24 实施).
[24] 《中华人民共和国立法法》(2015.03.15 修正发布/2015.03.15 实施).
[25] 《旅游发展规划实施评估导则》(2015.07.27 发布/2015.10.01 实施).
[26] 《中华人民共和国博物馆条例》(2015.02.09 发布/2015.03.20 实施).

[27]《中华人民共和国军事设施保护法》(2014.06.27 发布/2014.08.01 实施).

[28]《中华中华人民共和国外国人入境出境管理条例》(2013 年 9 月 1 日起施行).

[29]《中华人民共和国合同法》(2012.12.28 修正发布/2013.07.01 实施).

[30]《中华人民共和国公民出境入境管理办法》(2012 年 6 月 30 日修正发布/2013 年 7 月 1 日施行).

[31]《中华人民共和国非物质文化遗产法》(2011.02.25 发布/2011.06.01 实施).

[32]《中华人民共和国人民调解法》(2010.08.28 发布/2011.01.01 实施).

[33]《中华人民共和国侵权责任法》(2009.12.26 发布/2010.07.01 实施).

[34]《中华人民共和国护照法》(2006.04.29 发布/2007.01.01 实施).

[35]《博物馆管理办法》(2005.12.22 发布/2006.01.01 实施).

[36]《旅游规划通则》(2003).

[37]《保护非物质文化遗产公约》(2004.08.28 发布/2004.08.28 实施).

[38]《旅游发展规划管理办法》(2000.11.08 发布/2000.11.08 实施).

[39]《中华人民共和国出境入境边防检查条例》(1995.07.20 发布/1995.09.01 实施).

[40]《中华人民共和国进出境动植物检疫法》(2009.08.27 修正发布/2009.08.27 实施).

[41]《中华人民共和国野生动物保护法》(2018.10.26 修正发布/2018.10.26 实施).

[42]《中华人民共和国民法通则》(2009.08.27 修正发布/2009.08.27 实施).

[43]《保护世界文化和自然遗产公约》(1972).

[44]《中国旅游饭店行业规范》(2009.08 发布/2009.08 实施).

教学支持说明

全国高等院校旅游管理类应用型人才培养"十三五"规划教材系华中科技大学出版社"十三五"规划重点教材。

为了改善教学效果,提高教材的使用效率,满足高校授课教师的教学需求,本套教材备有与纸质教材配套的教学课件(PPT 电子教案)和拓展资源(案例库、习题库视频等)。

为保证本教学课件及相关教学资料仅为教材使用者所得,我们将向使用本套教材的高校授课教师免费赠送教学课件或者相关教学资料,烦请授课教师通过电话、邮件或加入旅游专家俱乐部 QQ 群等方式与我们联系,获取"教学课件资源申请表"文档并认真准确填写后发给我们,我们的联系方式如下:

地址:湖北省武汉市东湖新技术开发区华工科技园华工园六路

邮编:430223

电话:027-81321913

E-mail:lyzjjlb@163.com

旅游专家俱乐部 QQ 群号:306110199

旅游专家俱乐部 QQ 群二维码:

群名称:旅游专家俱乐部
群　号:306110199

教学课件资源申请表

填表时间：_____年___月___日

1. 以下内容请教师按实际情况填写，★为必填项。
2. 学生根据个人情况如实填写，相关内容可以酌情调整提交。

★姓名		★性别		□男 □女	出生年月		★职务		
							★职称	□教授 □副教授 □讲师 □助教	
★学校					★院/系				
★教研室					★专业				
★办公电话			家庭电话				★移动电话		
★E-mail（请填写清晰）							★QQ号/微信号		
★联系地址							★邮编		
★现在主授课程情况			学生人数		教材所属出版社		教材满意度		
课程一							□满意 □一般 □不满意		
课程二							□满意 □一般 □不满意		
课程三							□满意 □一般 □不满意		
其 他							□满意 □一般 □不满意		
教 材 出 版 信 息									
方向一			□准备写 □写作中 □已成稿 □已出版待修订 □有讲义						
方向二			□准备写 □写作中 □已成稿 □已出版待修订 □有讲义						
方向三			□准备写 □写作中 □已成稿 □已出版待修订 □有讲义						

　　请教师认真填写表格下列内容，提供索取课件配套教材的相关信息，我社根据每位教师/学生填表信息的完整性、授课情况与索取课件的相关性，以及教材使用的情况赠送教材的配套课件及相关教学资源。

ISBN(书号)	书名	作者	索取课件简要说明	学生人数（如选作教材）
			□教学 □参考	
			□教学 □参考	

★您对与课件配套的纸质教材的意见和建议，希望提供哪些配套教学资源：